NEWTON MÉCANICIEN DU COSMOS

DANS LA MÊME COLLECTION

Déjà parus :

P. BAILHACHE : *Essai de logique déontique,* 224 p.
A. BRENNER : *Duhem, science, réalité et apparence,* 254 p.
P. DUHEM : *Sozein ta phainomena. Essai sur la notion de théorie physique de Platon à Galilée,* 144 p.
— *L'Evolution de la mécanique* et autres textes. Préface de P. Germain, Introduction et notes par A. Brenner.
Y. GAUTHIER : *La Logique interne,* 144 p.
B. JOLY : *La Rationalité de l'alchimie au XVIIe siècle,* 416 p
G. W. LEIBNIZ : La naissance du calcul différentiel : *26 articles des Acta Eruditorum.* Traduction, introduction et commentaire de M. Parmentier, 504 p.
A. MICHEL : *Etude sur la constitution et les développements de la théorie moderne de l'intégration,* 340 p.
H. SINACEUR : *Corps et modèles. Essai sur l'histoire de l'algèbre réelle,* 496 p.

En préparation :

G. BOOLE : *Les lois de la pensée.* Traduction et introduction de S.B. Diagne.
M. ELIE : *Lumières,couleurs, nature.*
M. KOBAYASHI : *La Philosophie naturelle de Descartes.*
J. LARGEAULT : *Intuitionisme et théorie de la démonstration.*
G. W. LEIBNIZ : *La Réforme de la dynamique.* Texte établi, introduit et annoté par M. Fichant.
B. VAN FRAASSEN : *Lois et symétrie.* Traduction par C. Chevalley.
D. VERNANT *La philosophie mathématique de B. Russell.*

MATHESIS
Directeurs : Michel BLAY — Hourya SINACEUR

NEWTON
MÉCANICIEN DU COSMOS

par

Georges BARTHÉLÉMY

PARIS
LIBRAIRIE PHILOSOPHIQUE J. VRIN
6, Place de la Sorbonne, V^e^

1992

Printed in France

ISSN 1147-4920

ISBN 2-7116-1109-4

INTRODUCTION

Isaac Newton fut incontestablement l'un des plus grands créateurs de la science. En mathématiques il contribua éminemment à la naissance de l'analyse. Comme physicien ses travaux furent de tout premier plan en optique et, surtout, en mécanique. Trois cents ans plus tard le public cultivé n'associe à son nom que l'idée d'attraction universelle, souvent confuse, ainsi qu'une non moins vague histoire de pomme.

Les connaisseurs savent, eux, ce qu'est la théorie de l'attraction universelle, et comment elle explique que la Lune tourne autour de la Terre, et les planètes autour du Soleil. Aussi sont-ils à même d'apprécier cette théorie à son juste prix. Ils savent en quoi elle vaut à Newton de figurer avec Copernic, Einstein et quelques autres parmi ceux qui ont le plus marqué l'histoire des idées.

Ces mêmes connaisseurs savent aussi quelle a été l'importance, primordiale pour le développement de la physique, de la *mécanique rationnelle* bâtie par le même Newton, et sans laquelle, d'ailleurs, il n'y aurait point eu de théorie de l'attraction universelle. Peut-être savent-ils également que tout cela fut livré au public en un seul et même ouvrage, en 1687 : les *Principes Mathématiques de la Philosophie Naturelle*. Comme il a été écrit en latin, l'usage est de réduire à *Principia* ce titre un peu baroque.

Les Principia furent tôt traduits en anglais, par un certain Andrew Motte. Ils le furent en français aussi, presque aussi tôt et presque aussi bien, par Gabrielle-Emilie de Breteuil, marquise du Chastelet[1]. Ce livre n'en a pas été pour autant des plus lus, parce qu'une traduction nécessaire à cela ne fut pas entreprise : celle qui touchait au langage mathématique. Newton, en effet, avait usé largement d'une géométrie enrichie par ses soins, que ses successeurs abandonnèrent rapidement au profit d'une transcription de type algébrique. Dès la fin du XVIIIe siècle, rares étaient les « géomètres » qui pouvaient encore éprouver l'envie de déchiffrer la géométrie de Sir Isaac. De nos jours seuls les historiens de la science ont assez de foi pour s'y atteler

1. Voir en bibliographie les éditions actuellement disponibles.

Ce que l'on propose ici est une introduction, voire une initiation, au contenu de cet illustre ouvrage. On propose au lecteur, s'il est prêt à suivre pas à pas une démarche rigoureuse[1], de lui faire découvrir ce qui, dans les Principia, mène à la théorie de l'attraction universelle. Ses bases sont aisées à acquérir pour qui dispose de cette science générale des mouvements qu'est la mécanique rationnelle. C'est d'elle que l'on apprend quels calculs effectuer sur les données d'observation, pour en tirer l'existence et les caractéristiques des forces par lesquelles les astres interagissent.

C'est donc à cette science assez abstraite, quoique physique, qu'il est proposé de s'initier. Comme elle est toujours enseignée, on n'apporterait rien de neuf au public si l'on ne restait au plus près de l'ouvrage fondateur. Au plus près, d'abord, par le langage mathématique que l'on emploiera. Toute formule à caractère analytique sera bannie, et remplacée, autant que faire se pourra, par de très simples considérations de géométrie et d'arithmétique élémentaires[2]. Le lecteur peu versé en mathématiques disposera ainsi, espère-t-on, d'une voie plus adaptée à ses goûts.

La seconde manière de rester fidèle à Newton consistera à suivre, sinon le pas à pas de ses mots – une lecture commentée deviendrait vite fastidieuse – du moins le fil exact de sa pensée. On verra alors que, si puissante qu'ait été cette création de la mécanique rationnelle par sa nouveauté, son ampleur, son succès, elle n'a pas échappé totalement à ces faiblesses qui accompagnent naturellement l'accouchement d'une science. La mécanique des Principia contient peu de fautes, eu égard à l'ampleur de l'œuvre, mais plus, néanmoins, que ne le voudrait l'hagiographie. Leur examen est fort révélateur de la façon dont la science a été créée. C'est l'élaboration même des idées majeures qui en surgira.

Cette introduction aux Principia se veut donc initiation à la mécanique par ses sources historiques. Elle sera, du même coup, occasion de réflexion sur la cosmologie et la physique classiques, qu'elle a contribué à fonder. Les neuf chapitres que voici peuvent être lus par quiconque possède un bagage mathématique réellement minimal : à peine plus que ce qu'enseigne l'école primaire. Les huit annexes qui les suivent ont (à l'exception de la première) un caractère plus technique. Une introduction spéciale les présentera, et sera l'occasion d'évoquer les origines de cet ouvrage.

1. Quelques passages plus particulièrement techniques peuvent fort bien, en première lecture, être simplement parcourus.

2. Ceci vaut pour les neuf chapitres. Les annexes ne prétendent pas à autant de graduation dans la difficulté.

CHAPITRE 1

NEWTON EN SON SIÈCLE

Si le XVIIe siècle trouve l'astronomie moderne pour une bonne part déjà constituée, c'est lui qui voit naître et prospérer la physique moderne, au grand dam de l'aristotélisme. Situons les Principia dans ce moment où les Européens renouvellent si complètement leur perception de la nature.

La science nouvelle

Le titre, déjà, est révélateur des intentions de l'auteur. « Principes Mathématiques de la Philosophie Naturelle » reprend et développe « Principes de la Philosophie ». Sous ce nom Descartes avait offert, quarante ans plus tôt, un traité à l'usage de ceux qui voulaient étudier l'ensemble de sa doctrine[1]. Cet ouvrage, conformément à l'ordre des raisons, porte d'abord sur les choses spirituelles (l'âme, Dieu, la connaissance) et ensuite sur les matérielles.

Newton annonce un moindre domaine pour ses investigations déclarées : la *philosophie* – c'est-à-dire la science – qu'il expose ne porte que sur la *nature*. Point de métaphysique, nulle considération théologique, et fort peu d'épistémologiques : juste ce qu'il faut pour se situer dans un certain courant de recherches, pour montrer que, comme d'autres, il pense sans faire table rase de toute connaissance. Bref, sa « philosophie » s'appuie sur celle d'autrui pour la continuer.

Descartes s'était vanté de n'avoir rien reçu en ses *Principes* que par une rigueur toute mathématique. En qualifiant ses propres *Principes* de *Mathématiques* son rival surenchérit. Car mathématiques ils le sont doublement. Par la matière d'abord : il n'y est question que de grandeurs, de figures et de nombres. Mais également par l'ordre d'exposi-

1. René Descartes, chevalier du Perron : 1596-1650 ; ses *Œuvres* ont été éditées par Adam et Tannery (1896-1913) ; réédition par Vrin (1964-1974).

tion, qui est celui des géomètres de haute tradition: définitions et axiomes, puis propositions soigneusement démontrées.

Tout en marquant son opposition à une philosophie alors en plein succès, Newton indique dans quelle lignée se situe la sienne: celle que l'on peut trouver bon de dire archimédienne. Outre ses ingénieuses machines, Archimède avait produit en géométrie et, comme chacun sait, en hydrostatique[1]. Dans ce dernier domaine sa méthode fut toute mathématique. Le *Traité des Corps Flottants* est une suite de propositions, avec démonstrations, portant sur des figures et des poids. Par cette façon d'aborder les phénomènes naturels Archimède appartient à une autre classe de penseurs que celle qu'illustre le nom d'Aristote[2]. Or, en *physique*, c'est-à-dire dans la connaissance de la nature, c'est la deuxième de ces écoles qui a supplanté l'autre durant un millénaire et demi, orientant la pensée vers le qualitatif.

A la fin de la bouillonnante Renaissance, un moderne Archimède, Galileo Galilei, de Florence, relance l'étude de la nature dans une voie éminemment mathématique[3]. La géométrie et l'arithmétique dont il dispose ne sont guère plus que celles des Anciens. Mais il les emploie avec succès pour l'appréhension d'un objet qui leur avait jusque là échappé: le mouvement. Les astronomes, certes, avaient continué de faire usage des mathématiques. Toutefois les mouvements qu'ils étudiaient étaient ceux de corps parfaits, et comme d'un autre monde, qu'étaient les astres. Il ne semblait pas trop que l'harmonie des nombres et des figures pût se rencontrer dans les phénomènes si désordonnés qui s'observent sur Terre.

Galilée, par une démarche tout ce qu'il y a de plus euclidienne, fonde une cinématique. Il définit rigoureusement le mouvement uniforme, celui qui se fait à vitesse constante. Puis il définit le mouvement uniformément varié, qui est celui où la vitesse elle-même varie uniformément. Et il en établit diverses propriétés, c'est-à-dire des relations entre ces grandeurs que sont les vitesses, les durées et les distances parcourues. Cette science-là du mouvement, tout abstraite et déductive, lui permet d'aborder mathématiquement le phénomène de la chute des

---

1. Archimède: IIIe siècle av. J-C; *Œuvres complètes* éditées par P. Van Eeke (Paris, 1960).

2. Aristote: IVe siècle av. J-C; précepteur d'Alexandre. Les *Aristotelis Opera* (texte de Bekker) ont été éditées à Berlin (1836-1870); réédition par O.Grigon (Berlin, 1960-61). Le texte du traité *Du Ciel*, traduction Moraux, a été édité par les Belles Lettres (1965).

3. Galileo Galilei :1564-1642; *Opere : Edizione Nazionale*, Florence, (1890-1916); notamment: *Discours concernant deux sciences nouvelles*, traduction Clavelin, A.Colin, 1970.

corps. Galilée avance que des corps d'abord immobiles prennent, une fois lâchés, un mouvement uniformément accéléré, et le même pour tous. Ou plus exactement, qu'il en serait ainsi si l'air n'opposait aucune résistance à leur descente. A partir de ce principe, il développe la théorie de quelques expériences susceptibles de donner lieu à des mesures, et susceptibles, donc, de permettre une vérification expérimentale du dit principe par ses conséquences. Les deux plus notables de ces théories sont celle de la descente d'un corps le long d'un plan incliné, et celle du mouvement parabolique des projectiles. Newton fera la même chose, en quelque sorte, mais en cent fois plus grandiose.

Plus proche de lui dans le temps est le Hollandais Christian Huygens, membre de l'Académie Royale des Sciences[1]. Cartésien d'obédience, il sait prendre ses distances, à l'occasion, avec la doctrine du maître. Il étudie avec succès la force centrifuge que développe un corps en révolution; il établit, non moins brillamment, les lois que suivent les corps qui s'entrechoquent. Dans des recherches de ce genre se distinguent également Torricelli, Pascal, Mariotte, pour ne rappeler que les noms les plus connus[2]. Descartes lui-même, qui n'est pas qu'un physicien tourbillonnaire, participe à ce courant de recherches; plus souvent en incitateur, il est vrai, qu'en découvreur. Les clivages ne sont pas simples ; les querelles de personnes restent vives. Cependant la tendance générale est à la coopération des bons esprits. Les monarques créent des académies; les idées circulent, par lettres et gazettes; les philosophes, petit à petit, deviennent des savants.

Isaac Newton naît peu avant le milieu du siècle, l'année même où meurt Galilée[3]. De l'un à l'autre la science du mouvement n'a progressé que de manière très fragmentaire. Nul n'a su proposer un petit nombre de principes desquels tout puisse se déduire. Or ce qu'annonce la préface des Principia, c'est la science générale des rapports entre les mouvements et les forces. Telle est la définition donnée de cette mécanique rationnelle qui va être développée tout au long des deux premiers tiers de l'ouvrage. Ensuite seulement cette science générale se verra appliquée aux mouvements des astres, par quoi sera établie la théorie de l'attraction universelle.

---

1. Christiaan Huygens : 1629 - 1695 ; ses *Œuvres complètes* ont été éditées par la Société Hollandaise des Sciences, La Haye, 1888-1950.

2. Evangelista Torricelli : 1608-1647 ; *Opere* éditées par Loria et Vassura, Faenza, 1919-1944. Blaise Pascal : 1623-1662 ; *Œuvres complètes* éditées par Mesnard, Paris, 1971 ; notamment : le *Traité de l'équilibre des liqueurs* écrit vers 1650. Edme Mariotte, abbé : env. 1620-1684, 2e édition de ses *Œuvres* à La Haye, 1740 ; notamment : *De la nature de l'air* (1679).

3. Sir Isaac Newton : 1642-1727.

En tant que rationnelle cette mécanique s'oppose à l'art des machines, dont elle emprûnte le nom. On retrouvera une *méchanique*, science des machines, quelque part dans les Principia; mais comme en appendice. D'ailleurs la statique, science des équilibres, ne s'y trouve pas développée. L'inspiration dominante vient des cieux.

Le débat cosmologique

Sur le grand débat inauguré par Nicolas Copernic, au milieu du siècle précédent, Newton annonce peu et apporte beaucoup[1]. Après lui le débat s'évanouira; la Sorbonne n'aura plus qu'à rendre les armes. Avant, la situation est mal décantée. Si le copernicianisme est de mieux en mieux accepté, nul faisceau d'arguments ne s'est montré décisif, ni pour ni contre. Mais il importe de savoir comment la problématique s'est modifiée pour mieux saisir comment Newton y fait jouer un rôle à sa mécanique.

En proposant son système, Copernic s'attaquait à celui de Claude Ptolémée, que les siècles avaient patiné[2]. Comme Aristote et la plupart des Anciens, Ptolémée voyait la Terre au centre du Monde. Autour d'elle tournaient la Lune, le Soleil, les cinq planètes et la sphère

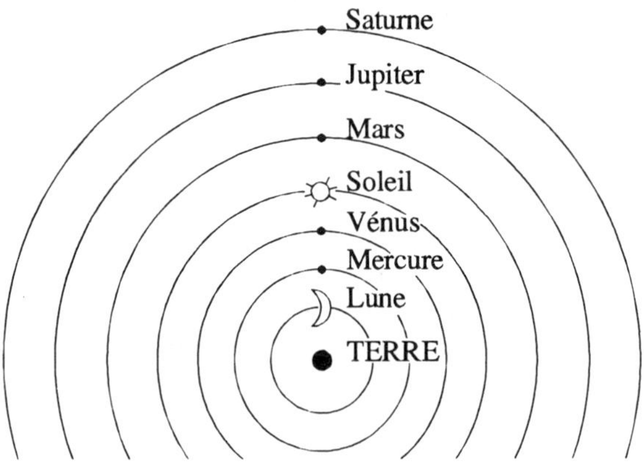

fig.1. Le système de Claude Ptolémée

1. Nicolas Copernic : 1473-1543; Œuvres complètes éditées par l'Académie Polonaise des Sciences (Varsovie, 1973) et par le CNRS.

2. Claude Ptolémée : IIe siècle ap. J-C; ses *Opera* ont été éditées à Leipsig (1898-1903); notamment : l'*Almageste*, qui expose son système planétaire.

stellaire. Un savant échaffaudage de mouvements circulaires, en principe uniformes, permettait de rendre compte des apparences avec une bonne précision. Ce géocentrisme s'accordait fort bien à la physique péripatéticienne, qui divisait le Cosmos en deux mondes. Au monde céleste les mouvements parfaits de corps incorruptibles. Au monde sublunaire – la Terre et son air – le devenir perpétuel de choses relativement anarchiques. Certes l'expérience avait permis d'énoncer quelques solides principes. Par exemple que les corps graves, par leur chute, retournent vers leur lieu naturel ; et qu'ils y trouvent le repos, et ne le quittent que sous l'effet d'une violence ; que le mouvement d'un projectile, donc, ne dure que tant que dure l'action, après quoi il redevient simple grave et choit de son mouvement naturel. Pour les astres, en revanche, rien ne vaut de tout cela. Leur moteur premier, quel qu'il soit, entretient perpétuellement leurs mouvements circulaires et uniformes, naturels ou supranaturels.

Le géocentrisme convenait fort bien également à ceux qui pensaient que Dieu ne pouvait avoir installé l'Homme qu'en une place centrale du Monde. C'est donc, en fin de compte, à toute la pensée médiévale que s'en prenait Copernic, non par son système lui-même, mais par l'interprétation qu'il lui attachait. Car tout un chacun était prêt à accepter un système où la Terre tourne avec les planètes autour du Soleil, pourvu qu'il n'y eût là que commodité de mathématicien.

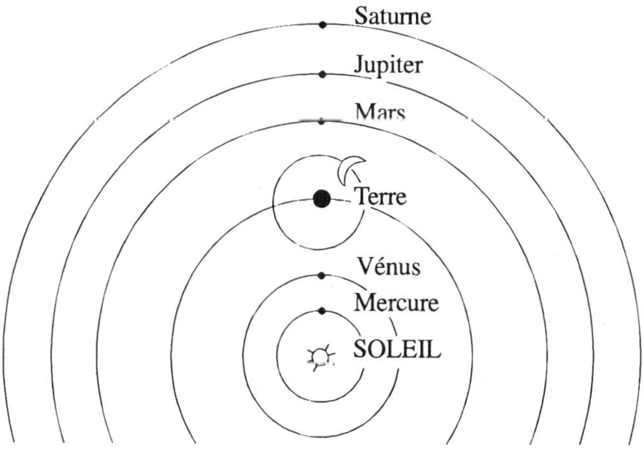

fig.2. Le système de Nicolas Copernic

Tant que l'astronome s'en tenait à composer des cercles et des vitesses qui rendissent compte le mieux possible des observations, ses fantaisies lui étaient passées. Mais Copernic allait plus loin, en affirmant l'héliocentrisme conforme à l'ordre réel des choses.

Le Danois Tycho Brahé tenta d'accorder ces deux grands systèmes en un troisième[1]. Le sien est géocentrique, mais les cinq planètes font leurs révolutions autour du Soleil et non plus, comme chez Ptolémée, autour de la Terre. Choisir entre Brahé et Copernic se limite à décider lequel se meut en effet, du Soleil et de la Terre. Au tout début du XVIIe siècle ce sont donc trois conceptions qui se heurtent avec, pour enjeu, la place de l'Homme dans le Cosmos.

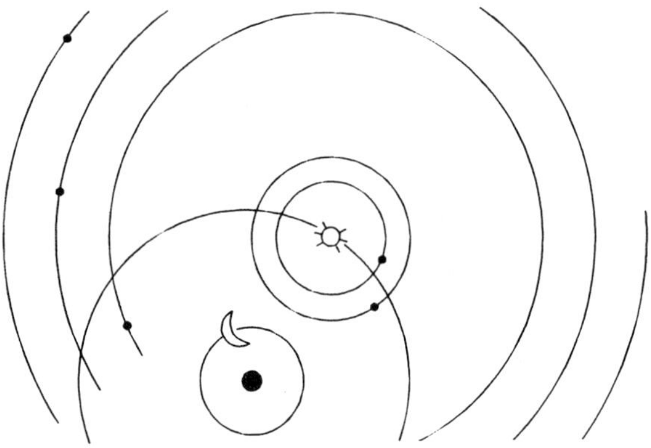

fig.3. Le système de Tycho Brahé

C'est à Galilée que cette problématique doit de subir une modification majeure. En 1610 il observe les astres à l'aide d'une lunette. Il est le premier à le faire, ou du moins à le faire avec application. Tout ce qu'il découvre plaide pour Copernic[2]. Jupiter a des satellites ; la Lune a des montagnes ; le Soleil a des taches. Si rien de tout cela ne prouve quoi que ce soit, l'opposition du monde sublunaire à un monde céleste, lieu de perfection, s'en voit très affaiblie. Par contrecoup la Terre, maintenant moins différente en nature, a moins de raisons de ne pas accompagner les planètes dans leurs rondes.

---

1. Tycho Brahé : 1546-1601 ; *Opera omnia* éditées à Copenhague (1913-1929).

2. Galilée expose ses résultats dans le *Sidereus Nuncius*, en 1610.

Mais si ces observations nouvelles ne prouvent pas la vérité du système de Copernic, il en est une qui établit la fausseté de celui de Ptolémée : celle des phases de Vénus. Pour rendre compte de l'errance de cette planète par rapport aux fixes, Ptolémée lui avait fait décrire un petit cercle, l'*épicycle*, dont c'est le centre, pur point mathématique,

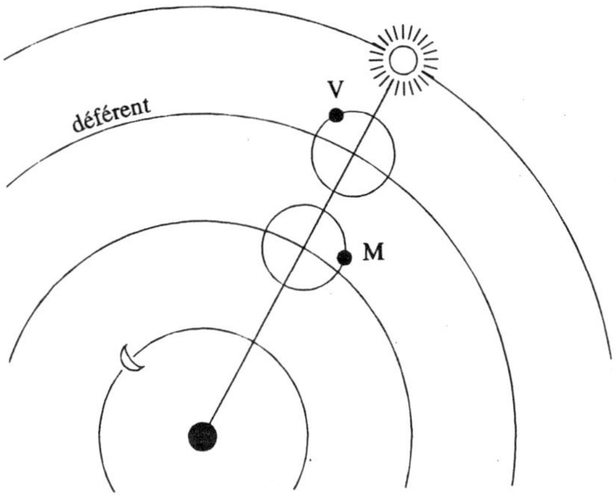

fig.4. Le mouvement de Vénus selon Ptolémée

qui décrivait un grand cercle autour de la Terre, le *déférent*. En cela Vénus ne se distinguait pas des autres planètes. Mais elle avait, avec Mercure, une particularité. Toutes deux sont des planètes inférieures : elles circulent entre Terre et Soleil. Or, pour les deux, il avait été nécessaire de placer le centre de l'épicycle dans l'alignement même du Soleil et de la Terre. Il en résulte qu'à aucun moment Vénus ni Mercure ne peuvent être vues depuis la Terre entièrement éclairées par le grand luminaire, puisqu'il faudrait pour cela que le Soleil se place à peu près entre la Terre et la planète.

En découvrant les phases de Vénus, dont un éclairement complet du disque, Galilée prouve que le système de Ptolémée est loin de *sauver les phénomènes* ; bien plus qu'on ne le pensait. A partir de là, la joute, qui était d'abord celle de Copernic contre Ptolémée, devient celle de Copernic contre Tycho Brahé. Et puisque ces deux systèmes-ci peuvent être rendus rigoureusement équivalents, astronomiquement parlant, la question de savoir qui est en repos au centre du Monde échappe désormais aux possibilités de l'observation. Il faut, pour trancher, des arguments physiques. Quand Newton apportera les siens, il en résultera que ni la Terre ni le Soleil ne sont immobiles, mais que la Terre se meut bien plus que le Soleil.

Idées et calculs

Galilée n'est pas seul à préparer la voie du copernicianisme newtonien. Par leurs arguments, ou leurs visions, plusieurs penseurs apportent leur lot, si peu scientifique soit-il, à la nouvelle conception de l'Univers. Ainsi de Giordano Bruno[1], qui croit le Monde infini, et peuplé d'une infinité de systèmes solaires. Son obstination lui vaut le bûcher. Ainsi du prudent Descartes, qui réussit à faire en sorte que la Terre ne se meuve pas lorsqu'elle tourne autour du Soleil. Les contorsions fort peu «cartésiennes» qui lui permettent de tenir une telle position ne l'empêchent pas de contribuer à une conception nouvelle du mouvement. Malgré sa cinématique, Galilée ne s'était que peu éloigné de la tradition géocentrique des mouvements naturels et violents précédemment évoquée. Descartes va bien plus loin. Newton n'aura qu'à perfectionner son principe d'inertie pour disposer du premier pilier de la mécanique.

Que penser, en effet, du poids d'un corps, dans un univers dont la Terre n'occupe plus le centre, et qui n'a peut-être même plus de centre? Le poids était perçu jusqu'alors comme une qualité inhérente au corps grave, par laquelle il tend à retourner au plus bas s'il s'en trouve éloigné. Bien entendu, *haut* et *bas* étaient depuis longtemps interprétés comme *plus éloigné* et *plus proche* du centre de la Terre, lui-même confondu avec le centre du Monde. Pour un copernicien, les graves, en tombant vers le centre de la Terre, ne se dirigent plus vers le centre du Monde. Le poids, en tant que qualité, devient relatif à un astre en mouvement, la Terre. Pourquoi n'en irait-il pas de même à la surface de chaque planète; ou même, pourquoi pas, aux abords de la Lune ou du Soleil?

Les conséquences de ce changement de perspective, on le voit, s'annoncent vastes. L'attraction universelle en sera un aboutissement particulièrement réussi. Pour nous en tenir à l'apport cartésien, considérons ce qui arrive à un corps projeté. Son mouvement est ralenti, puis arrêté, par l'effet de la pesanteur et par celui des résistances qu'il peut rencontrer. Mais ce ne sont là qu'effets accidentels, en quelque sorte. Du moins s'habitue-t-on alors à penser ce mouvement abstraction faite du poids et des autres entraves. Le surprenant est qu'on ne

1. Giordano Bruno: 1548-1600; on peut lire *L'infini, l'univers et les mondes*, traduction Laverglois, Berg International, Paris, 1987.

voit plus de raisons pour que les projectiles s'arrêtent, ni pour que leurs trajectoires dévient. Le mouvement circulaire des astres en devient moins naturel. Telle est la nouvelle idée de l'inertie.

Parmi ceux qui furent plus mathématiciens que Descartes dans l'étude de la nature, Johan Kepler, enfin, doit nous retenir[1]. Disciple de Tycho Brahé, il en avait hérité d'excellentes tables d'observations. En bon fils de la Renaissance, il voulut en tirer les preuves d'une harmonie toute pythagoricienne du Cosmos. Ses patients calculs le conduisirent à énoncer trois lois, à l'époque même où Galilée procédait à ses observations.

La première loi est que les planètes décrivent des ellipses, dont le Soleil occupe un des foyers. Lorsqu'un jardinier veut tracer ce qu'on nomme couramment un ovale, il plante deux piquets ; puis il les relie par une ficelle, prise plus longue qu'il n'y a de distance entre eux ; et il

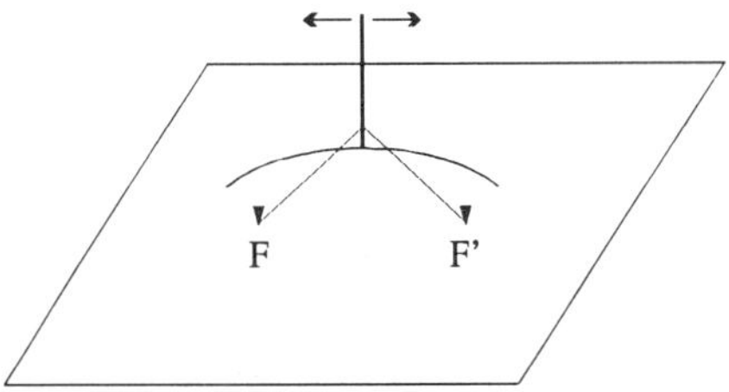

fig.5. Tracé de l'ellipse

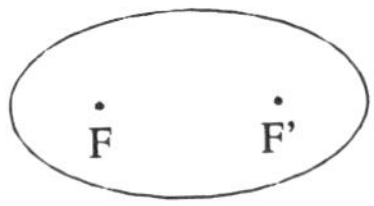

fig.6. L'ellipse et ses foyers

tend cette ficelle horizontalement à l'aide d'un bâton tenu verticalement. En déplacant le bâton de manière à maintenir tendue la ficelle, il obtient une courbe fermée, sorte de cercle aplati, que les géomètres nomment ellipse. Les foyers de l'ellipse sont les points, F et F', définis par les piquets. Comme un cercle, une ellipse est une courbe plane, c'est-à-dire contenue dans un plan. Kepler a su montrer que les plans des trajectoires des planètes, quoique différents les uns des autres, passent tous par le Soleil. Le plus notable de l'affaire est bien que des cercles, pour la première fois depuis l'antiquité, aient dû céder la place à d'autres courbes. La règle tyrannique que tous les astronomes, même Copernic, s'étaient imposée, de n'employer que des mouvements circulaires, devenait caduque.

1. Johannes Kepler : 1571-1630 ; on peut lire *Le Secret du Monde*, traduction Segonds, les Belles Lettres, 1984.

Avec l'uniformité, les mouvements célestes perdaient un autre de leurs antiques privilèges. La seconde loi dit ce qui les remplace : en des temps égaux, ce ne sont plus des trajets égaux qu'effectuent les planètes, mais des aires égales que balaient les rayons. Traçons une droite du Soleil à la planète ; lorsque celle-ci passe de la position P_1 à la position P_2, ce rayon balaie, dans le plan de la trajectoire, la surface hachurée :

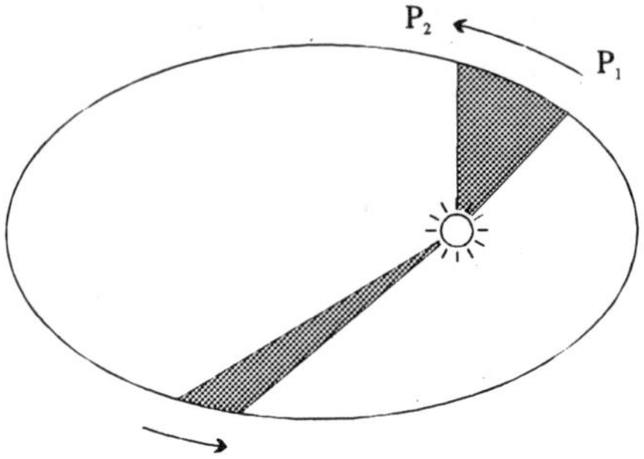

fig.7. La seconde loi de Kepler

La seconde loi dit donc que les surfaces, ou aires, balayées pendant deux durées quelconques, mais égales entre elles, sont égales elles aussi. Cela ne se peut que parce que la planète va plus vite quand elle est plus près du Soleil : il faut compenser en « largeur » (P_1P_2) ce qu'on perd en « hauteur » (SP). L'uniformité des mouvements est bien abandonnée, mais remplacée, il est vrai, par une autre : celle des aires balayées.

La troisième loi fut obtenue plus tardivement. Elle relie les dimensions de ces ellipses aux périodes des révolutions, c'est-à-dire aux temps que mettent les planètes à parcourir leurs trajectoires en entier : les carrés des périodes sont comme les cubes des grands axe.

Parti de l'hypothèse copernicienne, Kepler en renforce la vraisemblance, par les particularités remarquables des résultats obtenus : dans ses trois lois, c'est le Soleil, et non la Terre, qui joue un rôle central. Mais aussi invite-t-il la nouvelle philosophie naturelle à soumettre les cieux à de nouveaux calculs, dénués des préjugés anciens[1].

*

1. Au lecteur qui désirerait des développements sur les matières de ce chapitre, on conseillera de se plonger dans l'œuvre d'A.Koyré.

CHAPITRE 2

PRINCIPIA MATHEMATICA

Avant d'aborder le contenu de l'ouvrage, découvrons-le sous ses deux aspects mathématiques : structure et style.

L'ordre du géomètre

Les *Philosophiæ Naturalis Principia Mathematica* sont composés de cinq parties. Les deux premières, brèves, constituent ensemble un préambule. La première présente les *Définitions* et la seconde les *Axiomes*[1]. La mécanique rationnelle y reçoit ses fondements, et le reste de l'ouvrage ne s'en veut que développements et applications. Puis viennent les Livres I et II, tous deux intitulés *Du Mouvement des Corps*. Le premier traite du mouvement des corps dans le vide, ou plutôt dans un milieu non résistant ; le second au contraire étudie les mouvements qui se font dans les fluides. Le troisième Livre, intitulé *Du Système du Monde*, est l'application de cette science mathématique qu'est la mécanique rationnelle à la réalité, céleste et terrestre. C'est là qu'est établie la théorie de l'attraction universelle, et qu'en sont tirées diverses conséquences : théorie des marées, théorie des comètes, etc. Voyons plus en détail la composition du préambule et des trois Livres.

Les huit Définitions sont d'abord celles de la masse et de la quantité de mouvement ; puis celles de la force d'inertie et de la force imprimée ; celles, enfin, de la force centripète et de ses trois « mesures ». Ce coup d'œil cursif révèle un déséquilibre. Il est beaucoup question de dynamique, si l'on veut bien appeler ainsi la science des forces, mais fort peu de cinématique ; entendant par ce mot la science des mouvements abstraction faite des forces. Il faut comprendre – la suite le

1. Les majuscules de « Définition », « Axiome », « Livre », etc., indiquent que ces mots sont employés tels quels dans les Principia (*definitiones, axiomata, liber*, etc.), au contraire de « parties », « préambule », etc. qui n'y figurent pas.

confirmera – que les notions de longueur, de durée et de vitesse sont jugées suffisamment bien connues depuis Galilée pour qu'il ne soit pas nécessaire de les reprendre. En gros, deux concepts nouveaux leur sont ajoutés, masse et force.

Pour chaque Définition, l'énoncé proprement dit est suivi de quelques lignes de commentaire, précisant l'idée et le vocabulaire. Le tout s'achève sur un Scholie, commentaire général d'une certaine ampleur. A dire vrai, ce Scholie des Définitions est plus qu'un commentaire. Il expose un certain nombre d'idées nouvelles, indispensables aux développements ultérieurs, sous le double chef de l'absolu et du relatif. C'est lui qui présente les notions les plus simples. Celles d'espace et de temps, celles – qualitatives – de mouvement et de repos, et leurs rapports avec la notion de force. Un tel exposé comporte, de fait, définitions et affirmations. Celles-ci constituent donc les véritables principes premiers de la mécanique rationnelle.

La deuxième partie du préambule commence par les trois Axiomes, aussi appelés *Lois du Mouvement*. Elles traitent respectivement de l'inertie; de l'effet de l'impression d'une force; de l'action et de la réaction. Chacune est suivie d'un bref commentaire, à l'instar des Définitions. Immédiatement après viennent six Corollaires, avec leurs démonstrations et quelques premiers exemples d'applications. Ce sont les tout premiers théorèmes de la nouvelle science, placés là en raison de la généralité de leurs propos. Qu'ils soient utilisés, ou du moins utilisables, dans chacun des trois Livres, ne les privilégie en rien: plusieurs théorèmes du Livre I servent dans les deux autres. Leur particularité commune est qu'ils parlent de forces dont la direction est relativement indéterminée. Le Livre I, qui n'envisage que la catégorie des forces dites centripètes, serait, de ce fait, un cadre trop étroit pour ces Corollaires. La seconde partie du préambule se présente donc comme un tronc fort court, compte tenu de l'importance des Livres qui suivent. Elle s'achève elle aussi par un Scholie, moins décisif toutefois que celui des Définitions.

Les Livres I et II sont semblables de composition: l'un est divisé en quatorze Sections, l'autre en neuf. Chaque Section est une succession d'énoncés, appelés *Propositions* pour la plupart, *Lemmes* pour quelques autres. Un petit Scholie, parfois, vient rompre cette rigoureuse mais trop égale théorie. Entre Lemmes et Propositions il y a peu de différence de nature. Les Lemmes sont censés traiter de mathématiques pures, tandis que les Propositions portent sur les questions de mécanique. Les premiers sont des adjuvants, les secondes constituent l'essentiel des Livres. Elles-mêmes sont tantôt des *Théorèmes*, tantôt des *Problèmes*. Les Théorèmes énoncent des propriétés, des relations. Les Problèmes montrent comment construire une trajectoire, comment trouver une vitesse. Il n'y a pas d'autre différence entre eux que cette manière de présenter l'affaire. Chaque énoncé est immédiatement suivi de sa preuve; démonstration pour les Théorèmes et les Lemmes, résolution pour les Problèmes. Tout cela n'est que conformité aux bons et antiques usages de la géométrie.

Le Troisième Livre est lui aussi une succession de Propositions, coupée par quelques Lemmes, voire, plus exceptionnellement, par des Hypothèses. Mais la subdivision en Sections n'est pas reprise. Le corps des Propositions est précédé de quatre *Règles pour Philosopher* et de six *Phénomènes*. Les Règles sont des considérations épistémologiques sur le rapport de la théorie à l'expérience en philosophie naturelle. Quant aux Phénomènes, chacun énonce une propriété, ou un groupe de propriétés, du mouvement des astres, telles que les astronomes ont pu les établir à partir de leurs observations. On peut donc dire qu'avec les Phénomènes c'est le réel, dans ce qu'il a de singulier, qui s'introduit dans les Principia. Le reste du Livre III est l'application, faite à ce réel, de la science générale exposée auparavant[1].

Prendre connaissance de tout l'ouvrage n'aboutirait qu'à un résultat superficiel. L'initiation que l'on propose ici se veut, à l'opposé, examen patient et rigoureux de l'essentiel. Puisque le but que nous nous sommes proposé est d'aller jusqu'aux bases de l'attraction universelle, une incursion dans le Livre III aura lieu. Conformément à l'esprit des Principia, les cinq chapitres qui nous en séparent seront consacrés à la seule mécanique rationnelle. Toute allusion au Système du Monde n'y sera qu'illustrative, en rien démonstrative. Le Livre II ne concerne quasiment pas notre affaire. Il y apporterait un complément pour nous de moindre intérêt: la réfutation de la théorie des tourbillons de René Descartes. Pour le reste, on y trouverait de l'hydrostatique, le moyen théorique de mesurer la résistance de l'air, un peu de propagation des ondes dans un fluide, et quelques autres études du même acabit. Aussi négligerons-nous désormais ce Livre.

Du premier des trois, même, il serait inutile de vouloir tout connaître. Ses vingt-neuf Lemmes et quatre-vingt quatre Propositions ne serviraient, pour la plupart, qu'à grappiller quelques petites connaissances très secondaires sur le Système du Monde. L'essentiel de ce dont nous aurons besoin est inclus dans une poignée de Propositions et en sera extrait au chapitre septième. Tout au long des chapitres 3 à 6,

1. L'annexe 1 présente le plan des Principia.

nous nous attarderons sur des matières qui correspondent, en gros, aux Définitions et aux Axiomes. Que le lecteur ne craigne pas d'être lésé. Tous les concepts, quasiment, et la majeure partie des méthodes s'y trouvent réunis. En y appliquant sa perspicacité et sa sagacité, on se rendra à même de saisir les démonstrations du Livre III, bien mieux qu'en consacrant son temps à tous les problèmes trop particuliers que contiennent les deux autres. Encore faut-il ne pas se laisser rebuter par le style dans lequel Newton a rédigé cet ouvrage.

La science des grandeurs

La langue des Principia est neutre et froide à souhait. Ce latin tardif se laisse aisément traduire. Plus déroutant, car plus démodé, en est le style mathématique. Co-inventeur du calcul infinitésimal, Newton ne l'emploie pas. L'algèbre même – si l'on veut bien désigner par ce mot l'art du calcul littéral – apparaît bien peu. Il y a là une double renonciation, aux raisons mal élucidées. Le fait est que, au début du XVIIIe siècle, la mécanique va prendre un visage analytique, sans vergogne ni remords[1].

Outre qu'une traduction analytique en symboles actuels risquerait d'être désagréable à certains lecteurs (et que nous en serions marri), cet acte même serait source de difficultés. En trois siècles des évolutions ont eu le temps de s'opérer en mécanique ; des notions ont disparu, d'autres ont été créées. Aussi l'espoir d'une transcription terme à terme est-il illusoire. L'emploi de chaque mot, de chaque symbole tiré du trésor moderne, se doit d'être soigneusement justifié. Comment mieux le faire qu'en montrant que le concept qu'il désigne aujourd'hui correspond à un concept autrement désigné jadis ? Et comment appréhender les concepts de jadis sinon dans le langage employé alors, à moins de commettre un cercle ? Voilà pourquoi une certaine initiation

1. Alexis-Claude Clairault (1713-1765) a notablement contribué à la traduction française des Principia (1756) ; on lui doit la traduction analytique d'une partie de l'ouvrage. D'autres noms servent de fanaux dans cette époque de la mécanique : Leonard Euler (1707-1785) publie en 1736 une *Mécanique du point matériel* ; le *Traité de Dynamique* de Jean Le Rond d'Alembert (1717-1783) date de 1743 ; et en 1788 Joseph-Louis Lagrange (1736-1813) donne sa *Mécanique analytique*. On connaissait moins jusqu'à présent le rôle joué par Pierre Varignon (1654-1722) dans ce domaine ; justice lui a été rendue par Michel Blay dans sa thèse *Mathématisation et conceptualisation de la science du mouvement au tournant des XVIIe et XVIIIe siècles*, Université de Paris X, 1989 (à paraître en 1992 aux PUF, sous le titre *La naissance de la mécanique analytique*). Varignon et les Bernoulli ont donc formé l'avant-garde de Newton sur le Continent.

à la langue mathématique de Newton est nécessaire. D'un autre côté, notre propos n'est pas d'amener qui veut bien nous suivre à lire tout texte d'époque. Un minimum d'initiation suffira. Ainsi, espérons-le, rigueur et simplicité feront-elles bon ménage. L'amateur de formules aura tout loisir de procéder à la traduction analytique au bord de laquelle nous nous arrêterons.

La mécanique est une science mathématique en ce qu'elle prend pour objets des grandeurs, des quantités. Certaines sont géométriques : longueurs, aires, volumes, angles. D'autres pas : durées, vitesses, masses, etc. Il convient tout d'abord de distinguer les grandeurs, ces choses susceptibles du plus et du moins, de leurs *mesures*, qui sont, elles, des nombres. Soient deux segments, AB et CD. Mesurer AB à l'aide de CD c'est chercher le rapport de AB à CD ; c'est opérer de manière à pouvoir répondre à la question : combien de fois CD est-il contenu dans AB ? Etant donné que CD, mesuré par lui-même,

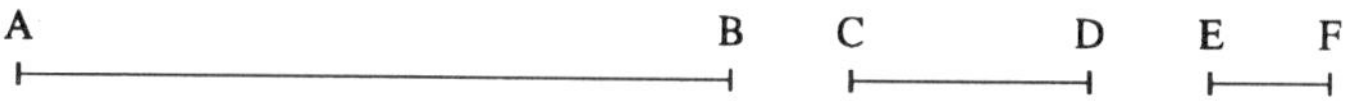

fig.8

donne 1, le segment CD prend, dans ce contexte, le nom d'unité de mesure. Une grandeur donnée a une infinité de mesures, autant que d'unités possibles. A vrai dire parler d'unité ne prend son sens que si une même grandeur, ici CD, sert à mesurer toutes les autres. Rien n'empêche, si on le trouve bon, de mesurer AB par CD, CD par EF et EF par AB : aucun des trois n'est alors appelé unité.

Au XVIIe siècle les savants emploient, outre le degré pour les angles, les unités d'usage civil (pieds, heures, livres). Lorsqu'elles sont incommodes, ils prennent ce qui se présente : la distance du centre de la Terre à celui de la Lune est soixante fois le *rayon terrestre*... Lorsque l'unité est inexistante, parce que la quantité est trop nouvelle, on ne ressent nulle urgence à la créer. On se contente, donc, de comparer deux grandeurs de la même espèce. Ainsi, à la question de savoir ce que vaut telle force particulière, la réponse ne peut être que : son rapport à telle autre est tant. De nos jours des systèmes complets et cohérents d'unités permettent d'opérer directement sur les mesures elles-mêmes. On en oublierait que mesurer en centimètres c'est comparer au globe terrestre[1].

1. Pour s'en tenir à la première définition du mètre.

Prenons la formule qui donne l'aire d'un rectangle : S = L x l. Elle dit que si l'on multiplie une mesure de la longueur par une mesure, en même unité, de la largeur, on obtient une mesure de l'aire dans une certaine unité d'aire. Si L et l sont des mesures en mètres, S est une mesure en mètres carrés ; si l'on veut obtenir l'aire, dans les mêmes conditions, en centimètres carrés, la formule n'est plus la même : on emploie S = 100 x L x l. Pour autant que les lettres désignent, comme ici, des mesures, c'est-à-dire des nombres, toutes les opérations sont permises (addition, multiplication, etc.). Dans un contexte scientifique où l'absence d'un bon système d'unités fait encore défaut, on est moins porté à parler des mesures et plus des grandeurs elles-mêmes. Or on n'opère pas sur les grandeurs comme sur de simples nombres. On ajoute un segment à un autre, en les mettant bout-à-bout. On n'ajoute pas un segment à un rectangle. Quelque position que l'on donnerait au

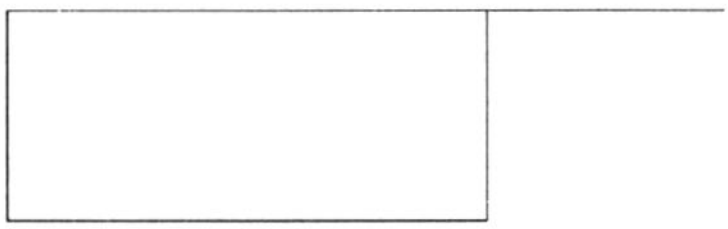

fig.9

segment, la somme d'une mesure de sa longueur avec une mesure de l'aire du rectangle ne correspondrait à rien sur la figure.

Les opérations licites sur les grandeurs avaient fait l'objet d'une étude approfondie de la part des géomètres grecs. Lorsque les Modernes, tels Galilée et Newton, inventent des grandeurs nouvelles – vitesse pour l'un, masse pour l'autre – ils en parlent dans le langage hérité des Anciens. On peut ajouter deux grandeurs de même espèce, par exemple des vitesses, comme on peut retrancher la plus petite de la plus grande. On peut aussi multiplier une grandeur, si l'on entend ce verbe en son sens premier : ajouter plusieurs fois la grandeur à elle-même. De même peut-on la diviser, c'est-à-dire la découper en parties égales. Mais on ne peut pas multiplier une grandeur par une autre. Toutefois une certaine évolution se manifeste sur ce point. Alors que Galilée prend bien garde à respecter cette hétérogénéité des grandeurs, Newton a de ces tournures qui inciteraient à voir, dans certaines de ses formulations, des multiplications entre grandeurs. La raison en est que, plus porté que Galilée à se frotter à l'expérience, il sait qu'il lui faudra multiplier entre elles les mesures des grandeurs en jeu. Un vieil interdit se désagrège, le mathématicien ne sera pas toujours un géomètre.

Pour l'heure, il l'est encore assez, et la tradition euclidienne se perpétue très visiblement dans l'usage des proportions. La théorie en est vaste et difficile. Le langage en est riche. Allégeons-le en nous en tenant aux considérations suivantes, suffisantes pour accéder à la pensée de Newton et lui rester fidèles.

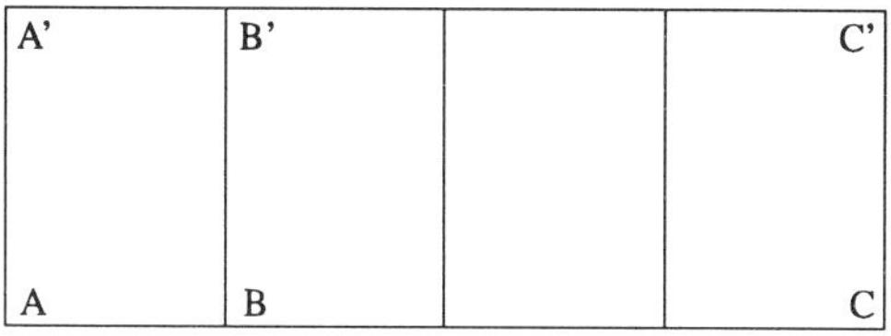

fig.10

Les rectangles ABB'A' et ACC'A' ont même largeur AA'. Leurs longueurs, AB et AC, sont dans un certain rapport. Une mesure permet d'exprimer numériquement ce rapport : AC, mesuré par AB, vaut 4. Mesurons maintenant l'aire du rectangle ACC'A' par celle de ABB'A'. Le rapport de la première à la seconde est 4 lui aussi. Chaque fois que, comme ici, le rapport d'une grandeur X à une grandeur x est le même que celui d'une troisième grandeur Y à une quatrième y, on dit de ces quatre grandeurs qu'elles sont proportionnelles, ou qu'elles forment une proportion. On dira aussi, et volontiers, que *X est à x comme Y est à y*. Dans l'exemple précédent, la grande longueur est à la petite comme la grande aire à la petite aire.

Bien entendu les grandeurs X et x doivent-elles être homogènes, c'est-à-dire de même nature ; ici ce sont deux longueurs. Et de même pour Y et y, ici deux aires. Les grandeurs en jeu, surtout celles qui ne

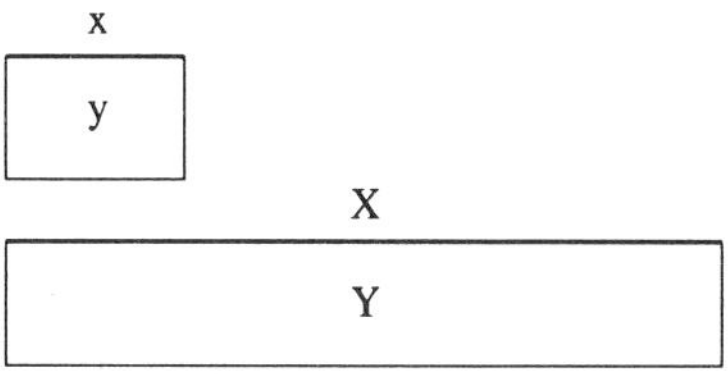

fig.11

sont pas géométriques, sont souvent représentées par les grandeurs des éléments d'une figure. Supposons que X et x soient maintenant deux vitesses, et que Y et y soient deux distances. Leur éventuelle proportionnalité, l'égalité de leurs rapports, peut se traduire par un schéma du type précédent (fig.11). On représente les vitesses *X* et *x* par les longueurs de deux rectangles de même largeur; leurs aires représentent les distances *Y* et *y*.

Ce procédé-ci est plus lourd que nécessaire, même si l'on inclut, comme dans la figure 10, le petit rectangle dans le grand. Représentons encore *x* et *X* par des longueurs AB et AC. Représentons *Y* par la hauteur CC'. Alors BB' représente *y*. L'usage de ces triangles (ABB' et

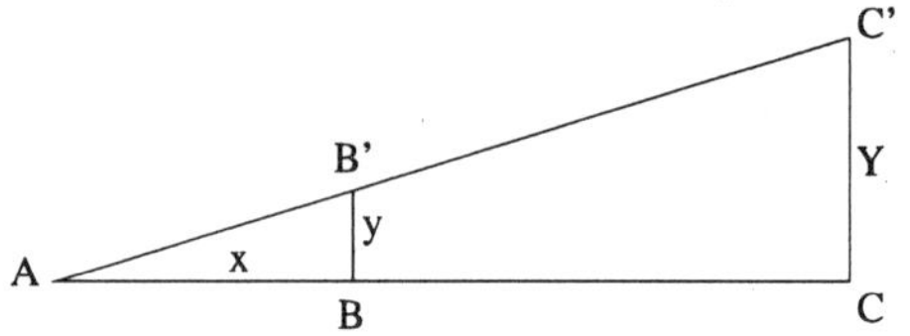

fig.12

ACC') a pour avantage que les grandeurs proportionnelles sont toutes quatre représentées par des longueurs, choses plus simples que des surfaces[1]. On peut y lire, si l'on a l'œil un peu géomètre, des règles de conversion telles que: si *X* est à *x* comme *Y* est à *y*, alors *X* est à *Y* comme *x* est à *y*. Faisons un pas de plus en envisageant deux grandeurs variables, comme un volume d'eau et son poids. On peut imaginer l'eau contenue dans un récipient par le bas duquel elle s'écoule: le volume diminue, ainsi que le poids de l'eau qui reste. Envisageons deux volumes et les poids qui leur correspondent; ces quatre grandeurs sont proportionnelles. Si deux de ces volumes sont appelés v_1 et v_2, et si les poids correspondants sont notés p_1 et p_2, on a que p_1 est à p_2 comme v_1 est à v_2. Mais comme il y a une infinité de volumes différents possibles (et de même pour les poids), il faudrait, si l'on s'en tenait à ce langage, écrire une infinité de proportionnalités. Mieux vaut tout dire en un seul énoncé, par le moyen d'une double opération. La première consiste à parler d'un volume variable, au lieu d'une infinité de volumes donnés; et, de même, d'un poids variable. La seconde est de dire: le poids est proportionnel au volume. Ou, plus simplement, *le poids est comme le volume*. Autrement dit, si le volume double, le poids double; si l'un triple, l'autre aussi, etc. Sur le graphique cela

1. Triangles qualifiés d'homothétiques à cause des diverses égalités de rapports qui s'y rencontrent. L'angle droit en B et en C est une comodité, nullement une nécessité.

revient à placer B en différents endroits de la demi-droite Au. B' se déplacant sur Au' à la verticale de B, les longueurs variables AB et BB' sont proportionnelles l'une à l'autre.

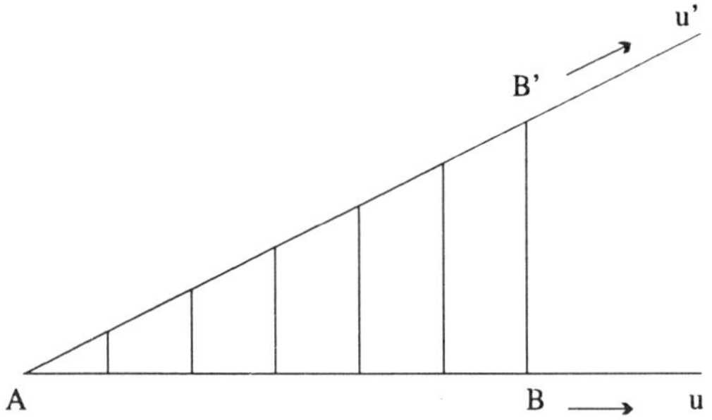

fig.13

Supposons que diverses mesures d'un volume variable aient donné comme résultats : 1, 2, 3, 4, 5. La proportionnalité du poids au volume se traduit, pour les mesures correspondantes du poids, par une série comme 2, 4, 6, 8, 10 ; ou encore : 3, 6, 9, 12, 15. Plus généralement, les mesures du poids prennent la forme a x 1, a x 2, a x 3, a x 4, a x 5, où a est un coefficient bien déterminé (dans nos exemples : 2, puis 3). Ce retour aux mesures devrait faciliter la compréhension, si besoin est, de quelques expressions à connaître. Désignons par U une grandeur

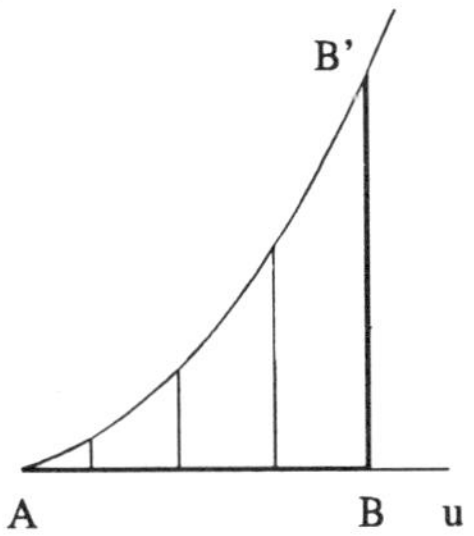

fig.14

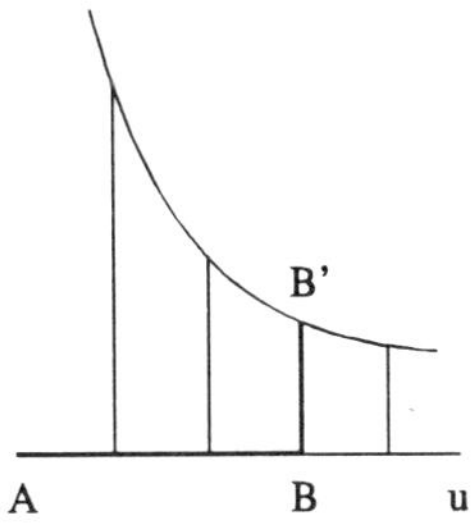

fig.15

variable, pour laquelle on envisage les résultats de mesures 1, 2, 3, 4, 5. On sait que les carrés de ces nombres sont 1, 4, 9, 16, 25, et que leurs inverses sont 1 , $\frac{1}{2}$, $\frac{1}{3}$, $\frac{1}{4}$, $\frac{1}{5}$. On dit qu'une grandeur variable V est *pro-*

portionnelle au carré de U, ou qu'*elle varie comme le carré de U*, si ses mesures sont respectivement 2, 8, 18, 32, 50, ou encore 3, 12, 27, 48, 75; ou plus généralement a x 1, a x 4, a x 9, a x 16, a x 25. De même une grandeur W *est comme l'inverse de U* si ses mesures s'écrivent b x 1, b x $\frac{1}{2}$, b x $\frac{1}{3}$, b x $\frac{1}{4}$, b x $\frac{1}{5}$. Si U varie continûment et se trouve représenté par AB, la variation continue de V fait que B' engendre une courbe, appelée *parabole* (fig.14). Si BB' représente W, au lieu de V, B décrit une autre courbe appelée *hyperbole* (fig.15).

Une dernière formulation à connaître concerne la composition des grandeurs. On dit que *Z est proportionnelle à X et à Y à la fois* pour dire, toujours en termes de mesures, que Z est comme le produit de X et de Y. La représentation la plus simple se fait dans ce cas par usage d'un rectangle: que X et Y soient représentées par les côtés, et l'aire représentera Z. On peut percevoir – par une telle représentation, ou par les nombres si l'on se sent plus arithméticien – la vérité d'énoncés tels que: si l'on fixe Y, Z varie comme X; lorsqu'on fixe X, Z est proportionnelle à Y.

Diverses combinaisons sont maintenant possibles à partir de cet échantillonnage. Une grandeur peut être proportionnelle à l'inverse du carré d'une autre. Une grandeur peut varier comme une autre et, conjointement, comme l'inverse d'une troisième. Une grandeur peut être comme une deuxième et une troisième ensemble et, conjointement, comme l'inverse du carré d'une quatrième, etc. Dans le cas d'une relation entre deux grandeurs, il peut se faire que la relation elle-même soit indéterminée. Soit qu'on ne la connaisse pas encore, soit qu'il n'y ait pas à la préciser. Une courbe du genre des précédentes, mais indéterminée, pourra alors supporter la réflexion (fig.16).

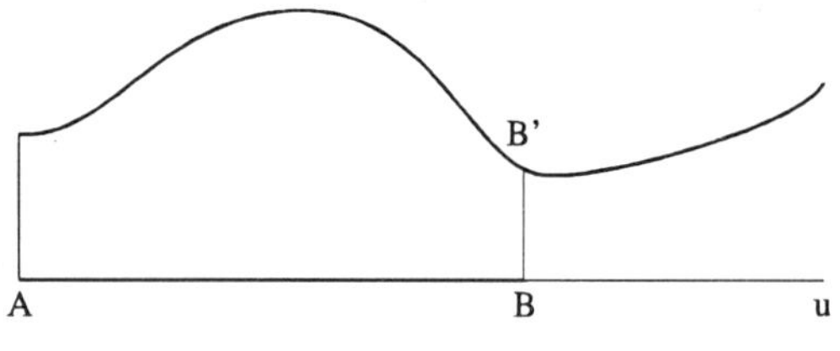

fig.16

Le style newtonien, en ces matières, n'est donc pas strictement euclidien. Les Anciens s'en tenaient aux quatre grandeurs proportionnelles. La prise en compte de deux grandeurs variables, au lieu de quatre données, est le propre de la mathématique moderne, celle que crée le Grand Siècle. Comme Descartes, Huygens *et alii*, Newton aurait pu algébriser son discours mathématique, c'est-à-dire passer aux formules. Le particularisme des Principia tient à l'attachement très marqué qui s'y manifeste pour la représentation géométrique des quantités et de leurs relations.

L'infinitésimal géométrisé

Cet attachement va si loin que l'infinitésimal même en est affecté. Les mathématiciens de ce siècle, plus hardis en cela que les Anciens, se lancent dans l'étude de l'infiniment petit (et du même coup dans celle de l'infiniment grand). Leibniz et Newton y brillent tant que chacun en supporte mal la gloire de l'autre. Tous deux mettent au point, parallèlement, et dans des styles différents, un *calcul* de l'infiniment petit. Ils nous ont appris à opérer avec des quantités infinitésimales, tout comme on opère sur des nombres. Le particularisme des Principia se prolonge jusque là que Newton n'y emploie pas son « calcul des fluxions ». Il lui préfère une géométrie infinitésimale, dont l'exposé des principes occupe la première Section du Livre I. Bien entendu, les figures de cette géométrie sont destinées à représenter des grandeurs mécaniques et leurs relations. A travers cette géométrie c'est donc toute une mathesis de l'infinitésimal qui se constitue. Très vite la postérité préfèrera la transcrire sous sa forme calculatoire, leibnizienne surtout. Les Principia en seront rapidement démodés.

La géométrie infinitésimale se présente, selon les circonstances, sous deux aspects. L'un consiste à modifier continûment une figure jusqu'à ce que certains de ses éléments disparaissent. Imaginons, par exemple, que les points B ct B' parcourcnt les segments AC et AC', en se dirigeant vers A. Imposons en outre à BB' de rester constamment

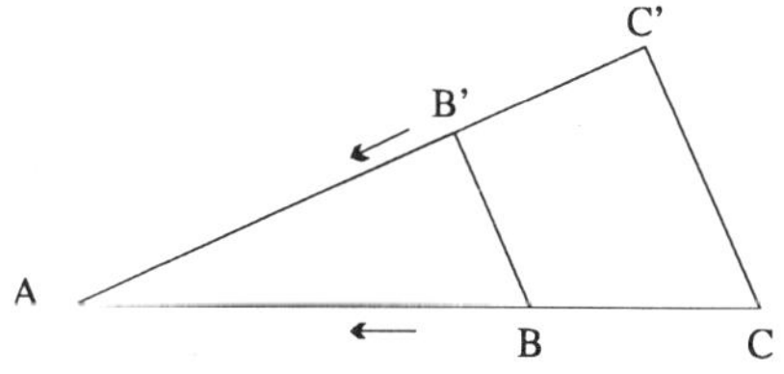

fig.17

parallèle à CC'. Lorsque B arrive en A, B' en fait autant, et le triangle ABB' disparaît. Cet *évanouissement* devient plus difficile à penser, mais aussi plus profitable, s'il se produit sans que B et B' atteignent A.

Il faut imaginer, en quelque sorte, que le glissement de BB' se ralentisse perpétuellement, mais sans jamais cesser; qu'il soit réglé de façon que B et B' se rapprochent de plus en plus de A sans toutefois l'atteindre. Dans ces conditions le triangle ABB' ne cesse d'exister, non plus que certaines de ses propriétés. Par exemple, le célèbre théorème attribué à Thalès de Milet permet de dire que, lors de cet évanouissement, AB' reste à AB comme est AC' à AC. Newton va même un peu plus loin, en disant qu'il en est ainsi «ultimement».

Cette forme de passage à la limite, l'évanouissement par glissement, est en concurrence avec une autre, que l'on pourrait évoquer comme évanouissement par démultiplication. Zénon le Cruel nous en

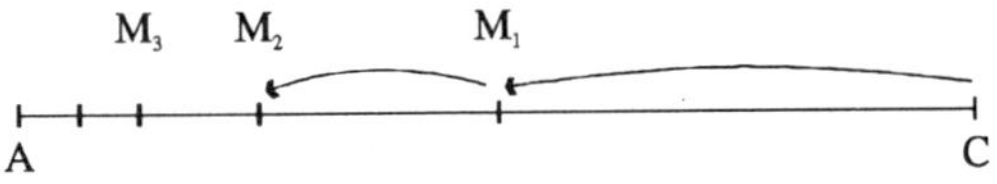

fig.18

voudra-t-il de l'introduire comme suit? Soit un trajet AC, que le point B doit parcourir de C vers A. Pendant la première minute de temps B saute de C jusqu'au milieu M_1 de AC. Pendant la deuxième minute, B va de M_1 jusqu'en M_2, milieu de AM_1. Et ainsi de suite: chaque fois, B ne parcourt que la moitié de la distance qui le sépare encore de A. A la fin de chaque étape, il lui reste donc quelque chose à parcourir: AM_1, puis AM_2, AM_3, etc. Ce reliquat, divisé par deux toutes les minutes, ne disparaîtra jamais. Pourtant il s'évanouit, en ce sens qu'il devient de plus en plus petit. Pour être plus exact: il peut devenir aussi petit que l'on veut. Question de patience.

Cette perpétuelle dichotomie n'est ici que propédeutique, encore qu'elle puisse aussi aider à comprendre l'évanouissement par glissement: les sauts du point B, de C à M_1, de M_1 à M_2, peuvent être transformés en glissements dont la vitesse décroît. Soit donné, maintenant, un cercle, dans lequel on inscrit un carré ABCD. Prenons les milieux E, F, G et H, des quatre arcs AB, BC, CD et DA, et joignons-les aux sommets voisins du carré. On forme ainsi un octogone régulier. Passer du carré à l'octogone a pour effet que l'intérieur du cercle se trouve mieux rempli: quatre triangles sont venus s'ajouter au carré. L'opération peut être recommencée avec les milieux des huit arcs de cercle découpés par l'octogone, et le polygone à seize côté ainsi construit remplit encore mieux le cercle. L'opération peut être recommencée perpétuellement. A chaque nouvelle étape, le polygone est un peu plus semblable au cercle, chaque fois l'écart de l'un à l'autre se réduit. Si l'on pouvait réitérer une infinité de fois l'opération, le polygone finirait par coïncider, rigoureusement, avec le cercle. Ce qui a fait dire à certains géomètres que le cercle est un polygone à une infinité de côtés, tous infiniment petits.

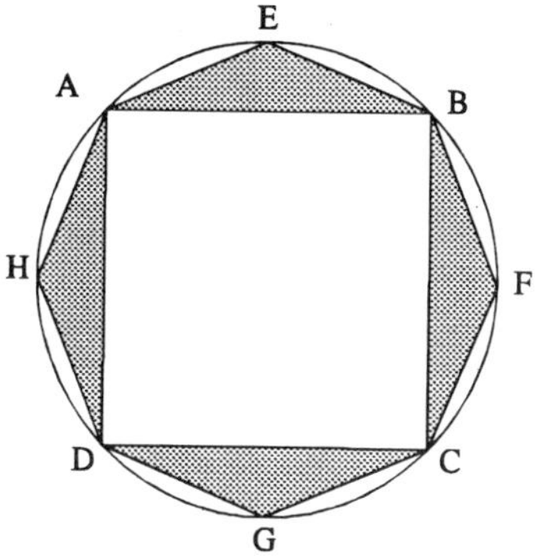

fig.19

Newton se garde d'une telle audace, mais il la frise tout de même, par cette formulation que, *in infinitum*, le polygone coïncide avec le cercle. N'ergotons pas et constatons que le procédé réalise effectivement un évanouissement: celui de l'écart entre le cercle et le polygone. Et c'est bien par une perpétuelle démultiplication que cet évanouissement s'obtient: celle des côtés. Ce que l'on peut en espérer, c'est que certaines propriétés des polygones se transmettent au cercle, par la vertu de ce passage à la limite. On disposerait là d'un moyen d'appréhender le courbe à partir de la connaissance des lignes brisées, c'est-à-dire, dans le fond, à partir de celle du rectiligne. Du même coup, on pourrait acquérir une connaissance intime de toute grandeur représentable par une courbe, connaissant les propriétés des grandeurs qui ont le bon goût de se laisser représenter au moyen de droites.

Mais peut-être avons-nous assez piétiné dans l'antichambre de la mécanique. Il n'est que temps de s'intéresser à son principal objet: le mouvement.

*

CHAPITRE 3

LA MATHÉMATISATION DU MOUVEMENT

La mécanique, première branche de la physique moderne, est science du mouvement et des forces. Si le mot « force » a pu avoir de nombreux sens, son emploi, tel qu'il est maintenant fixé, vient de Newton. Ce concept n'a pu être élaboré comme il l'a été que parce que l'autre notion première, le mouvement, a subi elle-même, et préalablement, une suffisante mathématisation. « Suffisante » et « préalablement » demanderaient à être nuancés. Mais le fait est qu'en rédigeant les Principia, Newton dispose d'une honorable notion de vitesse et d'une passable idée de la masse. Cette dernière est son invention personnelle, et tardive. En revanche la cinématique qu'il utilise – désignons par ce mot la science de la vitesse, dans ses seules relations à l'espace et au temps – n'est guère plus que celle de Galilée.

Une cinématique stagnante

Une vitesse est une grandeur, une quantité. Ce n'est pas un nombre, pas plus que ne le sont une aire, une longueur, une durée. Evitons, le plus que nous pourrons, l'abus de langage qui consiste à confondre la grandeur et l'une de ses mesures. Galilée est le premier à avoir fait de la vitesse une grandeur, d'une manière tant soit peu rigoureuse. En voici l'histoire[1].

« Avoir de la vitesse », « aller vite », sont des expressions qui appellent une comparaison. Un mobile ne va pas vite, il va plus vite qu'un autre, ou moins, ou autant. Faute d'une telle précision on n'est guère philosophe. Dire qu'un corps A tombe plus vite, par exemple, qu'un corps B, c'est dire que A, lâché en même temps que B, arrive en bas le premier ; et rien de plus, pour commencer. A ce stade la vitesse n'est pas une grandeur, du moins pas du genre de celles qu'on appelle quan-

1. Galilée, *Discours concernant deux sciences nouvelles,* Troisième journée.

tités, comme les longueurs et les durées. A la rigueur peut-on mesurer les hauteurs parcourues en un même temps, et peut-être même les durées de deux chutes de même hauteur. Ceci dit en théorie, et sous réserve de l'effective praticabilité de telles mesures. On n'en aura pas pour autant défini une grandeur nouvelle.

Galilée procède à une telle définition, en deux étapes. Il élabore en premier lieu, avec un soin extrême, la notion de vitesse constante, celle du mouvement qui se fait uniformément. Puis il passe au mouvement uniformément varié, le plus simple qui soit après le mouvement uniforme. Là, parce que la vitesse varie continuellement, il lui faudrait définir la notion de vitesse instantanée. La difficulté en est telle que l'habileté doit venir pallier le manque de rigueur.

Par définition, un mouvement est uniforme si en des durées égales, quelles qu'elles soient, le mobile parcourt des distances égales. Sur cette base précise, et sur quatre axiomes très simples, Galilée développe une belle petite théorie du mouvement uniforme. Le sixième et dernier théorème est que la vitesse est comme la distance et l'inverse de la durée. Mais quelle est donc la définition de cette vitesse ? On la chercherait en vain. Le mot reçoit un sens de l'emploi qui en est fait dans les deux derniers axiomes, et c'est la théorie euclidienne des proportions qui permet d'en tirer les énoncés, tel ce sixième théorème, qui précisent le sens et lui donnent la clarté d'abord absente. Retenons de tout ceci qu'il n'y a nulle définition explicite de la vitesse d'un mouvement uniforme, c'est-à-dire un énoncé de la forme « la vitesse c'est ... ».

Qu'espérer, alors, dans le cas où la vitesse varie continuellement au cours du mouvement ? Le mouvement uniformément accéléré est celui dans lequel il se fait, en des temps égaux, des accroissements de vitesse égaux. Et cette augmentation n'a pas lieu de temps en temps, elle se fait dans un processus continu. Mais qu'est-ce que cette vitesse qui n'est jamais la même ? Le mot n'a jusqu'ici été employé que pour une grandeur qui, au contraire, est toujours la même (au cours d'un mouvement uniforme donné). Le mot vitesse, manifestement, est en train de prendre un sens nouveau, qui correspond en quelque sorte à l'idée suivante. Si, à un instant d'un mouvement jusque là uniformément accéléré, le mobile se met à avoir tout d'un coup un mouvement uniforme, il prend une vitesse donnée, et la conserve. C'est cette grandeur-ci qui doit être regardée comme vitesse du mobile à l'instant considéré.

Une représentation géométrique nous sera aussi avantageuse qu'elle a paru nécessaire à Galilée et à ses contemporains[1]. Trois grandeurs sont en jeu : espace (c'est-à-dire les distances), temps (ses intervalles sont les durées), et vitesse. Une figure claire suppose que deux d'entre elles soient représentées par des lignes et la troisième par une aire. Dans le cas du mouvement uniforme, l'espace parcouru est proportionnel à la fois à la durée du mouvement et à sa vitesse. Le mieux est donc de représenter temps et vitesses par les côtés d'un rectangle, et

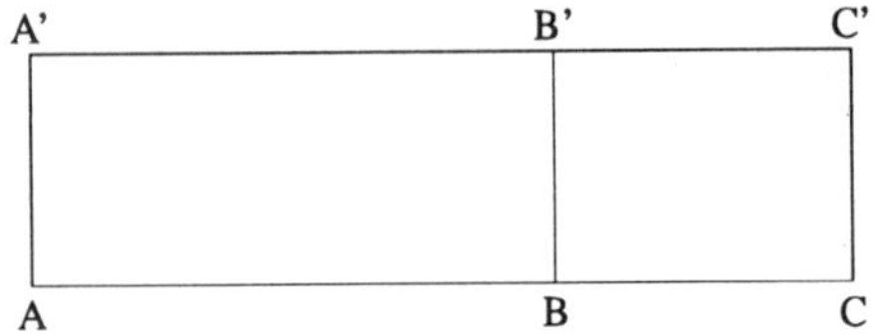

fig.20. Mouvement uniforme

l'espace par sa surface. Soit AC, par exemple, pour le temps total envisagé, et AA' pour la vitesse. Quel que soit le point B de AC, autrement dit quel que soit l'instant auquel on se place au cours de ce mouvement uniforme, la vitesse est la même : BB' la représente aussi bien que AA' ou CC'. Et l'aire de ABB'A' est à celle de ACC'A' comme AB à AC : à vitesse donnée, l'espace parcouru est proportionnel à la durée envisagée.

Passons au cas du mouvement uniformément accéléré. Il a été défini par l'égalité des accroissements de vitesse en des temps égaux. La représentation pourrait être celle-ci :

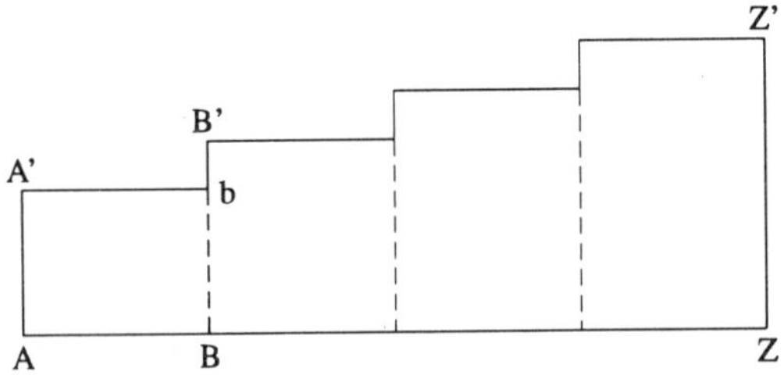

fig.21. Mouvement accéléré

1. Galilée, sur ce sujet, n'emploie pas les figures de façon aussi systématique qu'il ne l'est fait dans l'exposé qui suit.

Au départ, une vitesse représentée par AA', avec laquelle le mobile parcourt, d'un mouvement uniforme, l'espace représenté par le rectangle ABbA'. Une certaine augmentation se produit à la fin de l'intervalle de temps représenté par AB : la vitesse devient BB' ; et le même phénomène se reproduit, à des intervalles de temps réguliers. Ce mouvement-ci est accéléré, certes, mais pas uniformément : le processus d'accroissement n'est pas continu. La réalisation de cette continuité impose de se débarasser d'un graphique en escalier, et de lui substituer un plan incliné :

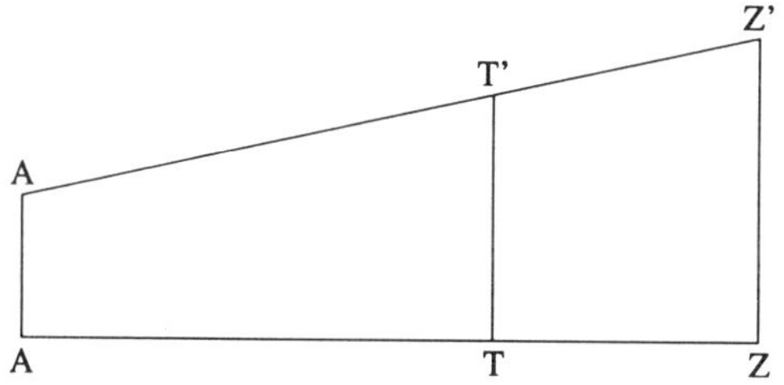

fig.22. Mouvement uniformément accéléré

Tout naturellement, à l'instant quelconque T, la hauteur TT' en vient à représenter la vitesse. Les aires des trapèzes ATT'A' et AZZ'A' représentent, l'une l'espace parcouru pendant le temps AT, l'autre l'espace parcouru pendant la durée totale envisagée pour le mouvement. On perçoit aisément l'augmentation continue de la vitesse. On perçoit aussi

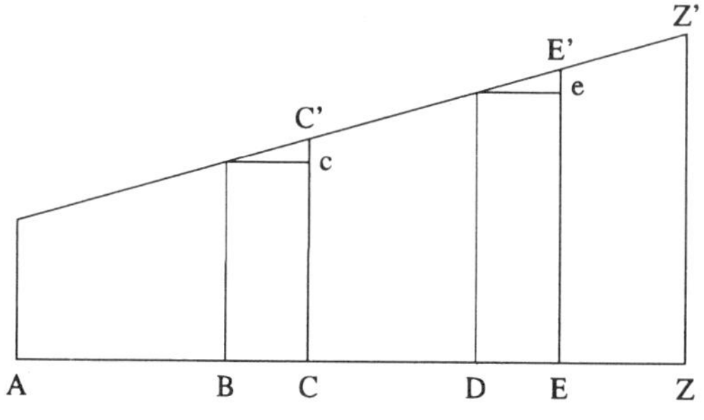

fig.23

la constance de cette augmentation: pour deux intervalles de temps égaux, quels qu'ils soient (ici BC et DE) les augmentations sont identiques (cC' et eE').

Mais on perçoit aussi ce qui s'est perdu de la belle simplicité du mouvement uniforme. L'espace n'est plus proportionnel au temps. Pour le voir mieux, plaçons nous dans le cas le plus simple, où le mobile part du repos: annulons la vitesse initiale AA'. Soit T le milieu de AZ: la durée AZ est double de la durée AT. L'espace parcouru

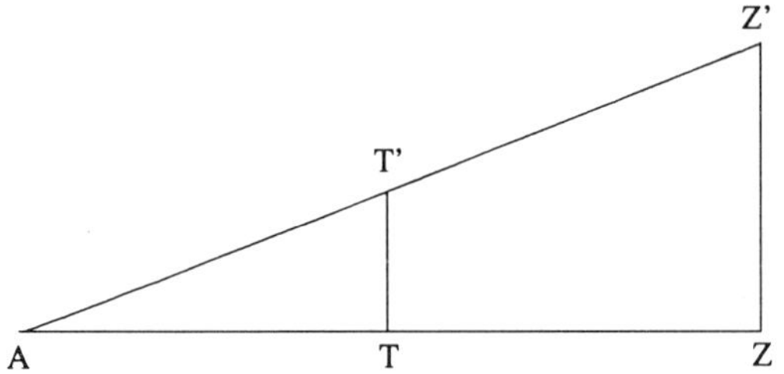

fig.24

pendant AZ est plus que le double de l'espace parcouru pendant AT. Le triangle AZZ' est très exactement le quadruple du triangle ATT', ce que montre l'introduction du milieu z de ZZ' :

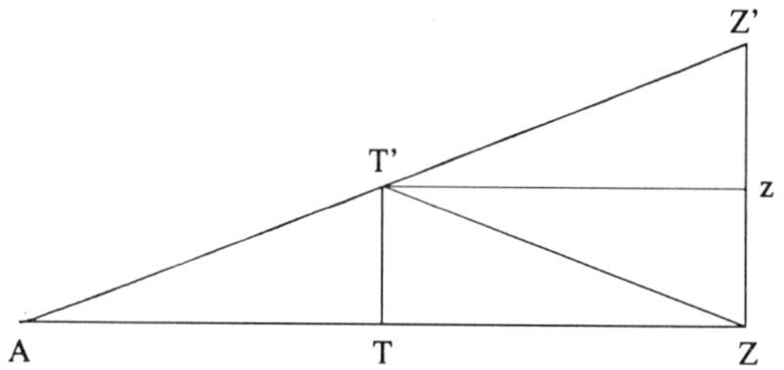

fig.25

Les trois grandeurs, espace, vitesse et temps, entretiennent donc d'autres relations que lors d'un mouvement uniforme. Trois d'entre elles méritent d'être relevées, une seule méritera d'être retenue. Que le mobile parte du repos est une hypothèse restrictive, mais plus avantageuse que nuisible. Aussi la conserverons nous désormais. Une première évidence – pour autant que la propriété attachée au nom de Thalès en soit une – est que la vitesse est proportionnelle au temps écoulé: CC' est à BB' comme AC est à AB (fig.26).

Une deuxième relation évidente est que l'espace parcouru est proportionnel au temps et à la vitesse finale (ou considérée comme telle). En effet, l'aire du triangle ACC' est la moitié de celle du rectangle dont AC et CC' sont les côtés (fig.27). Ce qui doit être retenu est la relation directe entre espace et temps, que l'on tire des deux précédentes. On y élimine, comme disent les algébristes, la vitesse.

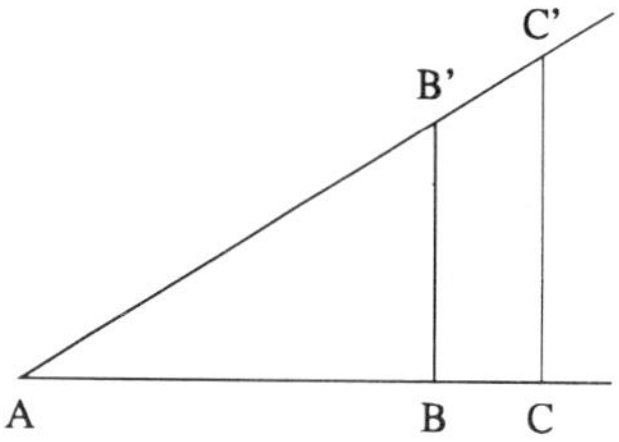

fig.26

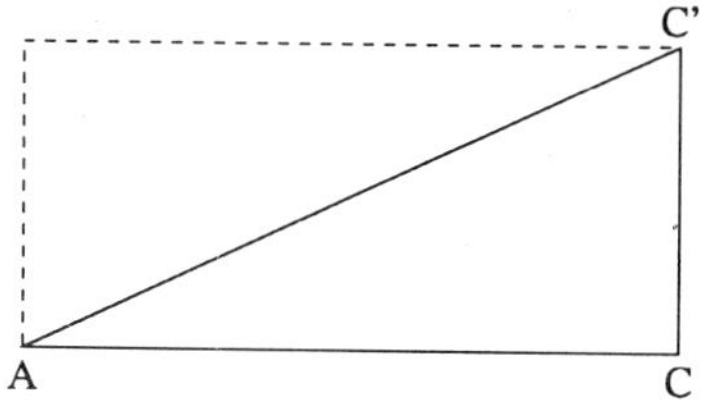

fig.27

Puisque l'espace est comme le temps et la vitesse ensemble, et que la vitesse est elle-même comme le temps, *l'espace est commme le carré du temps.*

Cette déduction ne se faisait pas par l'algèbre, à l'époque de Galilée, mais par les propriétés des proportions. Prenons plutôt la voie géométrique. Soit AB une durée donnée et AC son double. La

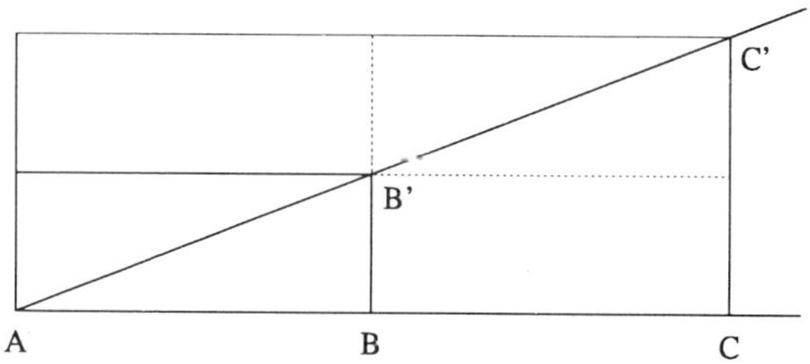

fig.28

vitesse CC' est double de la vitesse BB'. Ce double doublement a pour effet un quadruplement de l'espace parcouru. Ceci, déjà vu grâce à la décomposition du triangle ACC' en quatre triangles de même aire que ABB', se voit aussi par les rectangles associés : longueur et largeur doublant, la surface quadruple. Donc les moitiés des surfaces, qui sont les aires des triangles, quadruplent aussi. Ce passage par les rectangles, quoique moins direct, est préférable pour la suite. Il montre, mieux que des décompositions de triangles, que si le temps est triplé, l'espace est multiplié par neuf (fig.29); et que, plus généralement, l'espace parcouru par un mobile en mouvement uniformément accéléré est proportionnel au carré de la durée du parcours.

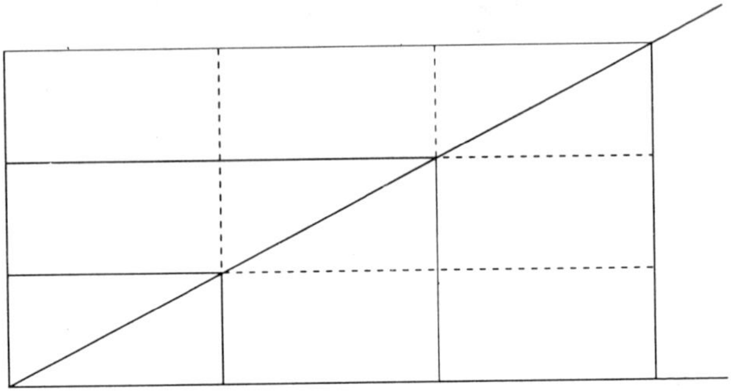

fig.29

Au cours du siècle le concept de vitesse instantanée ne reçoit aucune clarification. Newton l'emploie, même pour des mouvements qui ne sont pas uniformément variés. Il lui suffit de remplacer une droite par une courbe, de continuer de représenter les temps sur la droite AC et les espaces par les aires, pour que la hauteur BB' représente la vitesse à l'instant que définit B. Avant d'y employer l'écriture analytique du calcul infinitésimal, on ne pense pas autrement la vitesse instantanée que par le moyen de ce genre de schéma.

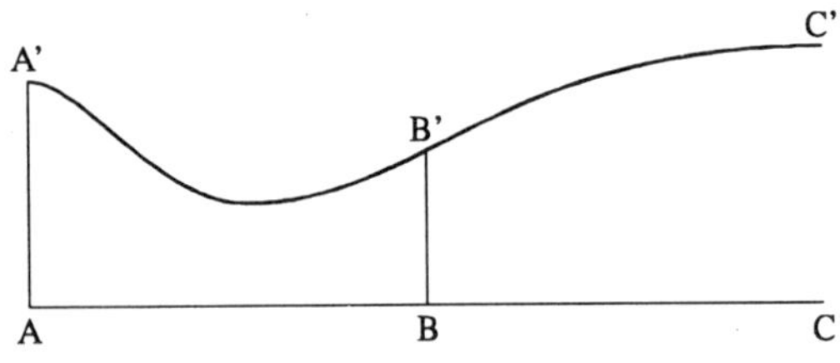

fig.30. Mouvement quelconque

La cinématique des Principia ne va pas au-delà de ces notions et de ces relations, du moins ne nécessite-t-elle pas plus. Précisons toutefois ce qu'il en est de l'*accélération*. Accélérer, conformément à l'étymologie, c'est accroître la vitesse. L'accélération est d'abord le simple fait de l'augmentation ; puis le mot en vient à prendre un sens quantitatif. Pour les mécaniciens du XVIIe siècle, une accélération est un accroissement de vitesse, c'est-à-dire la différence entre ce qu'elle est à la fin et ce qu'elle était au début de l'intervalle de temps considéré. Si la vitesse diminue, il faut parler de décélération. Ces mots ne prennent en aucun cas le sens qu'ils ont aujourd'hui, notre accélération étant, si l'on peut dire, la vitesse à laquelle la vitesse varie. Sur la figure 23, cC' est l'« accélération » subie par le mobile pendant l'intervalle de temps BC.

La quantification du mouvement

Les mobiles que la cinématique prend en compte peuvent n'être que des figures géométriques. Ce sont souvent des points. La mécanique ne peut s'en contenter, étant, avant tout, science des mouvements des corps. Galilée pouvait se permettre de ne pas plus théoriser la notion de corps. A la rigueur eût-il fait intervenir leurs qualités non géométriques, et néanmoins quantifiables, que sont le poids et la solidité. Newton, lui, sait qu'il ne peut parler des corps comme de simples figures géométriques en mouvement.

La solidité ne lui fait pas difficulté. Que les actions se fassent à distance ou par contact, il suppose, pour les corps dits solides, une parfaite dureté. Peu lui chaut qu'il en existe ou non de tels dans la nature. Une fois la théorie développée sur cette hypothèse, c'est à l'expérience à dire si tel corps particulier y satisfait et si, par conséquent, la théorie peut légitimement lui être appliquée.

D'autre part, Newton juge bon de mathématiser le mouvement au-delà de la cinématique. L'idée était dans l'air depuis un certain temps. Descartes, voulant établir les règles des chocs, en était venu à faire du mouvement une quantité, proportionnelle à la fois à la vitesse du corps et à sa grandeur. Le cadre théorique qui était le sien, où les corps n'étaient pas tout à fait ceux de l'expérience commune, retire de la clarté au sens de « grandeur ». En tout état de cause, il ne pourrait s'agir du poids. Du volume, plutôt, mais en un sens qui demande précision. Quoi qu'il en soit, il y a là un apport à l'évolution de la mécanique, par la création d'un invariant. Ce qu'un corps perd de vitesse lors d'un choc avec un autre ne se retrouve pas, en général, dans la vitesse de l'autre. Ce qui se transmet intégralement, affirme Descartes, c'est le mouvement, entendu comme il vient d'être dit. Le mouvement que perd un corps est gagné par l'autre. Si le corps A est deux fois plus grand que le corps B, et si A perd de la vitesse par le fait de leur rencontre, B gagne deux fois plus de vitesse que A n'en a perdu [1].

Les règles du choc de Descartes, trop éloignées de l'expérience, ne convainquirent guère. Le problème, très au goût du jour vers le milieu du siècle, fut mis au concours par la Royal Society. Les solutions, dont celle de Huygens, ne purent faire l'impasse sur la nécessité d'un deuxième paramètre. A côté de la vitesse, il fallait tenir compte de quelque chose qui fût, en quelque sorte, la quantité de matière contenue dans le corps. A l'époque, cette idée de quantité de matière n'évoquait que celle de poids. De deux boules de fer, c'est la plus lourde qui contient le plus de matière. Les quantités de matières sont proportionnelles aux volumes, donc, manifestement, aux poids. D'un autre côté, deux boules d'égal volume mais faites de matières différentes, fer et bois par exemple, n'ont pas même poids. C'est cette inégalité des poids à volumes égaux qui pouvait faire dire que la boule de fer contient plus de matière que la boule en bois.

Dire «plus de matière», et non plus «plus de fer», c'est reconnaître, derrière la différence des matériaux, une homogénéité de la matière. Une conception atomiste favorise et cette homogénéisation, et l'idée d'une inégalité des quantités de matière qui ait pour effet, à volumes égaux, une inégalité des poids. Si le fer est constitué d'atomes, de petites boules par exemples, plus grosses que celles qui composent le bois; ou bien si, identiques, celles du fer sont plus nombreuses que celles du bois à volume égal, alors on voit ce que peut vouloir dire «plus de matière», et l'on comprend, ne serait-ce qu'un peu, pourquoi la boule de fer est plus lourde que l'autre. Bien des difficultés surgissent d'une telle interprétation de l'inégalité des poids. Il ne s'agit pas ici de la discuter, mais de savoir que Newton penchait pour l'atomisme, et que cela éclaire sa définition de la masse.

Il lui fallait élaborer cette notion de mouvement comme quantité, par adjonction à la vitesse de quelque chose qui fût comme la «grandeur» ou la quantité de matière du corps. Une seconde nécessité lui était de ne pas y employer le poids. L'idée que le poids pouvait avoir à faire avec la distance du corps à la Terre, voire à d'autres grands corps, empêchait de l'utiliser comme mesure d'une quantité de matière que l'on voulait grandeur intrinsèque, indépendante de la position du corps dans le Monde. Cette nécessité était d'autant plus forte pour Newton qu'il comptait faire porter ses calculs sur les mouvements des astres, ce qui suppose leurs quantités de matière. Comment utiliser le

1. Descartes, *Principes de la philosophie*, seconde partie.

poids de la Terre pour parler de la quantité de matière qu'elle contient, alors que cette expression, « poids de la Terre », ne semble avoir aucun sens. En imaginant une balance suffisamment grande, comment ferait-on pour peser la Terre, alors que peser c'est placer sur les plateaux des corps susceptibles de tomber vers la Terre ?

Sans faire part de toutes ces considérations, Newton dit, dans la première des huit Définitions, qu'il appelle *masse* ou *quantité de matière,* une grandeur proportionnelle à la fois au volume et à la *densité*. Comme la notion de densité ne reçoit aucun éclairage, et qu'elle en aurait pourtant bien besoin, on n'a d'autres solutions qu'herméneutiques. C'est une interprétation possible, mais peut-être pas la seule, que de voir derrière la densité quelque chose comme un nombre d'atomes pour un volume donné. Il faudrait évoquer la densité de la matière par analogie avec celle d'une foule. Un feuillage dense, de même, est celui que constituent de nombreuses feuilles dans un espace donné.

Quoi qu'il en soit du sens que Newton pouvait donner à « densité », le lecteur reste sur sa faim. Curieuses prémices. Notre perplexité se laisse un tant soit peu apaiser par l'affirmation, gratuite à ce stade, que les masses se connaissent par les poids, pour leur être proportionnelles. Ce qu'il faut comprendre ainsi pour le moment : près de la surface terrestre, la pesée de deux objets de tailles raisonnables selon les bonnes vieilles règles de la statique, donne le rapport de leurs masses en même temps que celui de leurs poids. Un sens intuitif peut ainsi être associé à ce vocable de masse. La masse d'un corps est en quelque sorte ce que serait son poids si celui-ci était invariable lors de déplacements du corps dans l'Univers. Au fur et à mesure que la théorie se développera et fera appel à cet étrange concept, une certaine clarification se fera.

A tout le moins Newton peut-il donner sa définition de la *quantité de mouvement* : elle est proportionnelle à la vitesse et à la masse. Pour un solide donné la constance de la masse fait que la quantité de mouvement est proportionnelle à la vitesse. Dans ce cas du corps unique, connaître l'une c'est connaître l'autre, et l'on peut dire que la notion même de quantité de mouvement ne sert à rien. Son utilité apparaît lorsque l'on considère au moins deux corps à la fois, et de masses différentes.

Corps et systèmes

Qu'est-ce que le mouvement d'un corps ? Cette question appelait une réponse élaborée depuis que Copernic l'avait mise à la mode à propos de la Terre. On sait que deux mouvements lui sont attribués dans son système. L'un, autour du Soleil en une année, est de révolution, c'est-à-dire de retour après circulation. L'autre est la rotation autour de l'axe des pôles en un jour. Toute sphère est susceptible d'avoir deux tels mouvements : une *rotation* autour d'un axe passant par son centre, et un déplacement d'ensemble. Celui-ci n'étant pas, en général, révolutionnaire, on le désigne comme *translation*, c'est-à-dire transport. La translation est changement de lieu pour le tout. Dans la rotation ce sont les parties qui changent de place, à l'exception des points de l'axe, eux immobiles ; mais le tout de la sphère, pris dans sa globalité, occupe toujours le même lieu. Ce, pour une pure rotation. Si elle s'ajoute à une translation, comme fait la Terre d'après Copernic, plus rien, bien sûr, ne reste en place.

Dans un tel cas, que dire du mouvement de la sphère, sinon qu'il est combinaison de ces deux que sont rotation et translation ? La réponse ne peut être autre, du moins pour qui veut quantifier. La vitesse ne peut que subir elle aussi le dédoublement. La vitesse de la translation est bien définie, à un instant donné : c'est, par exemple, celle du centre. Une rotation, en revanche, ne donne pas même vitesse à toutes les parties de la sphère, supposée solide : les points font d'autant plus de chemin, en un temps donné, qu'ils sont plus éloignés de l'axe. Pourtant la solidarité des parties fait que, d'une certaine manière, le corps présente une unique vitesse de rotation, qu'elle soit constante ou pas ; ce que l'on mesure, par exemple, en disant qu'il effectue tant de tours en une minute.

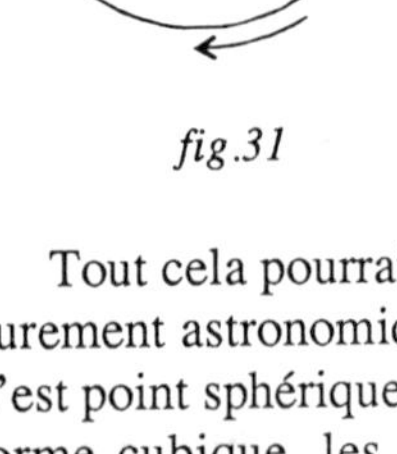

fig.31

Au lieu de considérer tel ou tel point isolément, A ou B, on prend tout le rayon OAB. C'est globalement qu'il devient OA'B' au bout d'un certain temps. Ce déplacement du rayon pourrait donner lieu à la constitution d'une cinématique appropriée, calquée sur la cinématique de Galilée, qui n'est au fond que la cinématique des translations. Les deux sont d'ailleurs aisées à relier quand on sait que la longueur de l'arc AA' est à celle de BB' comme OA est à OB.

Tout cela pourrait peut-être satisfaire un mécanicien aux ambitions purement astronomiques. Mais que dire du mouvement d'un corps qui n'est point sphérique ? Dans certains cas simples, comme est celui de la forme cubique, les mêmes considérations peuvent être tenues : une translation, définie par le centre du cube, peut se combiner avec une rotation autour d'un axe passant par le centre. Ceci peut se répéter, on le devine aisément, pour toutes sortes de formes possédant une certaine symétrie. Pour une figure plus quelconque on pourrait imaginer de définir la translation comme étant le mouvement de l'axe autour duquel se fait la rotation. Newton ne prend pas cette voie, qui d'ailleurs aurait pu lui créer quelques difficultés. Il définit la translation d'un corps par le mouvement de son *centre de gravité,* que cette translation se combine ou pas avec une rotation.

Posons une boule homogène sur une pointe P. Si le centre était exactement à la verticale du point de contact A, et si d'inévitables inégalités, imperceptibles et de toutes sortes, n'empêchaient pas cette situation de durer plus d'un quart de seconde, la boule resterait immobile. Répétons l'opération en la posant sur la pointe en un autre point de contact B. Cette fois ce sont les points du diamètre passant par

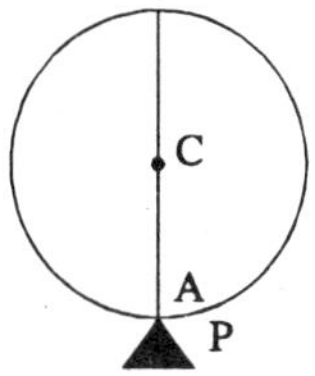

fig.32

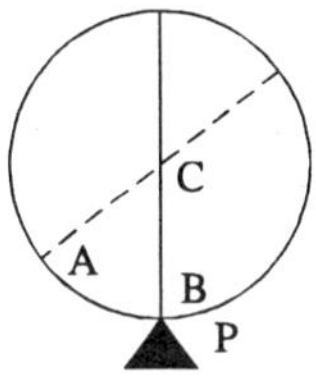

fig.33

B qui sont à la verticale de P. Plus aucun point du diamètre issu de A ne l'est, à l'exception du centre C. Ainsi C est-il le seul point de la boule ayant pour propriété d'être à la verticale de P, quelle que soit la position d'équilibre choisie.

Dans tout corps, quelle que soit sa forme, quelle qu'y soit la répartition de la densité, il existe un point ayant cette propriété; et il est unique. On le nomme «centre de gravité» pour dire que tout se passe comme si le poids du corps y était tout entier rassemblé. Tout se passe

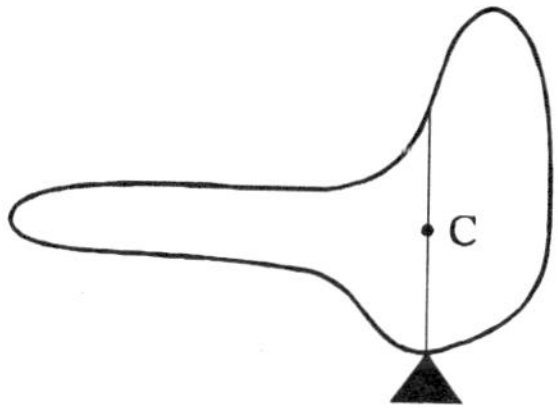

fig.34

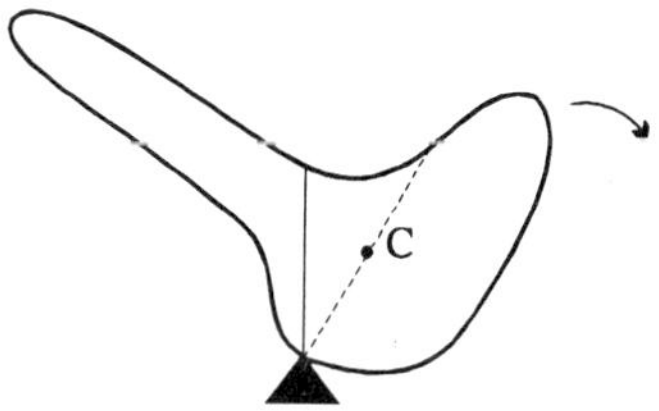

fig.35

comme si le poids tout entier se dirigeait de C vers le bas, selon la verticale CA, et, y rencontrant la résistance de P, s'en trouvait neutralisé. En réalité le poids est partout dans le corps, qui se présente comme une sorte de balance dont les deux plateaux s'équilibrent (fig. 34). Si l'on place le corps autrement sur P, il tombe du côté où se trouve C parce que, comme dans une balance dont l'un des plateaux est surchargé, une partie a plus de poids que l'autre et entraîne le basculement (fig. 35).

De telles considérations relèvent de la statique. Après Newton ce mot pourra désigner la science des équilibres en général. Avant lui elle n'est que science de l'équilibre terrestre des poids, c'est-à-dire des corps graves. Quand Newton en vient à juger bon de privilégier un point dans chaque corps – solide ou fluide – afin de pouvoir lui attribuer un éventuel mouvement de translation, il choisit, dit-il, le centre de gravité. S'il le faisait vraiment, il condamnerait sa mécanique à rester terrestre. En réalité Newton invente un nouveau point, à l'existence assurée en l'absence de toute gravité. Donnons lui son vrai nom, celui qui correspond à sa définition: c'est le *centre de masse*.

Pour en parler dans un langage expérimental, comme il a été fait pour le centre de gravité, disons que le centre de masse est le point du corps où se trouve le centre de gravité lorsque le corps est à terre[1]. Une pomme sur son arbre a un centre de gravité. Ce centre pourrait disparaître, par disparition de la gravité. Il pourrait aussi changer de place dans la pomme, si la gravité se mettait à faire preuve de fantaisie. Le centre de masse est le point de la pomme où reste le centre de gravité tant que le fruit et son poids persistent dans l'état où, depuis six mille ans, sont les pommes et les poids. Telle est la conception qu'en a Newton. A preuve, sa façon de déterminer le «centre de gravité» d'un système.

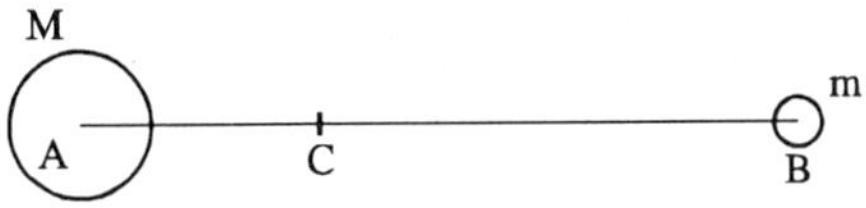

fig.36

Soient deux corps, dans l'infinité des corps possibles ou existants, planètes ou boules en bois, reliés ou non par un lien (matériel ou autre). Ils forment *système* par le seul découpage du Monde qu'opère l'intellect qui les en abstrait. Désignons leurs centres par A et B, leurs

1. En première approximation.

masses par M et m. D'après Newton, le centre de gravité du système ou, comme il dit volontiers, le centre commun de gravité des deux corps, est le point C de la droite AB ainsi défini : ses distances aux centres sont inversement comme les masses. CA est à CB comme m à M : si M est double de m, CA est la moitié de CB. Plus un corps a de matière, plus le centre commun en est proche.

Cette loi n'est pas arbitraire. Depuis l'antiquité on sait que la balance à bras inégaux est en équilibre lorsque les distances au pivot sont inversement comme les poids. On savait donc trouver ce qui est, à proprement parler, centre commun de gravité des graves. L'innovation de Newton est dans la substitution des masses aux poids. Certes, à

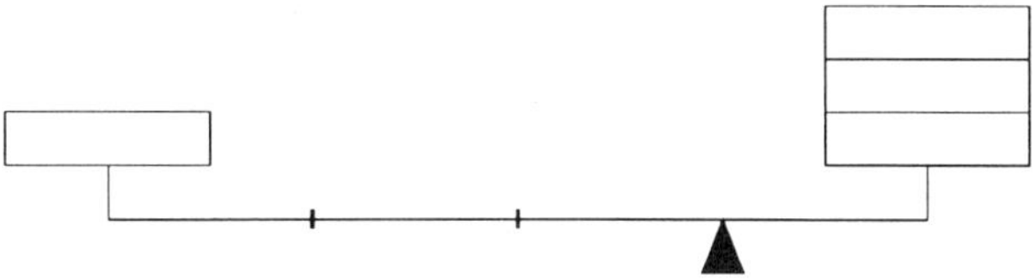

fig.37

Terre, les poids sont comme les masses. De sorte que, dans ces conditions, le point C est vraiment centre commun de gravité. Mais si, les masses m et M restant inchangées, leurs poids se mettaient à suivre une autre proprortion, alors C ne serait plus centre de gravité du système. Là encore, contrairement à l'usage newtonien, nous lui éviterons l'appellation trompeuse au profit de « centre commun de masse », ou de « centre de masse du système ».

Ce n'est pas seulement pour prouver que les « centres de gravité » sont en fait des centres de masse que les systèmes ont été ici introduits :

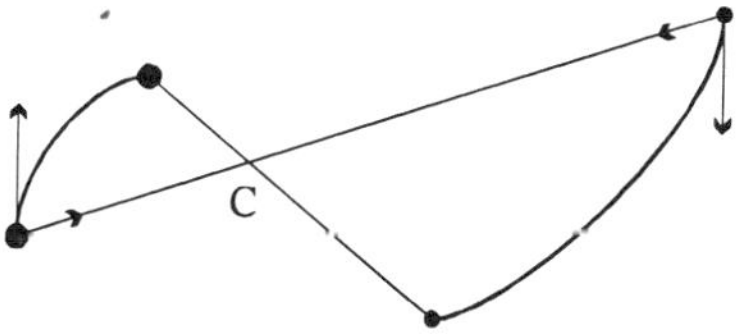

fig.38

pour eux aussi pourrait se poser la question de leurs mouvements. La présence d'un centre de masse, comme dans les deux corps, permet une réponse analogue. La translation du système sera celle de son centre; autour duquel le système, tel un solide, peut avoir une rotation. La différence avec un solide est qu'au cours de leurs révolutions concomitantes les deux parties du système peuvent se rapprocher ensemble, ou s'éloigner, du centre commun de masse: la seule condition est que, conformément à la définition de ce point, les distances restent inversement proportionnelles aux masses. Cet éventuel mouvement des parties du système lui est purement interne: il n'est en rien mouvement du système dans son ensemble, translation ou rotation (fig. 38).

Tout cela tient encore lorsque le système a plus de deux éléments. Le géomètre sait trouver le centre de masse commun à trois corps, puis celui commun à quatre, et ainsi de suite jusqu'au centre du système entier. Il peut donc être parlé, avec précision, de la translation et de la rotation d'un quelconque système. Le problème qu'il est bon de soulever, à l'occasion de ce premier coup d'œil aux systèmes, est de savoir ce qu'est un corps. Dans le sens suivant: quelle différence y a-t-il, en fin de compte, entre un corps – pas nécessairement solide – et un système? Il semblerait aller de soi, en bonne et saine logique, qu'il ne puisse y avoir système de corps sans que les corps n'y préexistent. D'ailleurs le centre du système ne se détermine-t-il pas à partir des centres des corps? Si, là-dessus, on vient à supposer que deux corps viennent à se conjoindre, et restent liés l'un à l'autre, de quelque manière que cela se fasse, le système se transforme en un corps. Le centre de masse de ce dernier est ce que l'on appelait juste avant centre commun de masse des deux corps primitifs; l'addition de leurs masses donne celle du nouveau corps. On n'a fait là que développer l'art de fabriquer les corps à partir des corps, en mécaniciens s'entend.

Cultivons un peu un autre art, plus connu sous le nom de division. Qu'est-ce qu'un corps, sinon un système? Tout corps est système, au moins en ce qu'il peut mentalement être divisé en parties. Et selon les conceptions atomistes de la matière, un corps est en effet système de petits corps. Dans cette optique, tout corps étant système, il appert que rien ne distingue fondamentalement les uns des autres. Ce que l'on appelle communément un corps, et notamment un corps solide, n'est qu'un système un peu particulier, plus compact qu'un autre; et l'on dit « système » lorsque, la perception des parties l'emportant sur celle du tout, on croit devoir rappeler que ce tout n'est jamais qu'un corps un peu plus dispersé. Tout en continuant de sacrifier aux usages, retenons donc que les deux appellations ne recouvrent pas des notions fondamentalement différentes.

Si des parties sont connues les masses, les centres et les mouvements de translation, on peut déterminer la masse, le centre et les mouvements du tout. Connaissant, en particulier, les masses et les vitesses des parties, on a leurs quantités de mouvement. Pour elles, la question se pose de savoir qu'en faire. Appellera-t-on leur somme « quantité de mouvement du système » ? On ne le peut si l'on veut que cette expression désigne une quantité proportionnelle à la masse du système et à sa vitesse de translation (celle de son centre). Si les parties se contentent, par exemple, de s'éloigner l'une de l'autre, sans que le tout n'ait ni translation ni rotation, la somme des quantités de mouvement des éléments n'est pas la quantité de mouvement du système, qui est nulle.

Les Principia n'offrent pas une réflexion méthodiquement poursuivie sur ce thème. Le corps solide y paraît notion primitive ; son centre de masse est censé être connu ; le seul mouvement d'abord envisagé est la translation. Puis viennent des systèmes, avec le moyen, évoqué plus haut, de trouver leurs centres. En revanche, les systèmes, en tant que tels, n'ont jamais de quantité de mouvement de translation. Même la somme des masses des parties n'est pas désignée comme masse du système. La perception des systèmes comme corps est donc limitée à l'existence d'un centre, et aux mouvements qu'il permet de définir.

A partir de la Section XII du Livre I la composition interne des corps prend de l'importance. Aucune structure physique, atomique ou autre, n'est envisagée. Le corps se présente comme une portion d'espace close par une surface, sphérique ou pas ; la densité y est constante ou non. La division en parties y est purement mathématique et, par démultiplication, elle est poussée à l'infini. Certaines propriétés des corps sont ainsi déductibles de celles des parties. Dans l'observation et l'expérience, la notion de corps a quelque pertinence. Une théorie qui la met en avant, préalablement à celle de système, privilégie une certaine forme de perception. Elle n'y contraint pas.

*

CHAPITRE 4

LA RELATIVITÉ DU MOUVEMENT

La leçon de ce qui a été exposé dans le chapitre 3 est que Newton a surtout fait progresser la cinématique par l'invention de la masse. Galilée pouvait évoquer sans ambiguité le mouvement d'un corps. Il lui suffisait de n'envisager que des corps à centre géométrique, comme les sphères, et homogènes de composition; et de ne leur supposer que des translations. Lorsque Huygens étudiait le phenomène du choc, le système formé par les deux corps qui se rencontrent avait un centre de gravité, défini par leurs poids. En leur substituant les masses, Newton se donne le moyen d'évoquer avec exactitude la translation de tout système, et donc de tout corps, et cela en tout lieu du Monde. La mécanique se débarasse, pour s'édifier, du phénomène de la gravité. Elle ne l'en appréhendera que mieux.

Tout mobile physique, corps ou système, peut désormais se voir attribuer un état cinématique précis, mouvement ou repos, parce que cet état est défini par le centre de masse; et qu'un point se laisse repérer avec toute la précision souhaitable en mathématiques. Le mouvement d'un point est en effet changement de position au cours du temps, tout comme le repos en est la conservation. Et la position d'un point relève de la science du repérage, qui est une partie de la géométrie. Si un point se déplace sur une ligne, une droite par exemple, connaître sa position à un instant donné c'est connaître un point fixe de cette droite.

fig.39

Le désigner exactement suppose des éléments de repérage, et l'opération, purement comparative, aboutit à un résultat purement relatif. Dire où est R, c'est le situer par rapport à un autre point, A : c'est dire de quel côté de A se trouve R et à quelle distance. Préciser la distance de A à R c'est mesurer la longueur du segment qu'ils déterminent, c'est-à-dire la comparer à une autre, celle d'un segment UV (fig.39). Même indiquer le côté où R est placé relève d'une comparaison : dire « à droite », ou dire, ce qui est plus sûr, « du même côté que B », c'est toujours faire référence à un élément de même nature, c'est comparer des choses comparables. Finalement, deux points suffisent : au lieu de prendre UV pour unité, autant prendre AB. Les points A et B, utilisés pour cette opération de repérage, constituent un référentiel. C'est à ce couple que l'on a choisi de se référer pour déterminer – si relationnel soit cet acte – la position de R.

Pour situer un point dans un plan, dans le même esprit, on constitue un référentiel à l'aide de trois points. Un triangle rectangle comme

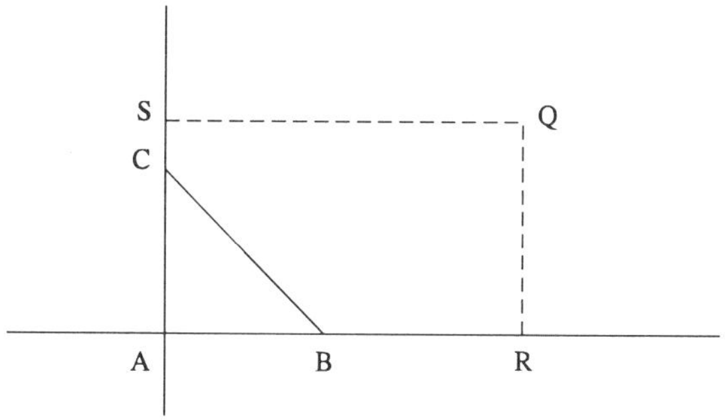

fig.40

ABC fait très bien l'affaire, surtout si les côtés de l'angle droit (AB et AC) sont égaux. Le référentiel se laisse compléter par les droites entières AB et AC. Les distances QR et QS d'un point Q à ces droites, jointes aux indications des côtés où se trouvent R et S par rapport à A, déterminent complètement la position de Q par rapport au référentiel ABC. On s'en voudrait d'ennuyer plus le lecteur par une fastidieuse leçon de géométrie analytique élémentaire. L'important est d'avoir saisi en quoi un corps solide permet de définir un référentiel pour l'espace entier.

Un authentique solide, ni fil ni galette, est une figure, comme on dit, à trois dimensions. On peut y choisir trois points comme précédemment (A, B et C) ; plus un quatrième, D, tel que la droite AD soit perpendiculaire au plan ABC. On constitue ainsi un référentiel d'espace. Pour situer P, point quelconque de l'espace, on mesure sa distance PQ au plan ABC, et on y repère Q comme précédemment.

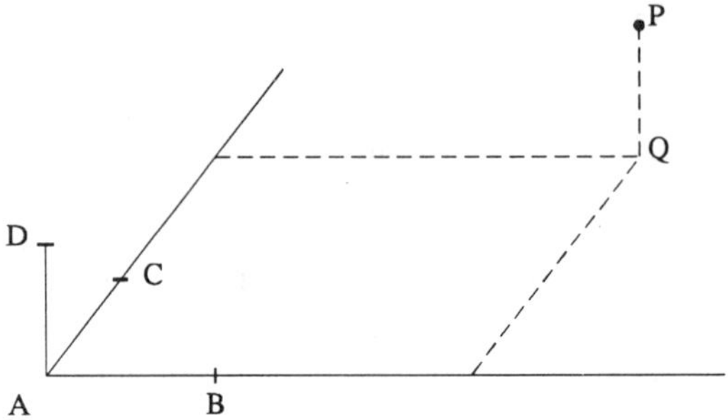

fig.41

Lorsqu'on a besoin d'un solide qui soit support matériel d'un tel référentiel, le plus simple, si l'on est libre de le faire, est de choisir un cube, ou du moins un parallélépipède rectangle (une boite).

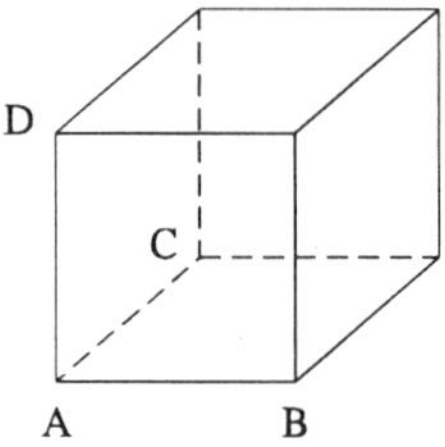

fig.42

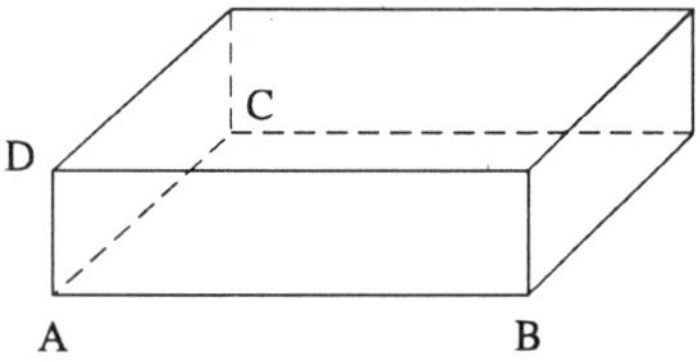

fig.43

On a là les éléments pour une relativité de la position. Il n'y a plus qu'à faire varier la position pour être de plain-pied dans la question de la relativité du mouvement.

Apparences et vérité

Un observateur qui observe dans son laboratoire l'état cinématique d'un corps, juge du repos et du mouvement par référence à ses instruments, eux-mêmes fixes par rapport à la pièce. En fin de compte, le corps qui supporte le référentiel est la Terre elle-même avec tout ce qui s'y tient immobile, murs, tables et règles graduées. Ainsi fait également l'astronome, à la seule différence que les mouvements qu'il veut connaître se produisent hors de son observatoire.

Le marin qui observe le mouvement d'un autre navire le fait d'abord par rapport à son propre navire. Il tient compte ensuite de son propre mouvement pour évaluer le vrai mouvement de l'autre. Vrai, c'est-à-dire : par rapport à la terre. De même l'astronome qui envisage que la Terre puisse être en mouvement apprend-il à trouver le mouvement vrai des astres. S'il croit le Soleil immobile, il déduit de son mouvement (apparent) par rapport à la Terre, le mouvement de celle-ci. Puis, connaissant le mouvement (apparent) d'une planète par rapport à la Terre, il obtient le mouvement de la planète par rapport au Soleil, son vrai mouvement. Vrai, c'est-à-dire : par rapport à quelque chose que l'on estime être réellement au repos. Et si l'on n'estime pas réel ce repos, on a tout de même gagné de savoir quelle perception du mouvement de la planète aurait un astronome installé sur le Soleil.

La liberté était largement reconnue aux astronomes qui bâtissaient des systèmes, de choisir l'hypothèse d'immobilité qui leur convenait. D'un astronome, en tant que tel, on attendait qu'il sauvât les phénomènes. On ne demandait à son système que de rendre compte des apparences par des combinaisons de mouvements simples et bien ajustés. Affirmer que la Terre, ou le Soleil, ou quoi que ce soit d'autre, est en repos réellement, et pas seulement en vertu d'une hypothèse commode, ce n'est plus être astronome, c'est faire le *physicien*. L'astronome, au fond, se devait de n'être que géomètre et calculateur. Copernic, en affirmant la réalité de l'immobilité du Soleil, et du même coup celle du mouvement de la Terre, se prononçait sur la nature des choses, sur la *physis*. Que son système fût ou non plus simple que celui de Ptolémée, la question, réduite à cet aspect, n'aurait pas produit une controverse bien ample. La guerre de plus de cent ans que se firent héliocentristes et géocentristes fut une bataille de « physiciens ».

Une autre position était envisageable, et la doctrine cartésienne l'aurait bien illustrée si l'excessive prudence de son auteur n'avait engendré une dommageable confusion. Descartes voit le mouvement comme essentiellement relatif. Un corps qui se meut ne le fait que par rapport à un autre corps B, lequel n'est en repos que parce qu'on le considère comme tel. Le repos résulte d'un décret, toujours révocable, ou d'un préjugé, en principe oblitérable. Si A se meut par rapport à B, B se meut par rapport à A. On ne se meut que relativement à. Ainsi apparait-il aussi légitime de tenir la Terre pour immobile, que le

Soleil, ou quelque corps que ce soit. Plus rien n'est immobile de façon absolue[1].

Newton prend le contre-pied de cette conception. Il affirme l'existence d'un espace, qu'il qualifie d'*absolu*, et dont il dit qu'il est le *vrai*. Un corps donné en occupe, à un moment donné, une partie qu'on appelle un *lieu*. L'espace absolu et les lieux qui le composent peuvent être imperceptibles, indéterminables dans l'expérience, ils n'en ont pas moins une existence réelle. Un corps qui occupe continuellement le même lieu absolu est en repos absolu ; sinon, il est en mouvement absolu. Un mouvement n'est donc plus mouvement par rapport à la Terre, ou par rapport au Soleil, du moins n'est-il pas défini par une telle référence.

L'expérimentateur qui observe l'immobilité d'un objet dans son laboratoire se doit donc de savoir, pour en conclure quelque chose, si elle est réelle ou pas. Ce qui revient à savoir si la Terre, dont le laboratoire est solidaire, est elle-même en repos absolu. Si jamais la Terre n'est pas en repos – ce qui n'implique pas que le Soleil y soit - l'éventuel mouvement qu'a un corps pour l'observateur terrestre doit être qualifié de *relatif*. Il se produit, plus précisément, par rapport à un référentiel défini par la Terre. Plus généralement, tout corps solide en mouvement absolu permet de définir, grâce à un référentiel à lui lié, un espace relatif, constitué de lieux tout aussi relatifs qu'il entraîne avec lui. Un second corps, passant de l'un à l'autre de ces lieux relatifs, est en mouvement relatif. Ainsi un corps en mouvement relatif peut-il fort bien être en repos absolu. C'est ce qui se produit chaque fois qu'un observateur, lui-même en mouvement, regarde une chose qui, elle, ne bouge pas. Il a l'impression que c'est elle qui se déplace.

Comme « absolu » s'oppose à « relatif », « vrai » s'oppose, non à « faux », mais à « apparent », lorsqu'il s'agit de qualifier espaces, lieux et mouvements. Il y aurait quelque excès à qualifier de faux un mouvement relatif. Supposé que la Terre vogue dans l'espace absolu, supposé aussi que le Soleil n'y bouge goutte, il serait abusif de qualifier de faux le mouvement apparent du Soleil en ce sens que, bien qu'il contienne sa part d'illusion, il traduit, à travers elle, une vérité. S'il est faux que le Soleil se meuve, il n'est pas faux que les hommes le voient se mouvoir. L'opposition des quatre adjectifs deux par deux est même susceptible d'être traduite par le couple « mathématique – vulgaire ». Si l'on dit vulgairement que le Soleil tourne autour de la Terre, parce qu'on s'en tient aux apparences, un philosophe qui étudie la nature au moyen de

1. Descartes, *Principes de la Philosophie*, seconde partie.

principes mathématiques ne saurait s'en tenir à ce phénomène purement relationnel.

Dans l'usage courant des Principia ce lourd vocabulaire se réduit heureusement au strict minimum. Des trois couples d'adjectifs, seul sert le premier. « Absolu » est même systématiquement omis. Il va donc de soi qu'en l'absence de la précision apportée par « relatif », l'espace, le mouvement dont il est parlé, sont l'espace absolu et un vrai mouvement. Les lieux eux-mêmes disparaissent, vestiges d'une problématique en cours de dépassement : la nouvelle philosophie naturelle leur préfère les points du géomètre.

Si les espaces relatifs sont souvent définis par un référentiel pris sur un corps en mouvement, l'allusion à ce dernier peut fort bien être omise. En mécanique rationnelle, où l'on n'a pas à procéder à des observations réelles, il suffit de se donner les quatre points qui constituent le référentiel et de lui supposer tel ou tel mouvement. Et les mobiles susceptibles de repos et de mouvements, tant absolus que relatifs, peuvent aussi être pures figures géométriques, sortes de corps sans masse : plans, sphères, lignes, points, selon les nécessités.

Un exposé des idées de Newton sur ce sujet ne serait pas complet sans au moins une allusion au temps, ingrédient inévitable d'une saine mécanique. Lui aussi peut être « absolu, vrai et mathématique », ou au contraire « relatif, apparent et vulgaire ». La distinction n'a guère de portée dans les Principia, aussi nous limiterons nous ici à cette révérence.

On peut situer à l'introduction de l'espace absolu le passage de la cinématique à la dynamique. La notion de force, en effet, vient se greffer sur celle de mouvement vrai, comme il nous serait possible de l'établir désormais. Toutefois, tant pour éclairer une prochaine difficulté que pour réaliser une certaine synthèse, prenons le temps de perfectionner un peu la cinématique.

Les combinaisons de mouvements

Attribuer un mouvement relatif à un mobile – corps, système ou figure c'est, ipso facto, lui attribuer un certain état cinématique par rapport à l'espace absolu, mouvement en général, mais repos tout aussi bien. Cette composition de deux mouvements qui en produit un troisième recevra ici le nom de *combinaison*, pour la distinguer d'une autre à venir. L'idée a déjà servi, avec le mot, à propos des translations et des rotations. Elle demande à être précisée. Remarquons en premier que la question relève exclusivement de la cinématique, en ce sens que la situation se laisse généraliser comme suit. Soit un référentiel *R'*, en mouvement absolu ou en repos, défini ou non par un corps. Soit un second référentiel, *R*, en mouvement par rapport à *R'*. Le problème sur lequel nous allons nous centrer est de savoir quel est le mouvement d'un mobile M par rapport à *R'*, connaissant son mouvement par rapport à *R*. C'est là une des formulations de ce qu'on nomme « problème du changement de référentiel ». Il ne serait pas fondamentalement différent de demander le mouvement de *R* relativement à *R'*, connaissant les deux mouvements de M; on serait seulement moins près des applications usuelles. Quant au mobile, il n'y a pas d'inconvénient à se limiter à un point : la translation d'un corps ou d'un système s'en contente. Pour la rotation aussi le mouvement d'un point donne celui du solide, pourvu que le point ne soit pas pris sur l'axe de rotation.

Ce problème du changement de référentiel se traite de nos jours en une fois, et aboutit à un résultat global. L'efficacité des moyens mathématiques que l'on y emploie est suffisante pour que tous les cas possibles soient d'abord envisagés ensemble. Ensuite seulement décortique-t-on tel ou tel cas particulier, choisi pour son utilité. Comme une démarche aussi élégante nous est tout aussi interdite qu'elle l'était à Newton, nous n'allons examiner que les deux ou trois situations simples qui se rencontrent dans les Principia.

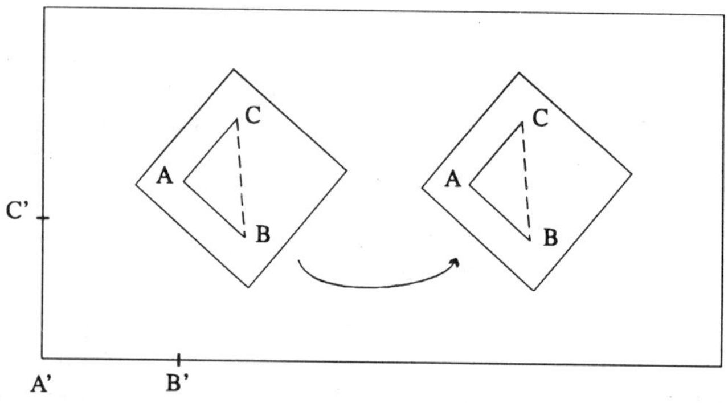

fig.44. Translation

Certaines idées, d'abord, si claires soient-elles, gagneraient à être rendues plus distinctes. Dire que le référentiel *R* est en translation par rapport au référentiel *R'*, c'est dire que les droites AB, AC, AD, qui y sont les directions privilégiées, se déplacent en restant parallèles à elles-mêmes. La figure 44 représente deux référentiels d'un même plan. Le propos serait tout semblable pour des référentiels à trois dimensions. *R* est en translation si, quels que soient les instants auxquels on l'envisage, AB a toujours même direction, ainsi que AC. Cela ne préjuge en rien du trajet qui, entre ces instants, a été celui du point A, celui qu'on appelle l'origine de *R*. Du même coup, toute droite solidaire de *R*, par exemple BC, garde elle aussi sa direction. Telle est la caractéristique de la translation d'un référentiel, mais aussi bien du corps ou du système auquel, peut-être, il est attaché : l'origine se meut (et tous les points avec) ; les droites suivent, mais en conservant leurs directions.

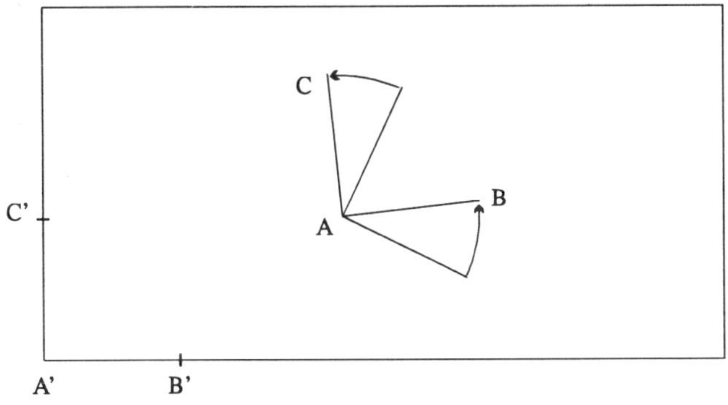

fig.45. Rotation

La rotation est très exactement l'inverse : l'origine est fixe et les directions changent. Ce changement entraîne le déplacement de tous les autres points, qui de ce fait tournent sur des cercles. Et les géomètres établissent que toute droite de *R*, à commencer par BC, tourne du même angle que AB et AC. Composer une rotation de *R* avec une translation, c'est donc mouvoir A et, en même temps, changer les directions.

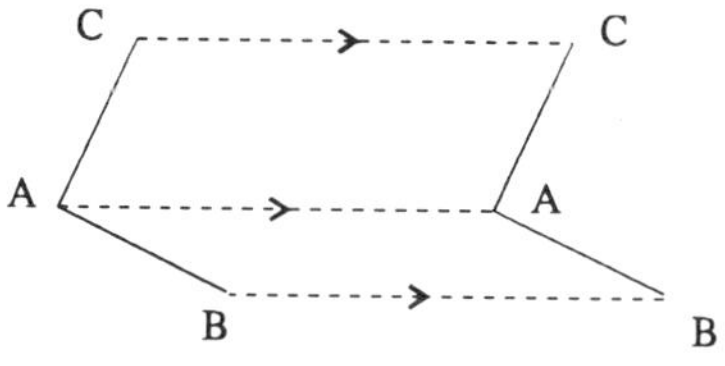

fig.46. Translation rectiligne

Une dernière précision géométrique doit être apportée sur la translation. Le mouvement de A dans *R'* peut se faire en ligne droite. On parle alors de *translation rectiligne*. Tous les points solidaires de *R* en font autant. Tous subissent exactement le même déplacement pendant un temps donné. Tel est le mouvement d'un train lorsque la voie est droite, et cela quelle que soit sa vitesse, constante ou pas. Une erreur serait de voir là l'unique façon de réaliser une translation. Sa définition tenant toute dans la conservation des directions des droites, l'origine se meut ad libitum. Un exemple est celui des translations circulaires, où les points de *R* suivent des cercles. C'est le cas de chaque nacelle d'une grand'roue. La roue, qui entraîne la nacelle, est un corps en rotation ; mais pas la nacelle elle-même : le passager normalement assis y garde sa verticalité.

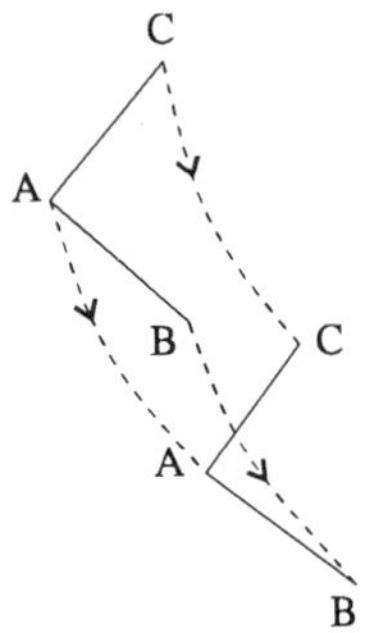

fig.47. Translation circulaire

Aller au-delà de cette géométrie c'est introduire le temps comme grandeur, et finalement les vitesses. Sous cet angle un seul cas mérite un examen quelque peu détaillé, celui des mouvements rectilignes et uniformes. Le problème du changement de référentiel se réduit donc ainsi. On suppose *R* en translation rectiligne et uniforme : l'origine se meut en ligne droite et à vitesse constante. On suppose aussi que le point M se déplace, par rapport à *R*, d'un mouvement rectiligne et uniforme. On cherche quel est le mouvement de M par rapport à *R'*.

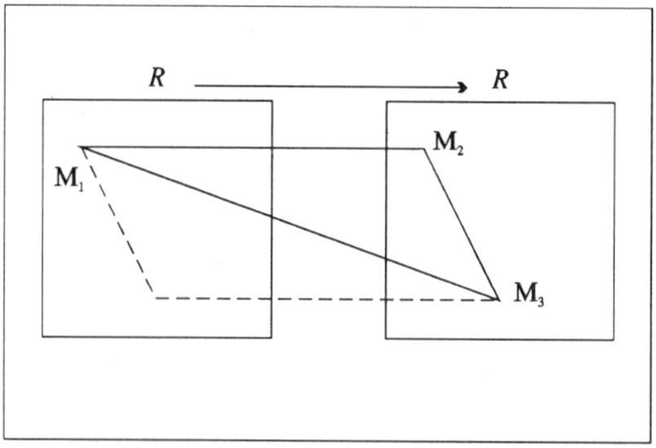

fig.48

La solution s'obtient comme suit. On représente par M_1 la position de M à l'instant initial de la durée considérée. Si M était en repos par rapport à *R*, il se retrouverait, à l'instant final, en M_2. Mais pendant le temps en question M va, dans *R*, de la position M_2 à la position M_3. De sorte que pour un observateur attaché à *R'*, M va de M_1 à M_3. Il y va même en ligne droite, et d'un mouvement uniforme, comme il peut s'établir en envisageant toutes les étapes intermédiaires (fig.49). L'uniformité des mouvements donnés, celui de M dans *R* et celui de *R* dans *R'*, a pour effet que PM est à M_2M_3 comme M_1P à M_1M_2. Le géomètre en tire l'alignement de M avec M_1 et M_3, c'est-à-dire la rectitude du trajet M_1M_3. Et comme M_1M varie aussi comme M_1P, le

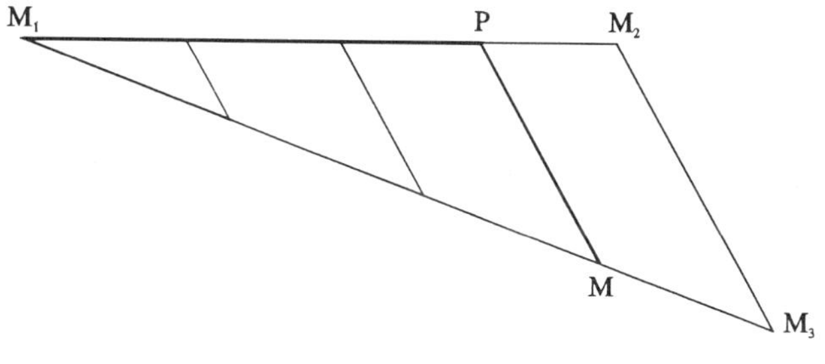

fig.49

cinématiste peut conclure que ce mouvement de M dans R' se fait à vitesse constante. Que le lecteur imagine le mouvement régulier de P sur M_1M_2, et, en même temps, le mouvement régulier par lequel M s'éloigne de P sur la droite mobile que P entraîne il verra M tracer, avec uniformité, son trajet dans R' (fig.50).

Tous les mouvements ici envisagés se font simultanément. Comparer leurs vitesses revient de ce fait à comparer les longueurs des trajets. Si M_1M_2 sert à représenter la vitesse de *R* dans *R'*, alors M_2M_3 représente celle de M dans *R*, et M_1M_3 celle de M dans *R'*. Trouver la vitesse de M dans *R'*, connaissant celle de M dans *R* et celle de *R* dans *R'* revient donc à trouver le côté M_1M_3 du triangle $M_1M_2M_3$, connaissant

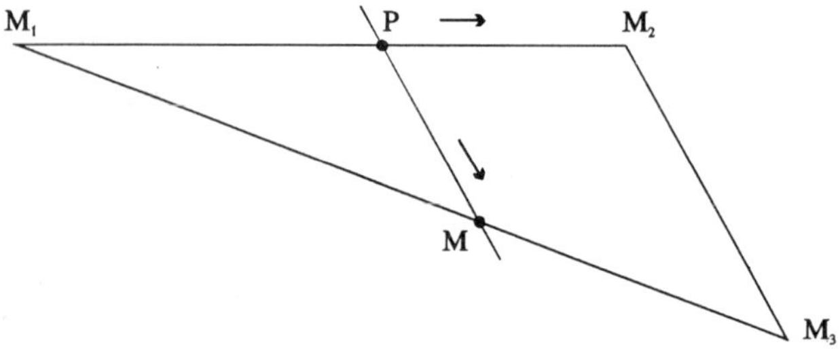

fig.50

les deux autres. Il suffit pour cela de connaître l'angle que fait M_2M_3 avec M_1M_2, et la trigonométrie, science, comme son nom l'indique, des triangles.

Contentons-nous d'un cas extrême et très simple, celui où M_1, M_2, et M_3 sont alignés. Tel est le cas qu' illustre le train en marche, dans lequel un homme se déplace, soit vers l'avant soit vers l'arrière. Pour obtenir la vitesse de M dans *R'*, il suffit d'ajouter ou de retrancher, selon le cas envisagé, sa vitesse dans *R* à celle de *R* dans *R'*.

Toute cette technicité ne sera pas vraiment utile avant la fin du sixième chapitre. Que le lecteur profane ne se soucie donc pas de l'assimiler si elle le lasse. Toutefois il sera bon, prochainement, d'avoir conservé l'idée de cette forme de composition des mouvements que nous appelons combinaison; ainsi que le sens de la construction en triangle pour des mouvements rectilignes et uniformes: M_1M_2 est la trace dans *R'* du mouvement de *R*; M_2M_3 figure le mouvement de M dans *R*, pour un observateur solidaire de ce référentiel; M_1M_3 est alors le mouvement de M dans *R'*.

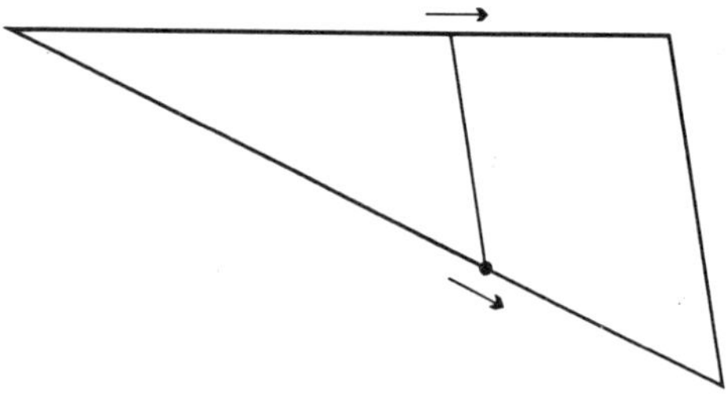

fig.51

*

CHAPITRE 5

L'AVÈNEMENT DE LA FORCE

Le Scholie des Définitions évoque l'idée de force, en toute généralité, comme étant celle de cause du mouvement. Pas de n'importe lequel cependant: les forces sont les causes des mouvements absolus. Les mouvements relatifs s'expliquent au moins autant par le déplacement de l'espace relatif que par l'état du mobile eu égard à l'espace absolu. C'est à l'existence de ce dernier que les forces doivent la leur. La dynamique - science des mouvements dans leurs rapports aux forces - se démarque de la cinématique par l'affirmation d'un espace absolu.

Le mot « force », en ces temps, est de ceux que chacun emploie à son gré, selon les usages établis ou selon les nécessités de ses propres conceptions. Même théorisé par Newton le concept de force mettra longtemps à se fixer dans son état actuel. Car quoi qu'on pense du statut ontologique de la force, et de sa meilleure définition possible, l'unanimité est maintenant faite sur la place du concept que ce mot désigne dans la mécanique rationnelle. La force est la dérivée de la quantité de mouvement par rapport au temps. Telle est la relation dite fondamentale de la dynamique.

Au XIXe siècle encore la question n'était pas tout à fait réglée. La « force centrifuge », qui de nos jours n'est plus tenue pour une véritable force, embarrassait Hertz [1]. Et les électriciens nous fournissent toujours une « force » qui rappelle que le mot a pu désigner l'énergie. Lorsque Newton reprend le mot – *vis* en latin – pour désigner le concept central de sa mécanique, il ne fait que prolonger à sa manière une tradition bien ancienne. Dans le Cosmos aristotélicien, les corps du monde célestes se doivent d'avoir des mouvements circulaires et uniformes, les plus naturels pour des êtres d'une telle dignité. Pour les corps du monde terrestre, le mouvement naturel est celui qui se fait vers le bas, vers le centre de la Terre, sans aucune intervention. Tout

1. H.Hertz, *Die Prinzipien der Mechanick,* Leipsig, 1894 (Introduction).

autre mouvement, dans ce monde sublunaire, ne peut être dû qu'à une action violente. Cette violence dérange l'ordre des choses. Quand elle cesse les choses reviennent vers leurs places naturelles, par des mouvements eux aussi qualifiés de naturels. La *vis* est donc ce qui perturbe l'état naturel des choses, celui qu'elles ont par elles-mêmes. Telle est l'idée que Newton va reprendre, mais en modifiant celle d'état naturel.

D'autres que lui ont déjà employé « force » différemment. Galilée, notons-le, ne l'utilise pas à propos de la chute des corps. Il attribue le phénomène à la gravité, mais celle-ci n'est pas une grandeur. Le caractère uniformément accéléré de la chute libre n'est nullement déduit des caractéristiques de cette gravité. Descartes emploie « force » pour diverses choses : le poids, son produit par la hauteur de chute, etc. Il aime aussi à parler de la force par laquelle un corps agit sur un autre dans une rencontre. Leibniz en tirera la « force vive », c'est-à-dire l'énergie. Et Huygens, reprenant l'analyse cartésienne du mouvement circulaire, préfère à « l'effort que fait le corps pour s'éloigner du centre », la « force centrifuge (de ce corps) ».

Newton, tout à fait au courant de ce genre de recherches, se laisse séduire par la « force centrifuge » et même assez par la « force des corps ». Mais il ne se détourne pas de l'idée d'appeler « force » ce qui fait violence à l'état naturel d'un corps. Lorsqu'il évoque les forces comme causes des mouvements, il simplifie abusivement. Il semble bien qu'il cède là au plaisir d'une formule bien frappée, dont sa doctrine, trop élaborée, ne peut se contenter. Entrons-y par la grande porte, la *Lex prima*.

L'inertie et les forces

Loi I : Tout corps persévère dans son état de repos ou de mouvement uniforme en ligne droite, à moins que l'impression de forces ne le contraigne à changer son état.

Cette Loi a fini par être mise au rang de cas particulier d'un axiome plus général, par la vertu des raffinements de la mathématique. Rien de tel dans la pensée de Newton, pour qui elle est véritablement le pivot de la nouvelle mécanique. Elle traduit la nouvelle idée d'inertie, que d'autres avaient commencé d'imposer. Newton lui donne une ampleur et une précision qu'elle n'avait pas encore reçues, mais aussi la complète-t-il par un concept de force plus élaboré, et de plus de portée, que tout ce qu'on avait imaginé jusqu'alors. L'invention a constitué un tel bond en avant que la rigueur, on le verra, en a quelque peu souffert. Mais l'efficacité, déjà, en était telle, que la rigueur n'avait plus qu'à suivre. Les distorsions que nous relèverons, par rapport à la logique, sont les failles et plissements qui restent de ce surgissement. Ces accidents donnent une idée du travail conceptuel du créateur, autrement ample que celui que narre la fable empiriste.

La première Loi définit d'abord, et surtout, ce qui doit être tenu pour l'*état* d'un corps – son état mécanique s'entend - ce que l'on pourrait appeler son état naturel, celui dans lequel il est et reste tant que rien d'extérieur ne vient le perturber. Cet état est le repos, ou bien le mouvement rectiligne et uniforme. Ainsi, le Grand Siècle le déclare, le repos n'est plus à opposer au mouvement. Le repos n'est plus qu'une sorte de cas particulier de mouvement rectiligne et uniforme, un mouvement de vitesse nulle pourrait-on dire. Du même coup, un mouvement rectiligne et uniforme n'est guère différenciable, dynamiquement parlant, du repos. Ce mouvement, ce repos, qui sont ceux du centre de masse du corps, sont bien sûr des vrais. Ils sont mouvement et repos par rapport à l'espace absolu.

L'Axiome énonce la condition sous laquelle un corps conserve son état naturel, disons plutôt inertiel, qui est que des forces ne lui soient point imprimées. On n'échappe donc plus à la nécessité d'une bonne définition de la force. Or c'est peine perdue d'en chercher une définition générale dans les Principia. Sa présentation comme cause du mouvement, même si l'on entend: du mouvement absolu, n'est qu'une approximation doublement fautive. Une telle définition sera prise en défaut par la force centrifuge, qui sera effet, et non cause, d'un mouvement. D'autre part, et surtout, cette idée de cause du mouvement ne s'accorde pas à l'idée nouvelle d'inertie. Envisager une cause du mouvement n'a de sens que dans une opposition du mouvement au repos. L'état naturel des corps étant, non le repos nécessairement, mais aussi bien tout mouvement rectiligne uniforme, nulle cause n'est requise pour un tel mouvement. Il est l'état dans lequel un corps reste de lui-même, sans influence extérieure aucune. La nécessité d'une cause ne se pointe que pour un changement d'état inertiel.

Puisqu'aucune vraie définition générale de la force ne nous est proposée, voyons ce qu'il en est des forces. Les Définitions III et IV sont celles de la force d'inertie et de la force imprimée. La *force d'inertie* d'un corps est ce par quoi il conserve, ou tend à conserver, l'état inertiel dans lequel il se trouve. Elle se manifeste tout particulièrement lorsqu'un second corps fait obstacle au mouvement du premier: celui-ci agit sur lui, c'est-à-dire qu'il exerce cette force qui est en lui, à l'occasion du choc, pour repousser l'obstacle. Telle est la présentation newtonienne de ce premier genre de force. Une force tout interne, cause, en somme, de la conservation de l'état inertiel[1].

Est-ce vraiment une force? Impossible de répondre puisque manque une définition générale du concept. Si l'on s'en tient à « cause du mouvement », la réponse est négative. La force d'inertie n'est pas cause d'un mouvement mais de sa conservation. En outre elle est tout aussi bien cause de la conservation du repos. Est-elle au moins de quelque utilité ? Pas vraiment puisque l'état inertiel est si naturel à un corps, qu'il n'a pas besoin de cause pour s'y maintenir. Certes, l'idée que le corps exerce une force, quand on cherche à le faire changer d'état, répond à une expérience courante. Cette idée sera développée par d'autres, dont Leibniz, sous l'appellation de « force vive », et avec succès. Mais contrairement à celle-ci, la force d'inertie de Newton ne dépend pas de la vitesse du corps. Elle n'est proportionnelle qu'à sa masse. Cette relation est donnée sans justification aucune; elle a pour conséquence que la force d'inertie n'arrive pas à trouver sa place dans la théorie. Elle n'est que la masse, en tant que capacité à résister à une sollicitation. Aussi cette notion superflue ne mettra-t-elle pas longtemps à mourir de sa belle mort. Un concept aussi isolé ne pouvait espérer un autre sort. L'appellation, libérée de la défunte notion, pourra servir à en désigner une autre. Le langage commun a pourtant conservé son sens à « force d'inertie », sauf que ce ne sont plus des corps qui l'exercent, mais les hommes; voire leur langage, comme le prouve... cette conservation même.

Le deuxième emploi de « force », introduit par la Définition IV, se fait en complément du premier. La force d'inertie est censée conserver les états inertiels. La *force imprimée* est chargée de les modifier; elle est l'action exercée sur le corps, qui le contraint à quitter l'état dans lequel il se trouvait. S'il était en repos, la force le met en mouvement. S'il était en mouvement rectiligne et uniforme, la force change la direction, ou la vitesse du mouvement, peut-être même les deux. Le résultat, éventuellement, sera passage du mouvement au repos. La force imprimée est le complément logique de l'idée d'inertie, plus encore que le complément de la force d'inertie. L'inertie est définition des états tenus pour naturels aux corps. Ceux-ci ne conservant pas toujours ces états, les changements qu'ils subissent requièrent une cause. On lui donne l'antique appellation de force, pour ce qu'elle exprime, en évoquant la violence, le caractère naturel de l'état qu'elle

1. La dénomination première est *vis insita*. Il est d'usage de lui préférer *vis inertiæ*, ce dont Newton a donné l'exemple dès le commentaire de la Définition III.

modifie. L'inertie et la force imprimée, plus encore que complémentaires l'une de l'autre, sont indissolublement liées. Leurs introductions le manifestent. La Loi I ne peut dire ce qu'est l'état naturel sans préciser que sa condition est l'absence de forces imprimées. La Définition IV ne peut présenter la force imprimée sans dire que son effet est un changement d'état inertiel. Cette notion de force manquait dans l'idée d'inertie que les prédécesseurs de Newton avaient envisagée. Le succès de la mécanique newtonienne tient fondamentalement à la création de ce concept majeur. Il écrase tant celui de force d'inertie, d'ailleurs, que l'adjectif « imprimée » en devient superflu, et qu'il sera désormais négligé.

L'intégration de ce concept de force au reste de la mécanique rationnelle se réalise d'un côté par cette relation à l'idée d'inertie, qu'elle complète indissolublement ; et de l'autre par la constitution de la force comme grandeur, c'est-à-dire par sa mise en relation avec les grandeurs cinématiques. A vrai dire la force n'est pas une grandeur simple, au sens où le sont le côté d'un carré ou la vitesse d'un mobile. Elle donne lieu à un dédoublement en deux *quantités*, la quantité motrice et la quantité accélératrice. Toutes deux sont des « mesures » de la force, disent les Définitions. Pas, toutefois, des mesures au sens que nous avons donné à ce mot. Ce ne sont pas des nombres exprimant un rapport à une force unité. Ces « mesures » sont plutôt deux façons diverses de percevoir la grandeur de la force.

La *quantité accélératrice* est proportionnelle à la vitesse engendrée par l'impression de la force[1]. Si cette vitesse vient s'ajouter à une vitesse que le corps avait déjà, elle est une « accélération », d'où le qualificatif. De même « motrice » signifie dans ce contexte une production de mouvement, c'est-à-dire de quantité de mouvement. La *quantité motrice* est proportionnelle au mouvement qu'elle engendre dans le corps auquel elle est imprimée. Pour un corps donné, donc de masse donnée, vitesse et quantité de mouvement sont proportionnelles. De sorte qu'il en est de même de la quantité accélératrice et de la quantité motrice d'une force imprimée à ce corps, au point que les distinguer relève d'un vain espoir. Ce dédoublement de la force comme grandeur est donc entièrement superflu dans toute étude portant sur un corps donné, un solide notamment. Il prend son sens, comme on le verra plus loin, dès que deux corps agissent l'un sur l'autre, autrement dit à l'intérieur d'un système.

1. Dans le cadre des Définitions VII et VIII (quantités accélératrice et motrice de la force centripète) on lit qu'il s'agit d'une proportionnalité *dato tempore*. Le chapitre 6 sera consacré à cet aspect des choses.

Puisque Newton en fait son usage, nous abrégerons « quantité accélératrice de la force » en *force accélératrice* ; et *force motrice*, de même, sera mis pour « quantité motrice de la force ». S'il y a là deux emplois nouveaux du mot « force », il ne s'agit en rien de deux espèces nouvelles de forces. La force accélératrice et la force motrice ne sont que la grandeur de la force imprimée, déterminée respectivement par la vitesse et par le mouvement engendrés dans le corps. Voici donc le concept de force imprimée articulé à la cinématique. Cette articulation est encore bien légère, et bien partielle. La Loi II va la compléter, mais on ne peut la comprendre sans posséder une clef cinématique supplémentaire.

Les adjonctions de mouvements

Nous avons désigné par « combinaison » une certaine manière de composer les mouvements. Ceux que l'on compose ainsi sont le mouvement du mobile par rapport à un référentiel *R*, et celui de *R* par rapport à *R'*. Il en résulte le mouvement du mobile dans *R'*. Et cette opération peut s'inverser en une décomposition : connaissant le mouvement du mobile dans *R'*, et l'un des deux autres, on cherche le troisième. Le cas le plus simple, où tous sont des translations rectilignes et uniformes, a été symbolisé par un triangle.

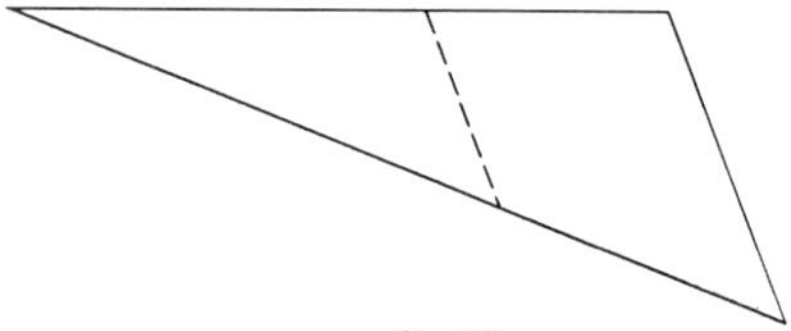

fig.52

A côté de ce mode-ci de composition et de décomposition, Newton en met un second en œuvre, que nous appellerons *adjonction*. Il peut se faire qu'un corps ait deux mouvements à la fois, par rapport à un même espace, et notamment par rapport à l'espace absolu. Par exemple lorsqu'un corps qui a déjà un mouvement en reçoit un autre en sus, par l'effet de l'impression d'une force. Dans un tel cas les deux mouvements se composent pour n'en donner qu'un. Pour montrer comment Newton opère cette composition, envisageons encore que les mouvements soient de translation, tous deux rectilignes et uniformes.

On représente l'un par le segment AB, l'autre par AC. Leurs longueurs représentent les distances que les corps parcoureraient en un temps donné ; mais aussi bien les vitesses puisque, le temps envisagé étant le même, les vitesses et les distances sont proportionnelles. Ces longueurs peuvent aussi représenter les quantités de mouvement, si le mobile est un corps, puisqu'elles sont comme les vitesses. On complète le parallélogramme ainsi ébauché, en traçant la parallèle à AB qui passe par C, et la parallèle à AC qui passe par B. Elles se rencontrent en un point D. La diagonale AD représente le mouvement résultant, celui que prend effectivement le mobile.

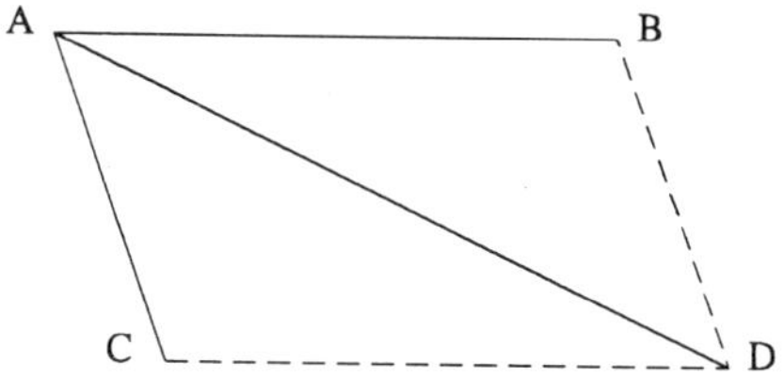

fig.53

Dans le cas particulier où AB et AC ont même direction, le parallélogramme, aplati, ne peut se construire à coups de parallèles. On obtient D en prolongeant l'un des segments (AB) d'un segment (BD) égal à l'autre (AC). Ce, si les sens coïncident ; sinon on retranche le plus petit (AC) du plus grand (AB).

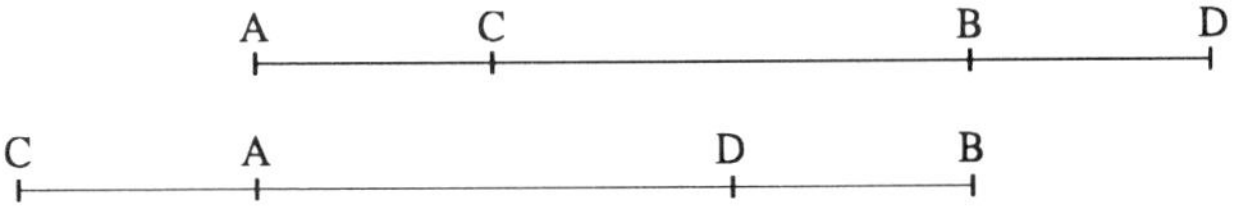

fig.54

Newton ne justifie pas cette règle, pas plus qu'il ne justifie la méthode de combinaison. Mais autant celle-ci s'explique, et apparaît naturelle, lorsqu'on arrive à imaginer conjointement le mouvement du référentiel *R* et celui du mobile dans *R*, autant l'évidence du nouveau procédé fait défaut. Ce problème se laisse un peu résoudre dans le cas particulier de l'adjonction de mouvements de même direction. Prenons le cas où ils ont, outre la même direction, le même sens. Tant que l'on pense ces deux mouvements composants comme présents simultanément, si toutefois cela est pensable, la raison de reporter AC en extrémité ne surgit pas. On peut favoriser ce surgissement en accordant une priorité à l'un des deux. Supposons que le mobile ait, préalablement, le mouvement AB. Il vient de Y et va vers Z à vitesse constante, il doit

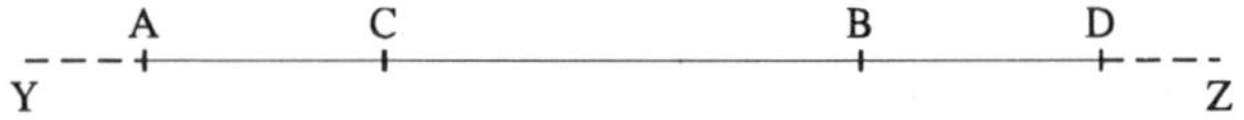

fig.55

aller de A à B en un certain temps. Supposons en outre qu'à l'instant où le mobile passe en A il reçoive, peu importe comment, un second mouvement, indépendant du premier, uniforme aussi, et qui, à lui seul, ferait aller le mobile de A à C pendant le temps précédemment considéré. Ces deux mouvements, par le fait de leur adjonction, sont maintenant virtuels. Ni l'un ni l'autre ne se réalisera, mais un troisième, qu'il s'agit de déterminer. Un second mouvement étant venu s'ajouter à un premier, il est fort admissible que cette adjonction se traduise par une addition des vitesses. La vitesse du premier se trouve accrue de celle du second. Comme les vitesses sont représentées par AB et AC, il suffit de les mettre bout à bout pour obtenir AD. De même, si l'adjonction du « second » mouvement est conçue comme diminution de la vitesse du « premier », la règle graphique s'en trouve expliquée.

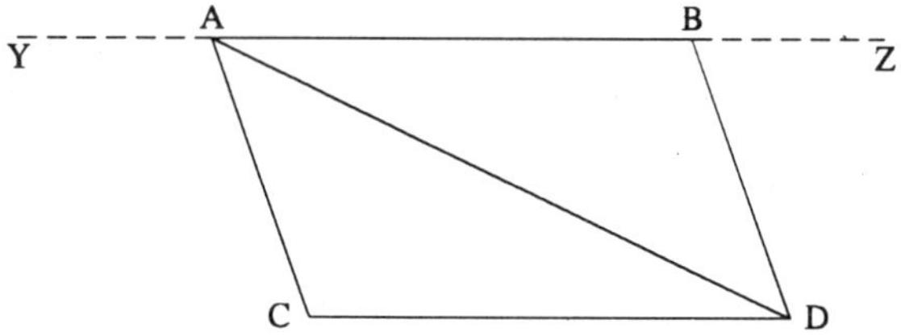

fig.56

On peut admettre la validité de cette explication. Le cas ordinaire d'une adjonction qui se fait obliquement n'en reçoit, lui, aucun éclairement. Mettons un ordre, comme précédemment, entre les mouvements virtuels. A l'instant où le mobile passe en A, dans son mouvement de Y vers Z, il reçoit le mouvement qui le mènerait en C, au bout du temps de référence, s'il était initialement immobile en A. La différence des directions fait que l'on ne peut plus concevoir l'adjonction du second mouvement comme simple augmentation, ou diminution, de la vitesse du premier.

Une autre explication s'impose. L'épistémologue, en tant que philosophe, a volontiers tendance devant ce genre de difficulté à ne pas chercher d'explication. Puisque cette règle géométrique de composition se révèle efficace ensuite ; puisqu'elle est en quelque sorte justifiée par l'accord que l'on a établi entre les faits d'observation et les théorèmes démontrés, entre autres, à l'aide de cette règle, pourquoi chercher plus loin? En tant qu'historien, l'épistémologue réfrène en lui-même cette tendance à expliquer par une justification expérimentale. Si solide que soit cette justification elle constitue difficilement à elle seule une explication de la genèse de la loi considérée, ici règle de composition. Pour des notions aussi élémentaires, pour des lois de portée si générale, ce serait paresse que se contenter d'un constat de validité expérimentale. Quand on ne dispose pas des traces du travail de découverte, il faut au moins tenter de reconstituer une élaboration conceptuelle vraisemblable.

Un tel travail de reconstruction d'une pensée a déjà été effectué ici, pour la notion de vitesse. Le problème était de comprendre comment Newton, après d'autres, pouvait établir des relations entre vitesses, espaces et temps, pour un mouvement assez quelconque, sans passer, comme on le fait depuis, par des calculs. Et surtout sans disposer d'aucune définition explicite de la vitesse instantanée. La reconstitution a été aisée, parce que Galilée avait fait le gros du travail, et que ses démonstrations exposent un cheminement qui est comme la mise en forme épurée d'une genèse. La composition des mouvements dans les Principia offre la possibilité d'un travail semblable, un peu plus étoffé parce que ne s'appuyant pas sur un texte; assez facile néanmoins pour que le résultat soit d'une vraisemblance défendable.

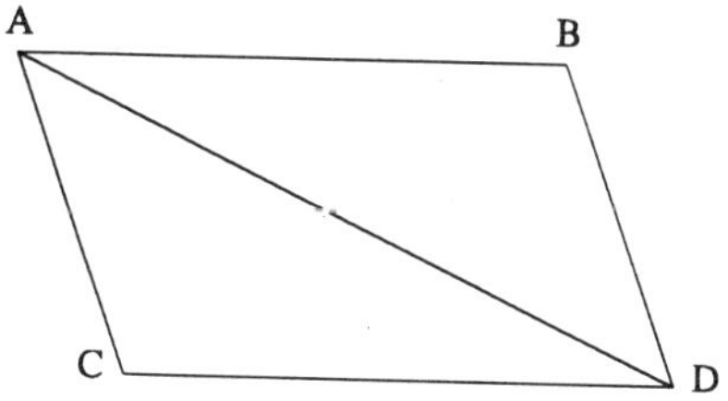

fig.57

Reprenons le parallélogramme ABCD. La diagonale AD le partage en deux triangles égaux. Dans tout parallélogramme, en effet, les côtés opposés sont parallèles mais aussi égaux en longueur. Puisque BD est parallèle et égal à AC, il est plus simple, pour construire le point D, et grâce à lui le mouvement composé, de représenter le « second » mouvement par BD. La figure se limite alors à un triangle, moitié supérieure du parallélogramme (fig.58). Celui-ci, plus lourd, a sa justification dans l'importance de A. C'est en ce point que le mobile est censé

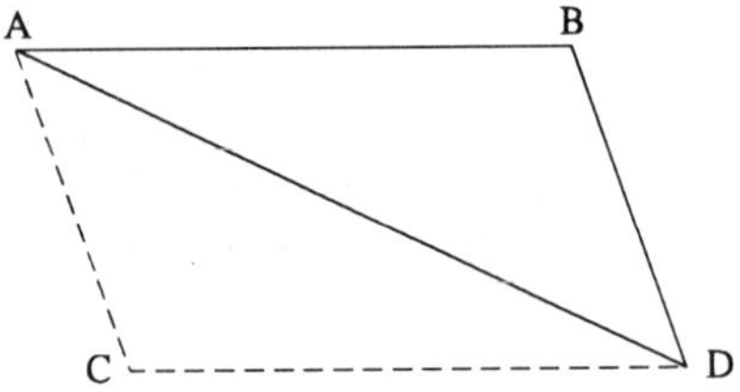

fig.58

recevoir, ou avoir, les deux mouvements à composer. La construction en triangle, plus éloignée, donc, du sens physique des segments, est plus pratique, tant pour composer que pour décomposer, et Newton ne se prive pas de l'employer. Pour décomposer un mouvement rectiligne uniforme représenté par un segment AD, il suffit d'introduire un point B, choisi en tout arbitraire, et les segments AB et BD représentent des mouvements virtuels du mobile; deux mouvements rectilignes et uniformes qui, composés par la règle d'adjonction, redonnent bien AD.

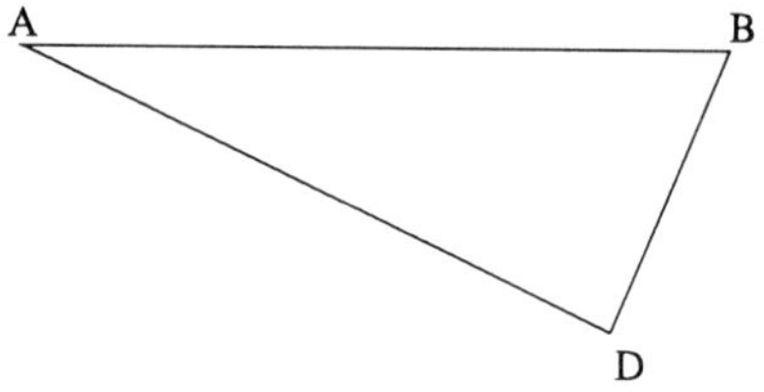

fig.59

Ce triangle ressemble fort à l'autre, celui de la composition par combinaison, et nullement par hasard. Ce que l'adjonction a d'obscur trouve sa clarification dans la combinaison. Celle-ci donne une justification à celle-là. Repartons en effet des deux mouvements à composer, définis par AB et AC. Envisageons un point P qui ait comme mouvement de A à B celui qu'aurait le mobile M s'il ne devait pas en recevoir un second. Faisons passer par P une droite constamment parallèle à AC. Elle constitue un référentiel mobile. Donnons à M un mouvement sur cette droite, qui ait, par rapport à elle, les caractéristiques définies par AC. Lorsque P est en A, M y est aussi. Puis P va en B d'un mouvement uniforme. Il entraîne la droite mobile, et M avec. Ce point-ci y parcourt, pendant le temps considéré, un segment PP' égal à AC, d'un mouvement uniforme. Par rapport au référentiel

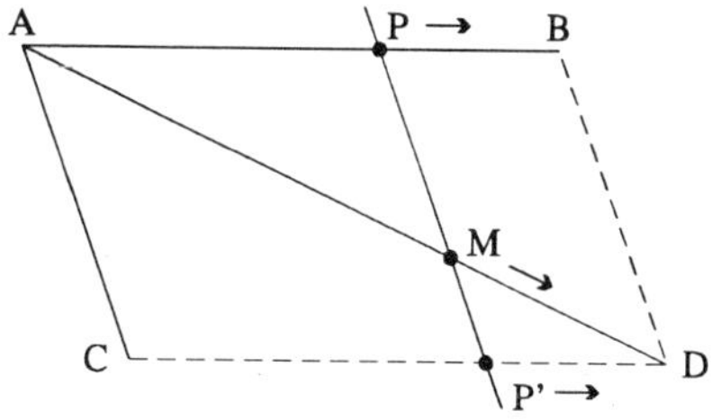

fig.60

considéré comme fixe, M décrit, d'un mouvement uniforme, une droite telle qu'il aboutisse en D, défini comme quatrième sommet du parallélogramme. En fin de compte, tracer AB et AC, construire dessus le parallélogramme, ce n'est là qu'un moyen géométrique d'obtenir le point D, et avec lui le trajet AD, bref les caractéristiques du mouvement composé.

Tout se passe comme si la composition par adjonction n'était qu'un résumé de la méthode de combinaison, une présentation des choses qui fait l'économie d'un référentiel mobile. Cette absence du repère mobile semble produire une légère différence. Aucun des deux mouvements, AB ni AC, n'a de priorité sur l'autre lors de la construction du

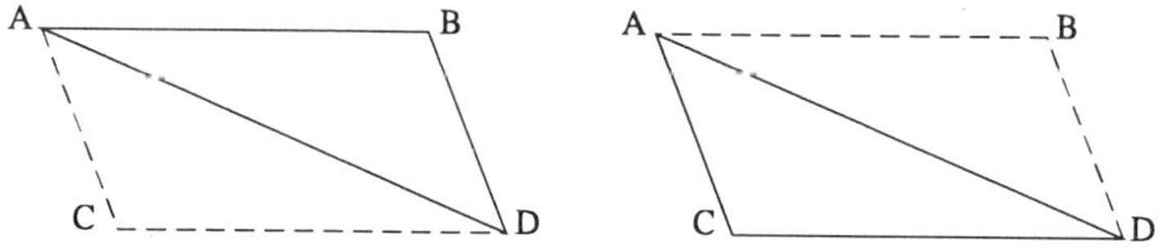

fig.61

parallélogramme. De même, si on lui préfère l'adjonction par triangle, peu importe que l'on utilise l'un ou l'autre, ABD ou ACD. L'interprétation de l'adjonction par une combinaison donne l'impression contraire: le mouvement de P donne une priorité à AB sur AC. Il n'en est rien en fait. Au lieu de P entraînant PP', on peut utiliser une droite QQ', définie par le mouvement qu'aurait M de A à C s'il n'avait pas, en plus, celui de A à B; les résultats sont identiques (fig.62).

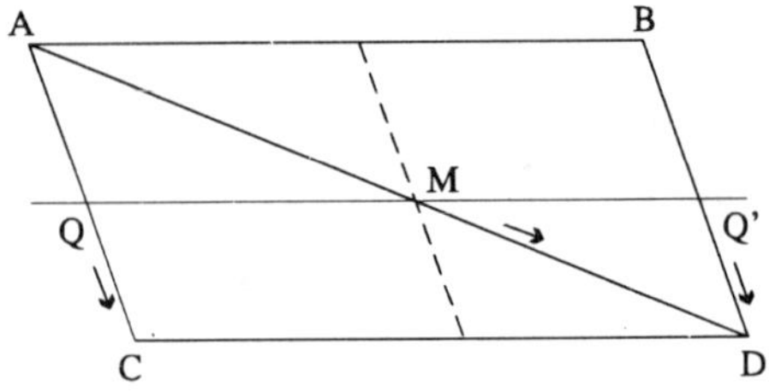

fig.62

Le procédé d'adjonction a donc un avantage de légèreté. Une fois perçu comme simple résumé d'une combinaison, il se trouve même justifié. On comprendrait donc que Newton montre que l'un se ramène à l'autre, et qu'il dise pourquoi il ne pratique aucune des deux techniques de façon exclusive. A la vérité, l'enjeu n'est pas mince. Combiner des mouvements de translation est une nécessité lorsqu'on applique la mécanique à l'astronomie. D'un autre côté, se limiter à des combinaisons aurait un inconvénient de premier ordre pour les bases mêmes de la mécanique. Ce n'est pas dans un simple souci d'allègement que Newton emploie l'adjonction. Ce n'est pas innocemment qu'il escamote la question de sa justifcation par une combinaison. C'est la relation de la force à l'espace absolu qui l'a poussé à abandonner discrètement la combinaison pour l'adjonction. Cela se voit dès le second Axiome.

La seconde Loi du Mouvement

Loi II : Le changement de mouvement est proportionnel à la force motrice imprimée, et il se fait selon la ligne droite selon laquelle elle est imprimée.

Si l'on se rappelle que la force motrice n'est autre que la quantité motrice de la force, proportionnelle, par définition, à la quantité de mouvement qu'elle engendre dans le corps patient, la première moitié de l'énoncé semble ne rien apporter. Comme pour l'inertie et l'idée de force imprimée, Axiomes et Définitions se reprennent mutuellement. Dans le cas présent on peut se demander quelle importance accorder au remplacement de « mouvement engendré » par « changement de mouvement ». La génération n'évoque qu'un mouvement, celui qui est engendré. Le changement en suppose deux : un avant et un après. Cette nuance est de peu d'importance en fait, moindre en tout cas que la question de savoir quel est ce mouvement qui change. La suite de la phrase essaie de le dire. Tout comme le commentaire de la Loi, trop sec lui aussi[1], elle cache assez bien son jeu. Ni l'un ni l'autre ne montre suffisamment à quel point cette évocation de la ligne droite définit le mouvement qui change. L'usage fait de la Loi (assez rare d'ailleurs si l'on parle de l'usage direct, explicite) montre que le mouvement qui est changé par l'impression de la force est... n'importe quoi, pourvu qu'il ait la bonne direction.

Découvrons pas à pas cette portée de la Loi II. Le plus simple à envisager est un corps au repos. Une action exercée sur lui, l'impression d'une force, donc, y engendre une vitesse et, par là même, une quantité de mouvement à quoi est proportionnelle la force motrice. Une fois l'impression réalisée, le corps conserve, d'après la Loi I, ce mouvement acquis. Supposons maintenant que le corps ait, préalablement à l'impression de la force, un mouvement rectiligne et uniforme, ayant même direction et même sens que la force. Autrement dit, on pousse le corps par derrière. La Loi II dit que la quantité de mouvement est augmentée, et la vitesse avec elle bien sûr. Elles sont diminuées si la force est imprimée dans le sens contraire de celui du mouvement initial. Dans ces deux cas la Loi II relie la grandeur de la force au changement du mouvement qu'avait le corps, sans ambiguïté.

Si maintenant la force est imprimée obliquement par rapport au mouvement primitif du corps, ce n'est pas ce mouvement-ci, à proprement parler, qui change. On peut même dire qu'il ne change nullement. Soit AB ce mouvement initial, celui qui se produirait pendant un temps donné si la force F n'était point imprimée. A l'instant où le corps passe

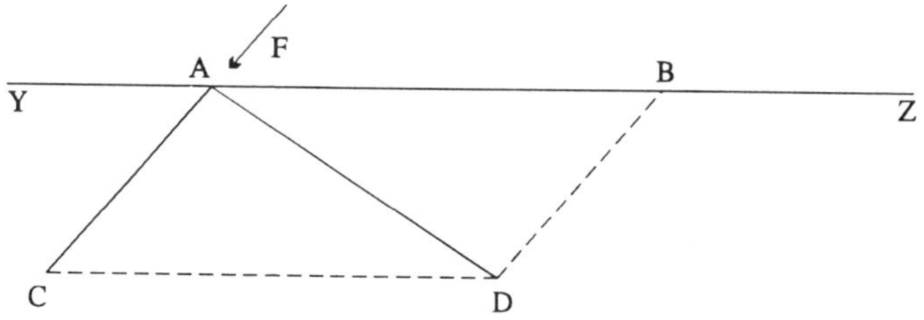

fig.63

passe en A, venant de Y, l'impression de F se traduit par la génération d'un second mouvement[2]. Si celui-ci existait seul, le corps irait de A en

1. Voir l'annexe 2.
2. Voir le Corollaire I des Lois.

C pendant le temps en question. Ce corps a donc deux mouvements en lui ; de A vers B, le primitif, et de A vers C, l'acquis. Par adjonction Newton obtient le résultat global : le corps va de A en D. En un sens le mouvement AB est détruit, ou changé en AD. Le mode de composition ici adopté permet tout aussi bien de dire qu'il continue d'exister, mais à l'état virtuel, comme AC, tous deux trouvant leur conjointe réalisation dans cette sorte de compromis qu'est AD.

De toute façon, même si l'on dit que AB a été changé en AD par l'impression de F, on ne fournit pas une interprétation satisfaisante de la Loi II. Car dans une telle lecture, le changement devrait s'obtenir par soustraction de l'un à l'autre. Or la différence n'est en rien proportionnelle à AC, c'est-à-dire à la force. Pis même : AD peut fort bien être égal en longueur à AB. Indiscutablement le changement de mouvement est à chercher du côté de la droite selon laquelle la force est imprimée, donc du côté de AC. Il y a là génération d'un second mouvement qui, à partir de l'instant considéré, est tout aussi présent que l'autre dans AD. On pourrait s'en tenir à ce degré de compréhension de la Loi, sans tenir rigueur à son auteur de ce que le prétendu changement n'est alors qu'un simple engendrement. Mais il y a mieux.

Lorsque cette seconde Loi est utilisée pour démontrer le Corollaire III, où une force est imprimée à un corps déjà en mouvement, Newton commence par décomposer le mouvement AB. Il procède à cette décomposition conformément au mode de l'adjonction, en s'imposant une composante AU de même direction que la force. La grandeur de

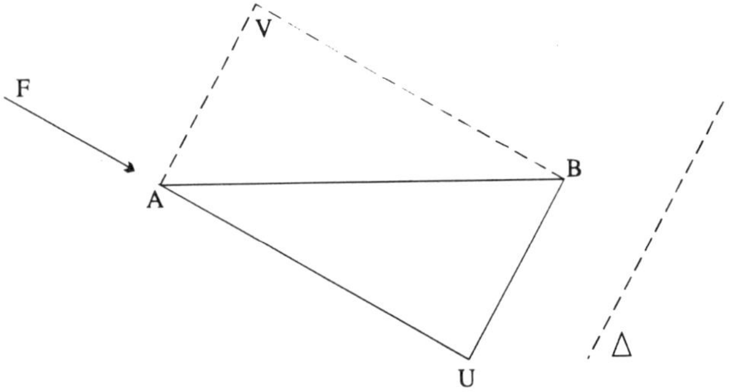

fig.64

ce premier mouvement virtuel est choisie de telle sorte que le second, UB, ait une certaine direction Δ, choisie pour son utilité dans le problème traité. Cela fait, très explicitement, l'application de la Loi II a pour effet que le mouvement qui change est AU, tandis que UB, parce que sa direction n'est pas celle de l'impression, ne change pas. Il en résulte un nouveau mouvement virtuel AU', ici plus grand que AU.

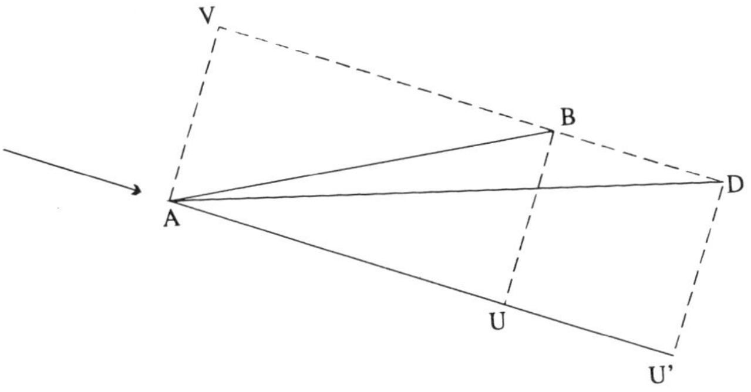

fig.65

Composé avec l'autre (et peu importe qu'on représente ce dernier par U'D ou par AV, tous deux égaux à UB) il donne un nouveau mouvement AD. Le corps, sans la force, serait allé en B. L'effet de l'impression est de le faire aller en D. Le mouvement qui change est bien celui qui se faisait, si virtuellement que ce fût, selon la droite d'impression: c'est AU. Et il est bien quelconque en grandeur: une autre décomposition préalable de AB, en Au et uB, donne finalement le même point D.

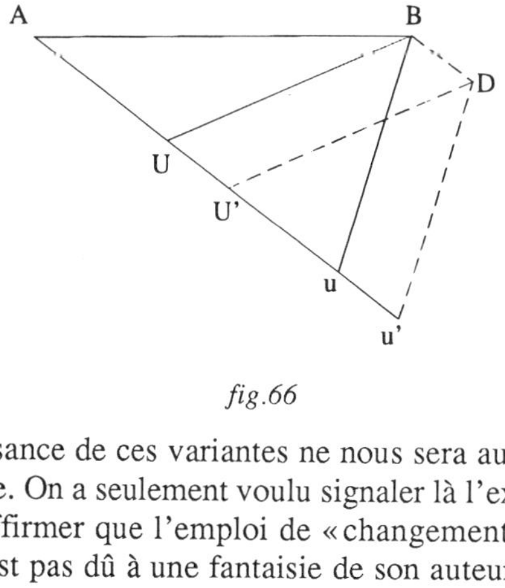

fig.66

La connaissance de ces variantes ne nous sera aucunement nécessaire par la suite. On a seulement voulu signaler là l'existence de textes permettant d'affirmer que l'emploi de «changement» dans l'énoncé de la Loi II n'est pas dû à une fantaisie de son auteur. Le choix de ce mot annonce une méthode d'application de la Loi. Et l'énoncé de celle-ci apparaît après coup comme un modèle d'exactitude, de conformité à une intention. Il est vrai que nos langues, en permettant la nuance « changement de mouvement », diminuent l'ambiguité du latin, où l'on peut lire « changement du mouvement », et comprendre : du mouvement primitivement acquis, pris dans sa totalité (AB).

La morale qui vient d'être tirée de cette pointe poussée dans les Corollaires peut subir la critique par le biais suivant. Chaque fois que Newton a matière à employer « changement », il pourrait se contenter de « génération ». En effet, changer un mouvement c'est lui en adjoindre un. Revenons au cas où la force a la direction et le sens du mouvement primitif AB. On peut, déjà là, représenter par AC le mouvement qu'engendrerait la force, si le corps était au repos en A.

fig.67

Par adjonction, on obtient AD. Le changement c'est la différence entre le résultat AD et ce qui allait se produire, AB. C'est BD, égal à AC le mouvement engendré. La liberté de lecture que donne cette égalité permet de dire indifféremment « génération » ou « changement ». De même, dans le cas de l'impression oblique, il n'est en rien indispensable de décomposer le mouvement primitif. Ce n'est que commodité dans certaines circonstances. La connaissance de la force suffit à déterminer le mouvement virtuel AC engendré par l'impression. Le changement UU' ci-dessus envisagé lui est égal, et l'effet global est identique.

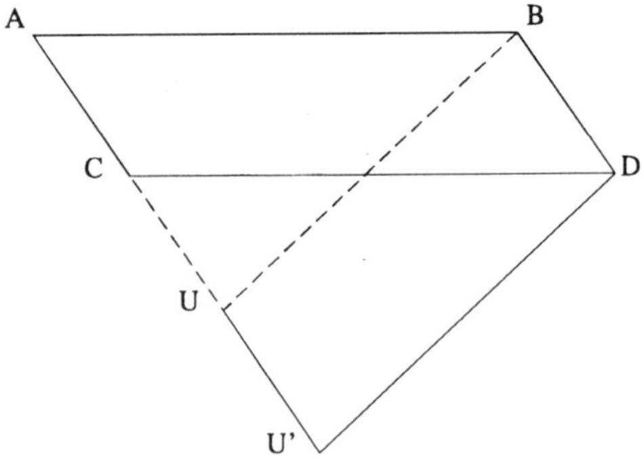

fig.68

Dans tous les cas de figure, il suffisait d'envisager un mouvement nouveau, engendré par l'impression de la force, et de l'adjoindre, s'il y a lieu, au mouvement primitif. Le choix de Newton est inverse. Tous ces mouvements virtuels qu'il aurait pu dire engendrés, il choisit d'y voir des changements. Ce faisant, il lui arrive de nommer ainsi des générations qui ne sont pas des changements. C'est même le cas usuel : l'adjonction de AC à AB est la règle. La décomposition préliminaire en AU et UB est l'exception.

Faut-il conclure à l'imprécision ? Oui, si l'on prend « changement » au sens strict, si l'on tient à y voir le passage d'un état de mouvement à un autre. Car il y a ici passage du repos à un mouvement. Non, si l'on admet que Newton, dans son désir de signifier la possibilité d'une décomposition préliminaire, ait lucidement accepté de tout appeler « changement ». Il aurait procédé à une extension de sens de ce mot, rangeant sous son chef, aussi bien que les vrais changements, les simples générations. Un tel abus de langage consiste donc à dire que passer du repos au mouvement, c'est un changement de mouvement. C'est dire, d'une certaine facon, que le repos est (comme) un mouvement. Un mouvement de vitesse nulle précisera-t-on bientôt.

Quoi de choquant à ce que le champion de l'inertie, lorsqu'il lui agrée, parle du repos comme d'un mouvement ? On assiste là au phénomène même de l'extension de sens, celui qui conduit le mathématicien, par exemple, à dire que zéro est un nombre. Chaque fois qu'il se produit, un morceau du savoir se trouve remanié à travers une démarche d'abord illogique, mais dont l'avantage paraît tel que la logique se reconstitue ensuite, autour de ce coup de force qu'est l'abus de langage.

Couper un maigre cheveu en quatre, comme il vient d'être imposé au lecteur, n'a d'autre fonction que de constituer un exercice où chacun prend ce qu'il veut. Le novice en mécanique y peut apprendre mieux ce qu'est une force. Et le savant y rencontre un tel écart à son savoir tout constitué, que c'est peut-être lui qui peine le plus.

Sur ce thème du changement de mouvement, on peut se demander enfin pourquoi ne pas procéder par combinaison à la composition du mouvement résultant. Pourquoi la force n'engendrerait-elle pas pour le corps un mouvement relatif au référentiel PP', plutôt que le mouvement absolu AC (fig.69) ? La raison en est qu'une force, par définition, engendre un mouvement absolu et non un mouvement relatif. On tient là une explication de l'utilisation par Newton du procédé d'adjonction. Adjoindre AC à AB sans dire que, dans le fond, une telle composition ne se justifie que par l'intervention d'une combinaison, permet de faire comme si les mouvements étaient absolus, surtout celui que crée la

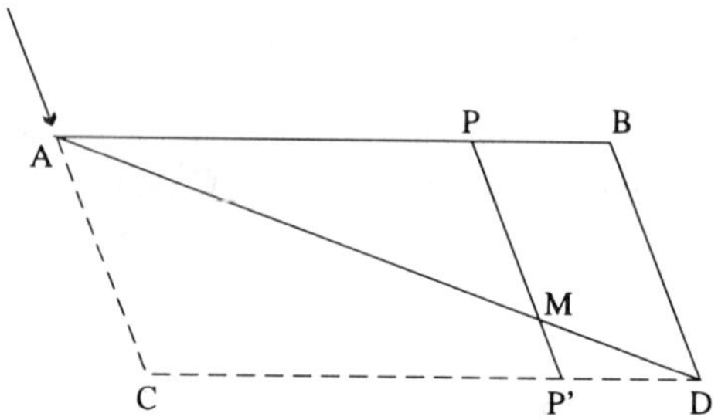

fig.69

force. La méthode de composition et de décomposition apparaît comme radicalement dédoublée dans les Principia . La raison en est sans doute que ce rigoureux cloisonnement permet de maintenir une fiction, celle du caractère absolu de tout mouvement engendré par une force. Au-delà de ça, c'est l'utilité même de la notion d'espace absolu que Newton a pu sentir vaciller[1].

*

1. Les rédactions successives de la Loi II en témoignent. Voir J.M.Nicholas, « Newton's extremal second Law », *Centaurus*, t.22, 1979.

CHAPITRE 6

LE DÉDOUBLEMENT DE LA FORCE

La primauté du discret

Ce qu'ajoute la seconde Loi à la définition de la force motrice, c'est en somme que le mouvement qu'engendre l'impression d'une force se compose avec un éventuel mouvement primitif par le procédé d'adjonction. Tous deux gardent bien, ainsi, leur caractère absolu. Un autre aspect de cette Loi doit nous arrêter, qui se montrera plus nettement révélateur du travail conceptuel de l'inventeur de la mécanique. Il est d'usage de voir dans cet Axiome ce que l'on appelle aujourd'hui la relation fondamentale de la dynamique, qui relie la force à la quantité de mouvement. Dans cette optique, la première Loi est le cas-limite où la force est nulle, et la seconde, comme énoncé correspondant au cas général, est jugée plus importante.

Une petite différence, cependant, est perceptible. La relation fondamentale énonce la proportionnalité de la force et du taux de changement de mouvement: la force est proportionnelle au changement du mouvement, et inversement prortionnelle au temps que dure ce changement, le temps de l'impression; voilà ce que Newton voulait dire et aurait dû écrire. Telle a été du moins l'opinion de quelques-uns de ceux qui se sont penchés sur le berceau de la mécanique classique. Ce diagnostic de malformation est-il lui-même bien fondé? Ne relève-t-il pas d'une imprudente hâte à comprendre? D'une époque à l'autre les problématiques évoluent, les éclairages changent. Se couler dans la pensée de l'autre, au prix des innombrables essais et erreurs que cela impose, est le seul moyen de savoir si l'absence d'un mot que nous aimerions trouver dans l'énoncé d'un Axiome doit être, ou pas, imputée au manque de rigueur.

Précisons d'abord la signification de cet écart entre changement et taux de changement. C'est l'analogue de celui qui existe entre la distance et la vitesse. La vitesse (lorqu'elle est constante) est comme la distance et inversement comme la durée du trajet. De même peut-on envisager une variation de vitesse et, à côté, cette grandeur que de nos jours on nomme accélération, qui est proportionnelle à la variation de la vitesse et inversement proportionnelle à la durée de cette variation.

Puisque Newton avait moyen d'exprimer une telle différence, faut-il penser qu'il aurait négligé de choisir la formulation juste ? Rien ne dit qu'il n'y a pas là, en effet, manquement à la rigueur. Toutefois, lorsqu'il s'agit de la rigueur dans la formulation, ce que l'on nomme précision du langage, les Principia offrent plutôt le spectacle d'un souci très poussé de cette qualité. Les phrases en sont même alourdies à l'extrême. L'abréviation y est rare, tout comme les symboles. Chaque fois qu'un énoncé justifie un élément de démonstration, sa référence est donnée. Le texte a été intégralement relu par son auteur. D'une édition à l'autre de nombreuses retouches ont été effectuées, de toutes dimensions : corrections de coquilles, ou au contraire refonte d'une démonstration ; ou, entre les deux, substitution à un mot d'un autre, jugé plus idoine. Dans ces conditions il paraît exclu que le texte d'un énoncé aussi important qu'un Axiome présente une négligence involontaire.

La vérité demande à être patiemment démêlée. Il y a bien erreur de la part de Newton, mais masquée avec une subtilité parfois si extrême qu'il est fort possible que lui-même ne l'ait pas perçue. Ses méandres mathématiques sont tels qu'il paraît impossible de décider s'il a été victime d'une illusion, ou s'il a cherché à faire accepter par son lecteur ce qu'il faut bien appeler une contradiction. Essayons de reconstituer, à partir des éléments déjà disponibles, la démarche par laquelle le penseur, en créant son concept de force, a pu produire cette contradiction et, peut-être, l'illusion de son absence.

Le principe par excellence de la mécanique est l'inertie. La notion newtonienne de force, celle de force imprimée, est à situer par rapport à l'inertie. Cette force est ce qui empêche un corps de conserver l'état inertiel qui est le sien, ou qui devrait l'être. A vrai dire, que l'effet d'une impression doive s'appréhender par le moyen d'une adjonction, plutôt que d'une combinaison, redonne de l'intérêt à la définition de la force comme cause du mouvement. Si un corps en mouvement reçoit, de l'impression d'une force, un second mouvement, celui-ci est tout aussi absolu que le premier, et leur adjonction produit un mouvement résultant lui aussi absolu. La force est bien cause d'un changement de mouvement, mais ceci n'est que la conséquence de son effet immédiat, qui est la création du deuxième mouvement. Newton peut se permettre de dire que la force imprimée est cause du mouvement. Ce point de vue n'est toutefois défendable que dans la mesure où la composition par adjonction l'est aussi. Pour qui n'est légitime que la composition par combinaison, l'effet réel de la force n'est pas un mouvement absolu, dans le cas qui nous occupe, mais relatif. Adoptons cependant, par commodité, le point de vue de Newton. L'impression d'une force, donc, engendre un mouvement.

Nous savons par la Loi II dans quelle direction cette génération se fait. Nous sommes laissés dans l'ignorance de la façon dont elle se fait quant au temps. Une force s'imprime-t-elle de manière purement instantanée ? L'action dure-t-elle, tant soit peu ? Si l'on s'en tient à l'idée d'une génération – ou d'un changement, peu importe – on voit mal comment pencher d'un côté plutôt que de l'autre. Si l'on se tourne vers la nature, elle répond qu'il n'y a pas à choisir. Certains phénomènes comportent des changements de mouvement qui se font continûment. Ainsi de la révolution d'un astre. Une planète, un satellite, ne vont pas en ligne droite, même si leurs mouvements peuvent être uniformes. C'est donc qu'une force s'exerce, dont l'effet est de produire la déviation. Et puisque cette déviation paraît se produire d'une manière continue, nous ne pouvons penser l'action de cette force que comme continue.

D'autres phénomènes offrent au contraire des exemples d'actions instantanées. Le prototype en est le choc des corps durs. Aucune durée n'est perceptible dans la sèche rencontre de deux billes d'acier. Il est bien entendu légitime de chercher à savoir, par d'habiles expériences et de scrupuleuses observations, si cette instantanéité ne relève pas de l'illusion sensorielle. A l'inverse peut-on raisonnablement se demander si la planète est bien continuellement détournée du mouvement droit. L'action qui a cet effet ne se produirait-elle pas discrètement, par petits coups si rapprochés qu'ils donnent une illusion de continuité ? Ce questionnement n'est pas de mise actuellement. Il ne s'agit pas de savoir si la réalité persiste à se conformer à nos schémas de pensée lorsque la perception s'en affine. On ne lui demande pour le moment que de suggérer les schémas à développer dans la théorie. Comment faut-il envisager, sous le rapport de la temporalité, la façon dont un corps est empêché de conserver son état inertiel ? Pour un certain degré de finesse dans la perception, la nature répond : tantôt instantanément, tantôt continûment.

Pour qui a décidé d'appeler « force » la cause du changement d'état, la conséquence logique à tirer est qu'il y a deux rapports possibles de la force au temps. Le théoricien se doit d'envisager que la génération du mouvement se produise dans l'instant, ou qu'elle requiert de la durée. Dans cette perspective il y a deux sortes de forces imprimées. Si l'on veut maintenir l'unité du concept, on préfère dire que la force peut s'imprimer selon deux modalités temporelles. Elle est coup ou poussée. Si la Loi II parle d'un changement du mouvement, sans évoquer la durée de ce changement, de cette génération, c'est que Newton a donné la priorité, dans son esprit, à l'action instantanée[1]. Il y voit, comme d'autres d'ailleurs, le modèle, le prototype de toute action sur un corps.

Newton ne nie pas qu'une action puisse durer, s'étaler dans le temps. Il estime seulement que la façon dont la force agit alors peut se décrire, mathématiquement parlant, à partir du cas typique d'une force agissant instantanément. L'idée est qu'une poussée continue doit se laisser résoudre en une succession de tout petits coups. Un passage à la limite doit permettre une liaison rigoureuse entre le discret et le continu. Ainsi voit-on Lois et Corollaires évoquer des actions de toutes sortes, mais surtout instantanées. Puis, dans la première Proposition du Livre I, s'effectue une première démonstration d'une propriété où le continu est appréhendé par passage à la limite, à partir du discret. Le reste du Livre en découle largement. Dans le second Livre, on trouve quelques rares nouvelles applications de la Loi II; elles relèvent presque toutes d'une semblable démarche.

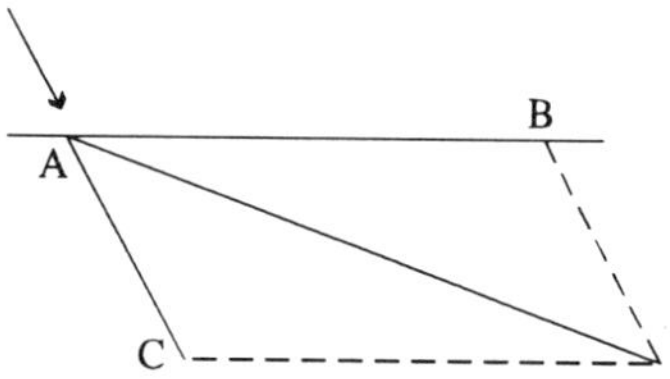

fig.70

Ainsi se précise, dès le départ, la manière dont agit une force sur un corps en mouvement. Si ce mouvement primitif est rectiligne et uniforme, de A à B, et si la force agit obliquement, le mouvement AC qu'elle génère est présenté comme rectiligne et uniforme lui aussi, et cela dès le premier instant. Concentrons-nous sur lui, le reste n'étant qu'adjonction. Lorsqu'un corps est au repos, l'effet d'une action instantanée est d'engendrer, dans l'instant, un mouvement, et donc une certaine vitesse. Immédiatement le corps va avec cette vitesse, en ligne droite et uniformément, puisque l'on suppose ici qu'aucune autre force

1. Voir l'annexe 2.

n'agit sur lui. Représentons les temps par la droite XY, et les vitesses par des hauteurs. L'action instantanée d'une force se traduit par le schéma suivant. Au temps T, le corps prend la vitesse TT', puis il la garde.

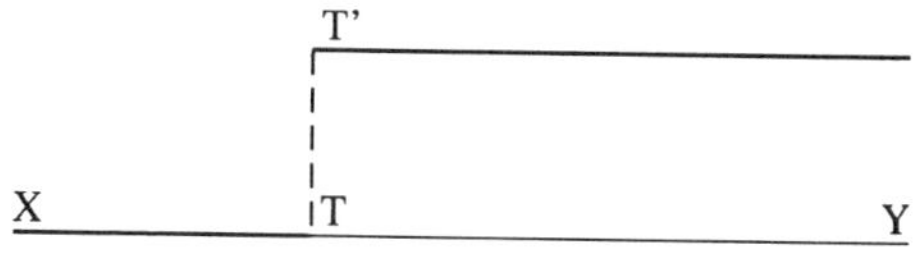

fig.71

Dès le Scholie des Lois Newton prétend montrer qu'une succession de telles actions se traduit par un mouvement uniformément accéléré, pendant le temps que dure l'action. Il ne s'agit pas vraiment d'une démonstration. Quelques points de repère sont jetés au lecteur, qui apprend à l'occasion que Galilée aurait démontré, par cette voie, que la gravité produit un mouvement uniformément accéléré. On a là un des premiers exemples d'une réécriture de l'histoire de la science moderne, un de ses premiers contresens. Galilée ne disposait pas de la Loi II, ni d'aucune autre qui lui ressemblât. Cette façon de se placer sous un si illustre patronage ressemble assez à l'invention d'une filiation imaginaire. Il s'agit donc en fait d'une démonstration nouvelle, et nous gagnerons, en la reconstituant, à la généraliser. Le propos est d'établir, à l'aide de la Loi II, que l'action uniforme d'une force, c'est-à-dire l'action continue d'une force constante, a pour effet un mouvement uniformément accéléré.

fig.72

Représentons par AZ une durée, et par AA' la vitesse acquise, dès le premier instant, sous l'effet de l'impression instantanée d'une force. Rien d'autre ne se produisant, le corps, auparavant au repos, va d'un mouvement uniforme. Supposons maintenant que la force soit impri-

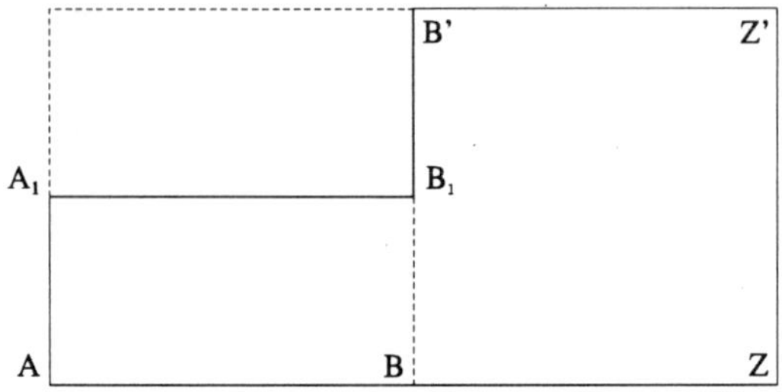

fig.73

mée en deux fois ; une première fois à l'instant initial, une seconde à l'instant médian B. Chaque fois on n'imprime au corps que la moitié de la précédente vitesse AA'. Le temps total AZ ni la vitesse finale ZZ' n'ont changé. L'espace total parcouru a diminué, d'un quart très exactement, comme le montre l'amputation subie par le précédent rectangle. Laissons les espaces pour ne considérer que les temps et les vitesses.

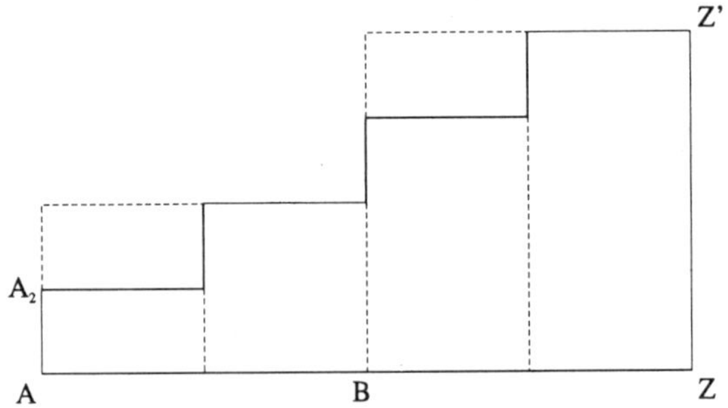

fig.74

On réitère l'opération de division. L'idée est toujours de provoquer la génération de la vitesse ZZ' dans le temps AZ, mais par des accroissements de plus en plus faibles. Pour compenser cette diminution de chaque « accélération », il faut qu'elles se produisent d'autant plus souvent. Si loin que soit poussée cette démultiplication, la force agit toujours par coups instantanés. Seul le passage à la limite peut transformer radicalement le phénomène : les instants deviennent contigus, l'action de la force devient continue.

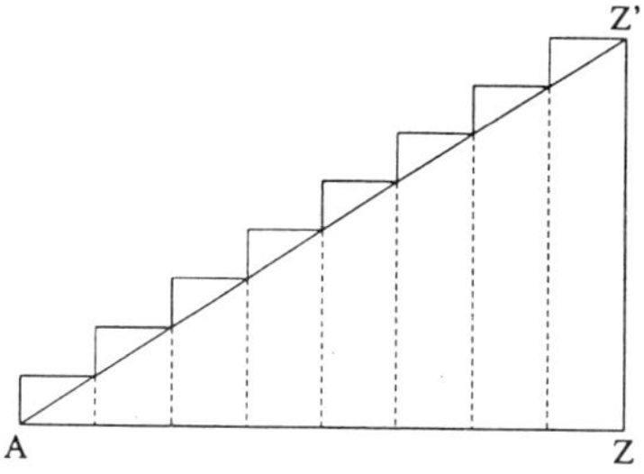

fig.75

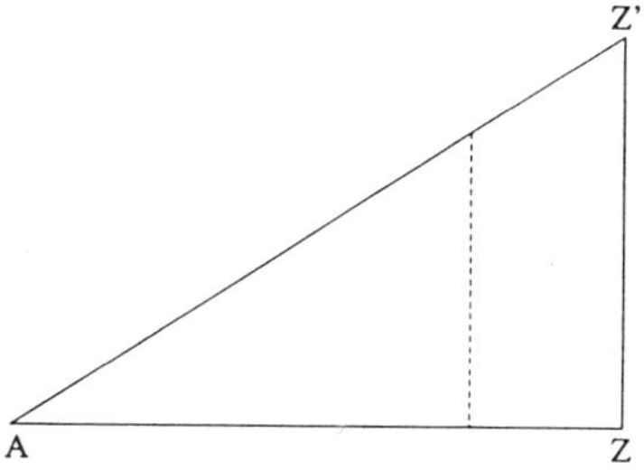

fig.76

Que deviennent alors les vitesses ? En nombre infini, elles sont toutes différentes les unes des autres, et la figure 76 montre quelle loi suit leur variation : les extrêmités des segments qui les représentent viennent s'aligner sur l'oblique AZ'. Par l'effet du passage à la limite, le mouvement devient uniformément varié, en même temps que l'action de la force s'en trouve étalée, lissée. Tel est bien le cas de la gravité, l'exemple par excellence.

La structure cachée des Principia

Jusqu'ici la Loi II a joué son rôle. Si la quantité de la force est donnée – motrice ou accélératrice, peu importe – si la durée du mouvement envisagé est donnée également, alors le mouvement est entièrement déterminé. L'analyse précédente montre que, l'impression de la force étant complètement étalée, le mouvement est uniformément accéléré. Le temps AZ et l'accroissement total de vitesse ZZ', proportionnel à la force, en déterminent les caractéristiques quantitatives. Les difficultés surgissent, ou devraient surgir, lorsque Newton veut parler de « force en un point ». Lorsqu'un corps tombe à proximité de la Terre, il choit plus vite pendant une seconde que si on le lâche d'un point élevé. Autrement dit la gravité perd de son efficace en altitude. Pour inclure ce genre de phénomène dans la théorie, Newton doit envisager des forces dont la grandeur varie avec le lieu. Par exemple, des forces qui varient en fonction de la distance du corps à un point donné de l'espace. Il ne définit pas la *force en un point*, mais il la cite, et l'utilise abondamment. Or il apparaît, la première fois qu'est citée cette quantité, qu'en vertu de la précédente analyse, c'est-à-dire en vertu de la Loi II, il y a proportionnalité entre la force en un point et l'espace que le corps parcourt du fait de son impulsion (pour une durée donnée)[1].

fig.77

Constatons d'abord que cette proportionnalité de l'espace à la force est évidente dans l'étape première, où toute la force est imprimée d'un coup. AZ, le temps, étant fixé, AA' représente la force, ou, aussi bien, la vitesse engendrée par elle. L'espace parcouru est représenté par le rectangle AZZ'A'. Son aire est bien proportionnelle à la hauteur AA'. Envisageons maintenant une étape ultérieure de la démultiplication.

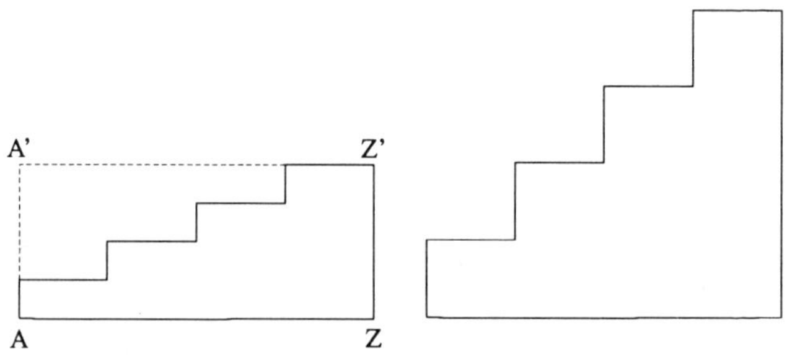

fig.78

La quantité de la force imprimée à l'instant initial est moindre. L'espace total parcouru pendant le temps total AZ n'en est pas moins proportionnel à cette force : si on la double, toute la figure se retrouve doublée en hauteur, y compris l'aire, qui représente l'espace parcouru (fig.78).

1. Voir l'annexe 3.

Tout change une fois effectué le passage à la limite: la force imprimée à l'instant initial s'est évanouie. Elle est nulle, comme elle l'est à chaque instant du mouvement uniformément accéléré. Il y a bien, à la fin du temps AZ, une vitesse finale ZZ', qui est en même temps accroissement, ou génération, de vitesse; il y a bien accroissement de quantité de mouvement, et donc impression d'une force, au sens de la Loi II. Mais cette force, complètement étalée quant à son action, ne s'appréhende que globalement. Au bout d'un certain temps, par exemple AZ, elle a produit une « accélération » ZZ'. A un instant donné, initial ou pas, l'« accélération » est nulle, et la force accélératrice avec. Envisager deux forces différentes, en tant que forces en des lieux différents, c'est annoncer des mouvements uniformément accélérés dans lesquels, pour une même durée, les vitesses finales engendrées sont différentes. Les forces au sens de la Loi II, les force

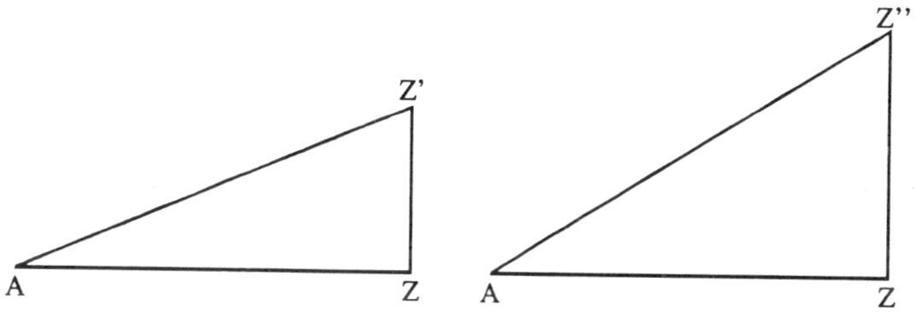

fig.79

totales imprimées pendant le même temps AZ, sont différentes, certes, et les espaces parcourus leurs sont proportionnels.

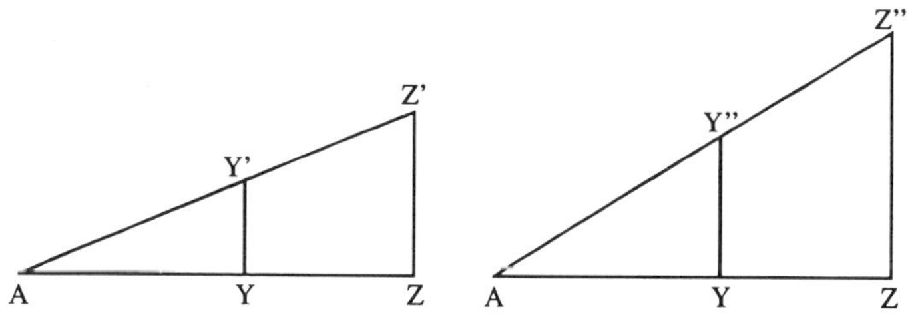

fig.80

Tout cela est si clair que l'on peut être tenté de s'en tenir à ces considérations. Ce serait oublier la part d'arbitraire que comporte le choix d'une durée AZ. Pendant AY, plus brève, l'accroissement de vitesse n'est que YY', ou YY''. La force dépend donc du lieu où le corps la subit, mais surtout du temps pendant lequel elle est imprimée. Tant que l'impression se fait tout d'un coup, à l'instant A, l'« accélération » est produite dans cet instant. Ensuite seul l'espace est proportionnel à la durée (fig.81). Quand l'impression est complètement étalée (fig.82), de l'instant A à l'instant Z, la force imprimée pendant AT est proportionnelle à cette durée, et l'espace parcouru pendant est comme le carré du temps.

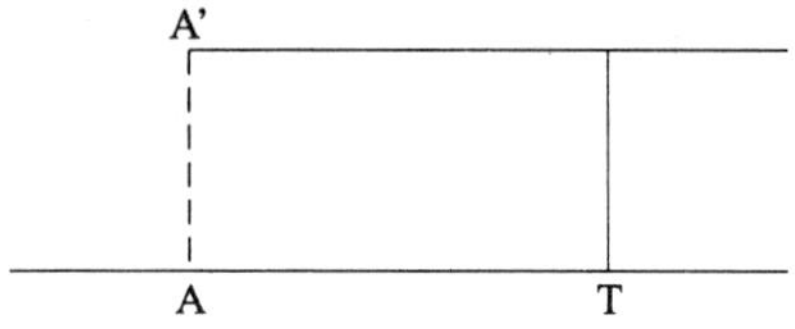

fig.81

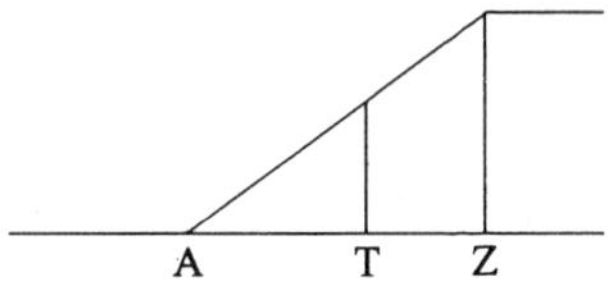

fig.82

Or, si l'on envisage deux forces imprimées à partir du même instant A, en deux lieux différents, ou plus généralement en deux circonstances différentes, il se peut que les durées de l'impression soient différentes, voires indéfinies. On va donc comparer deux telles forces par les « accélérations » qu'elles produisent en un même temps AT quelconque. Puisque TT' est à TT'' comme UU' à UU'', peu importe

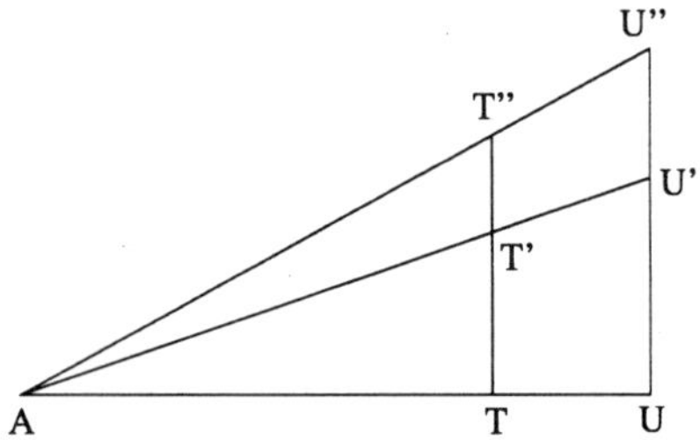

fig.83

que l'on compare les effets pendant AT ou pendant AU : le rapport des « accélérations » produites est le même. Mais l'objectif est de donner une caractérisation de ces deux forces qui soit indépendante de T. Là encore une proportion s'offre à ce dessein : UU' est à AU comme TT' à AT. C'est à ce rapport de TT' à AT (ou aussi bien de UU' à AU) que Newton donne le nom de *force en un point,* sans réaliser, semble-t-il, qu'il confond alors, sous la même appellation de « force », TT' et son rapport à AT. La force (en un point) se retrouve être proportionnelle à l'« accélération », et inversement proportionnelle à la durée de celle-ci.

L'introduction de la « force en un point », vite appelée « force », se fait sans définition, dans le cours d'une démonstration, donc dans la plus parfaite confusion, mais sous les apparences d'une parfaite limpidité. Dans cette démonstration, en effet, il ne s'agit que de dire : pour un temps donné, l'espace est proportionnel à la force. Or cette propriété est vraie, que la force soit celle de la Loi II, et qu'on l'imprime dans l'instant initial (fig.84) ; ou qu'il s'agisse de la force en un point (fig.85). Dans les deux cas, pour un même temps AT, ATT'(A') est à ATT''(A'') comme TT' à TT'' ; et puisque le temps est le même, le rapport des « accélérations » donne celui des forces.

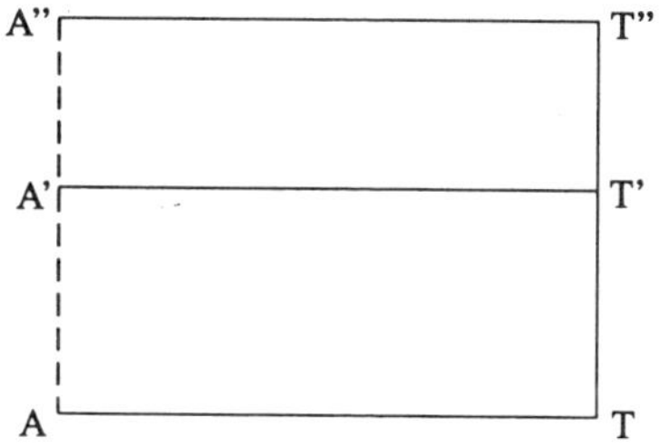

fig.84

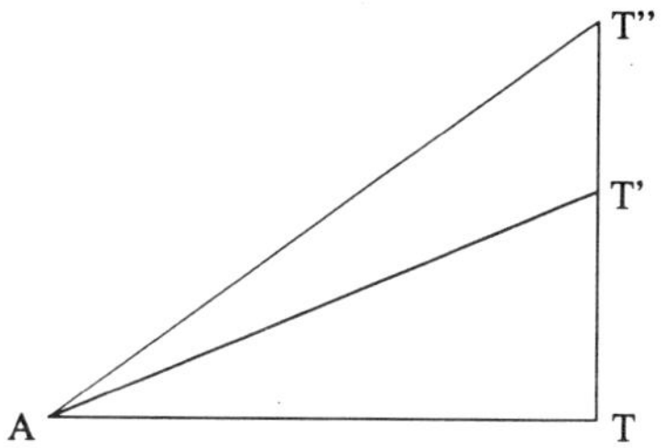

fig.85

Voilà pourquoi l'introduction de cette « force en un point » ne crée, sur le moment, aucun trouble. Elle pourrait en créer un sérieux lorsque, au lieu de fixer une durée, on vient à fixer la grandeur de la force. Car pour une force du premier type (celle de la Loi II) l'espace varie comme le temps. Pour celle du second type (la force en un point) l'espace varie comme le carré du temps. Dans la démonstration en question, Newton, voulant prouver cette dernière relation, est obligé de laisser la Loi II, et de faire appel à tout autre chose. Il tire le résultat souhaité des caractéristiques géométriques de la courbure de la trajectoire qu'il étudie. Il n'y a là qu'une façon, peut-être involontaire, de masquer l'impuissance de la Loi II, dès lors qu'il s'agit de traiter de la force du second type.

Ce basculement est d'importance, car la Proposition VI du Livre I, qui y donne lieu, est la clef d'une bonne part de l'étude des forces centripètes, celle qui mènera à la connaissance des orbites des astres.

Cette Proposition VI n'est pas la seule, certes, qui ait ce statut de nœud dans la théorie. En d'autres circonstances Newton a besoin d'évoquer une force telle que, si elle est constante, les espaces sont comme les carrés des temps. C'est le cas, en premier lieu, avec la gravité en un lieu donné : la « gravité uniforme » imprime des forces égales en des temps égaux. On reconnaît dans ces forces imprimées celles du premier type. Quand Newton vient à parler de cette gravité uniforme comme d'une force constante, il se sert du second sens de « force ».

Comme la Loi II ne concerne que la force au premier sens, Newton a évidemment besoin d'une autre loi, qui dise que, pour une force donnée et constante, l'espace est comme le carré du temps. Il ne saurait être question en effet de faire toujours appel à la courbure d'une trajectoire, comme dans la Proposition VI : il est des trajectoires rectilignes. Le second Axiome a besoin, en somme, d'être doublé par une loi IIbis, qui régente le second emploi de « force ». Un texte, mystérieux dans son isolement et son apparente clareté joue ce rôle : le Lemme X.

Cet avant-dernier Lemme de la Section I du Livre I est le seul où il soit question de force. Toute la Section est censée être purement mathématique, puisqu'y est exposée la géométrie de l'infinitésimal utilisée dans l'ouvrage. Le fait est que le Lemme X envisage une force susceptible de varier, et qu'un passage à la limite par glissement y a sa place. Mais si l'on extrait l'essentiel de ce qu'il apporte, la conclusion est : l'espace est proportionnel à la force et au carré du temps. Il s'agit donc bien d'une force du second type.

Comment cette loi IIbis est-elle démontrée ? Sans aucune allusion à la force ! Au passage à la limite près, la démonstration dit : d'après la figure ci-jointe, l'espace est comme la vitesse BB' et comme le temps AB ; or la vitesse est elle-même comme le temps ; donc l'espace est comme le carré du temps. On reconnaît là l'analyse partielle du mouvement uniformément accéléré. L'implicite est, bien sûr, que

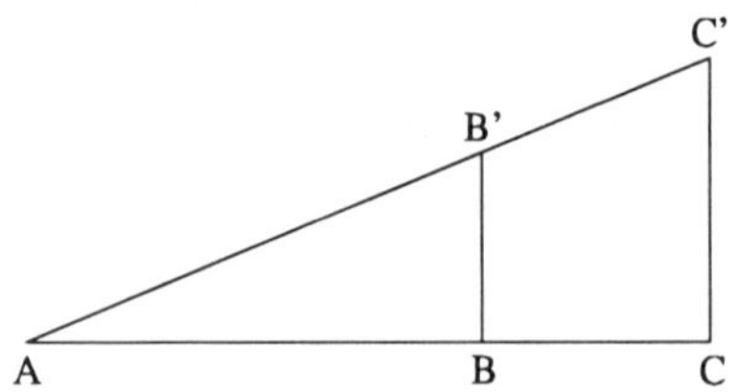

fig.86

l'hypothèse d'une force constante a pour conséquence la proportionnalité de la vitesse au temps : celle de BB' à AB. Cet implicite est donc la définition même de la seconde espèce de force, ou pour être exact, de la seconde espèce de quantité, accélératrice ou motrice, de la force.

La mécanique des Principia fait beaucoup plus appel à cette seconde force qu'à la première. Celle-ci correspond au phénomène du choc. L'autre est commode dès que la force dépend de la place du corps dans l'espace. Dans son mouvement, le corps passe continûment de point en point, et la force à laquelle il est éventuellement soumis est tantôt la même partout, tantôt différente d'un point à l'autre. Avec la seconde notion de force, Newton peut dire que la force dépend, par exemple, de la distance du corps à tel point. Avec la première, il faudrait donner la grandeur de la force en fonction de cette distance, et du temps pendant lequel on envisage son impression.

L'erreur n'est donc pas qu'un nouveau concept soit introduit : c'est un enrichissement, au contraire. L'erreur est de ne pas voir sa différence d'avec la force de la Loi II, ce qu'indique l'emploi du même mot. Il fallait deux noms différents, ce que la postérité a réalisé en appelant *impulsion* la force (motrice) de la première espèce, et en réservant *force* à la seconde. Le choix traduit l'importance reconnue à cette notion-ci. De même que le concept majeur est la force, et non l'impulsion, la loi fondamentale n'est plus la Loi II, mais plutôt son double, le Lemme X.

Au fond, Newton charge la Loi II de plus qu'elle ne peut porter. Il n'y évoque aucune durée parce que sa force doit pouvoir s'imprimer tout entière dans l'instant, lors d'un choc par exemple. Lorsque l'impression dure, la Loi II est censée parler de la force du second type, et il est fait comme si la précision sur le temps allait de soi. Ainsi s'expliquent certaines références[1]. Ainsi pourrait se comprendre que le Lemme X se donne des allures de théorème issu des Lois. Il n'en reste pas moins qu'énoncée comme elle l'est, la Loi II est un axiome de faible portée, parce que la force du premier type est moins utile que l'autre, celle qui agit continûment.

*

1. Par exemple, Proposition XXIV du Livre II (démonstration).

CHAPITRE 7

DU SIMPLE AU COMPOSÉ EN DYNAMIQUE

Les éléments de la mécanique ont été passés en revue. Il s'agit maintenant de s'orienter vers des connaissances plus particulières, afin de disposer des moyens de voir l'attraction universelle surgir des phénomènes astronomiques. Pour obtenir ces moyens il n'y a plus qu'à composer d'une certaine façon les éléments déjà acquis. Cela a été fait pour les corps : la constitution de systèmes a été envisagée au chapitre 3. Cela a été fait également pour le mouvement, d'un point de vue purement cinématique : la composition par combinaison a été exposée dans le chapitre 4, et la composition par adjonction dans le suivant. Maintenant que, par l'intromission de la notion de force, nous voilà en dynamique, d'autres compositions peuvent et doivent être pratiquées. Elles sont au nombre de trois. Elles concernent : les corps et leurs interactions ; la composition et la décomposition des forces ; le problème dynamique du changement de référentiel. Avant de s'y engager, peut-être serait-il bon de faire le point sur ce qui est simple, c'est-à-dire sur ce qui concerne un corps, soumis ou non à une force, et ce dans l'espace absolu.

Synthèse

Si le corps n'est soumis à aucune force imprimée, à aucune action extérieure, sa force d'inertie le fait persister dans le repos ou, s'il est en mouvement, dans un mouvement rectiligne et uniforme. Une force imprimée agissant sur lui, il quitte, le temps de cette action, son état d'inertie, pour en retrouver un autre dès après. Ce second état inertiel résulte de la composition du premier avec le mouvement donné au corps par la force (le mouvement absolu qu'elle lui donne, s'il est initialement immobile). Tous ces mouvements sont de translation, les rotations du corps n'étant pas prises en compte ici ; et ces translations sont très exactement les mouvements d'un point bien particulier, le centre de masse, aussi appelé centre de gravité.

La force imprimée est une action, caractérisée par son orientation et sa grandeur. Son orientation donne celle du mouvement induit dans le corps, celui qui vient s'adjoindre au premier s'il y a lieu. La grandeur de la force est proportionnelle à la vitesse engendrée, ou, ce qui revient au même, à la quantité de mouvement engendrée dans le corps. Mais l'impression peut se faire instantanément, comme elle peut durer. Dans le premier cas il n'y a rien de plus à dire de la vitesse générée. C'est instantanément que le corps prend un nouvel état inertiel, qu'il garde jusqu'à l'impression suivante.

En revanche, lorsqu'une force s'imprime continûment, durant un certain laps de temps, deux quantités peuvent être envisagées. L'une dite quantité première de la force, ou tout simplement force première, est la même que précédemment. Mais comme il s'engendre une vitesse d'autant plus grande que l'impression dure plus, il faut préciser, si l'on veut comparer les effets de deux forces, en combien de temps telle quantité de force se trouve imprimée. De même convient-il, pour une force donnée, de préciser comment s'accroît la vitesse. Le cas le plus simple est celui du mouvement uniformément accéléré, où la vitesse engendrée est proportionnelle à la durée de l'action. On peut alors parler d'impression uniforme. C'est le cas-type auquel on ramène tout autre par les vertus de la géométrie infinitésimale.

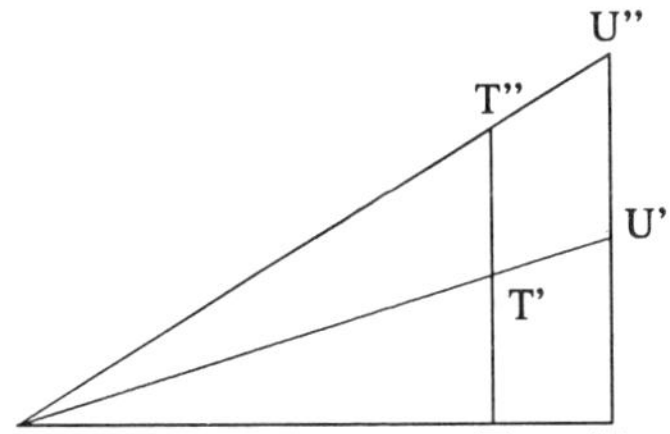

fig.87

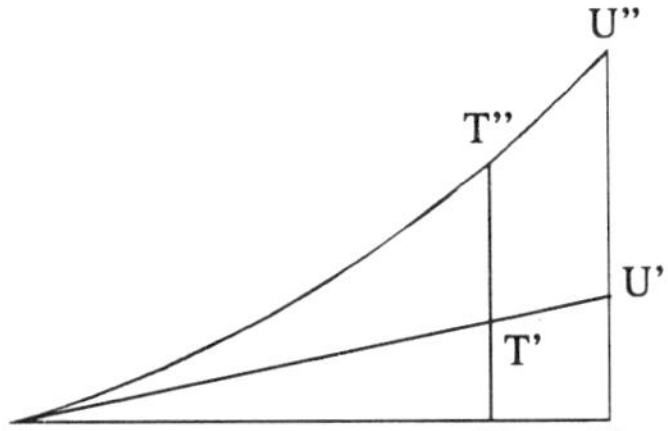

fig.88

La comparaison de deux forces à impression continue doit se faire sur un même intervalle de temps pour être significative. Si leurs impressions sont uniformes, n'importe quelle durée peut servir à la comparaison : le rapport d'une quantité accélératrice à l'autre est constant (fig.87 : TT' est à TT" comme UU' à UU"). Il n'en va pas de même si l'une au moins des actions n'est pas uniforme (fig.88). Il faut alors comparer les rapports instant par instant, ou du moins disposer de la loi qui régit la variation de ce rapport. Tenons-nous en au cas simple de l'uniformité. Dans ce cas, mais dans lui seul, la connaissance de la quantité accélératrice produite en un temps donné peut s'obtenir à partir de deux autres : celle de la durée et celle d'une nouvelle grandeur, indépendante, elle, du temps, et que nous nommons, faute d'une meilleure appellation, quantité seconde de la force, ou force seconde.

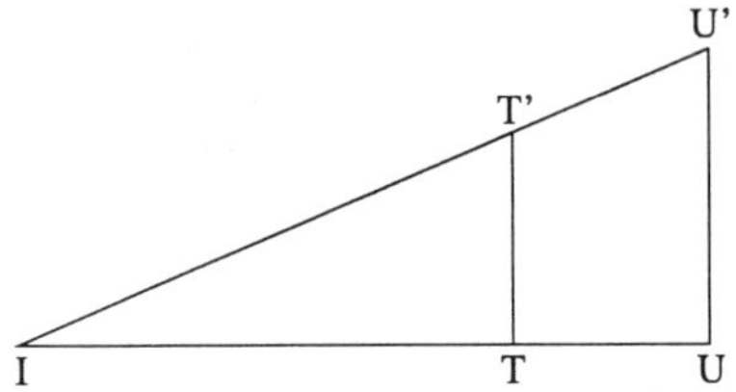

fig.89

Dans la représentation graphique elle est le rapport, constant, de la force première (TT', UU') à la durée d'impression (IT, IU). Pour être exact il faut dire qu'elle est le rapport de la longueur du segment TT' à la longueur du segment IT, puisque force et temps sont, elles, des grandeurs hétérogènes. Toutefois, si l'on décidait de bousculer cette vénérable tradition du cloisonnement des grandeurs, on aurait là le moyen le plus naturel de le faire. Grâce à la représentation des grandeurs en jeu par des grandeurs géométriques homogènes entre elles, on pourrait envisager le rapport de la force première (TT') à la durée de son impression (IT) et en faire la définition de la force seconde. Mais il est encore un peu tôt. Tout comme la vitesse instantanée, la force seconde tire son existence du graphique même.

Ce n'est que par commodité que l'on ajoute au concept de force première celui de force seconde. Rappelons la situation de celle-ci : elle est la quantité accélératrice seconde d'une force qui agit continûment. Dans la définition esquissée ci-dessus, et qui manque dans les Principia où elle se confond avec la force première, la force seconde est constante. Elle est en effet un rapport qui doit sa constance à l'uniformité que l'on a supposée à l'action. Cette hypothèse d'uniformité est que la vitesse générée depuis le début de l'impression est proportionnelle à la durée de celle-ci. Dans un langage plus galiléen, on peut dire qu'en des temps égaux il se fait des accroissements de vitesse égaux (fig.90). Si l'impression n'est pas uniforme, un passage à la limite permet de parler de la force seconde, non plus sur un intervalle de temps IU, mais à l'instant I. Dans sa variation (fig.91) la vitesse TT' produit une

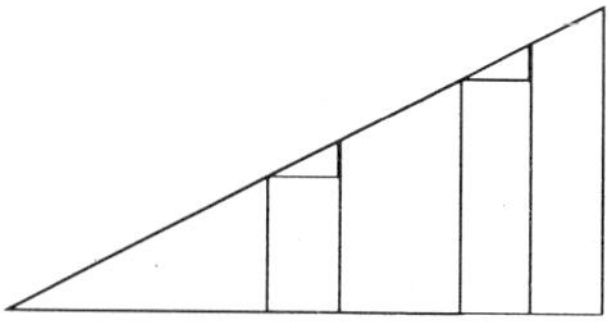

fig.90

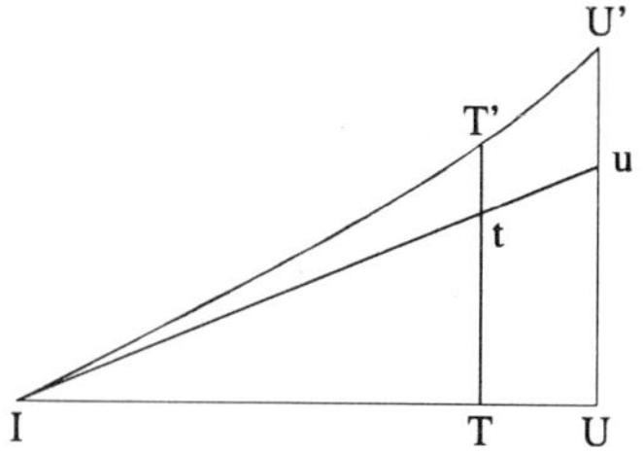

fig.91

courbe IU'. Traçons la tangente Iu à cette courbe, c'est-à-dire la droite qui la touche en I, faisant avec elle un angle nul. Si IT s'évanouit, et avec lui It, IT', Tt et Tt', le rapport de TT' à Tt ne s'évanouit pas : TT' et Tt, dans leur disparition, tendent à être égaux. Cette égalité à la limite incite à appeler « force seconde à l'instant I » le rapport de Tt à IT, ou mieux, celui de Uu à IU. C'est la force seconde de ce mouvement uniformément accéléré que l'on pourrait qualifier de *tangent* au mouvement envisagé. Le mouvement tangent ne réalise donc qu'une approximation de l'autre, mais d'autant moins fausse que l'on envisage une durée plus brève. C'est par ce genre de considérations que Newton peut appréhender mathématiquement les mouvements provoqués par les forces les plus diverses.

L'exemple princeps de la force constante, de la force seconde constante, est celui de la gravité. Galilée l'a affirmé, à sa manière, et des expériences l'ont confirmé, à tout le moins pour un lieu donné. A titre d'exercice, voyons comment s'obtient le mouvement d'un projectile lancé horizontalement. On suppose que les distances parcourues

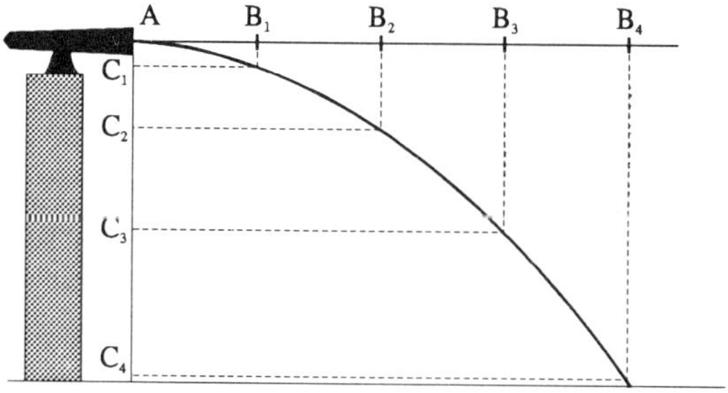

fig.92

sont assez faibles pour que la Terre apparaisse comme elle apparaît à tout terrien de bon sens: plate. On fait abstraction, aussi, de la résistance de l'air. Un corps est lancé horizontalement, c'est-à-dire parallèlement à la ligne d'horizon. S'il n'avait pas de poids, il continuerait en ligne droite, d'un mouvement uniforme. Mais comme la gravité agit partout sur lui, donc continûment, et comme elle est partout la même, le corps subit une action uniforme, de haut en bas. Il reçoit donc un mouvement uniformément accéléré vertical. Représentons par C_1, C_2, C_3, etc. les positions lors d'une simple chute. De même B_1, B_2, B_3, sont les positions, simultanées aux précédentes, du mouvement inertiel virtuel. Par une adjonction point par point de ces deux mouvements on obtient la trajectoire réelle, qui est une parabole. Telle est la démonstration que Galilée, déjà, avait produite[1].

Newton, terrien au long regard, pose la question suivante. Que devient cette parabole si le projectile est lancé de si haut, et si loin, que les lignes verticales B_1D_1, B_2D_2, etc., toujours dirigées vers le centre de la Terre, ne soient plus parallèles entre elles? Pis: qu'arriverait-il si le boulet, lancé trop fort, passait derrière la Terre?

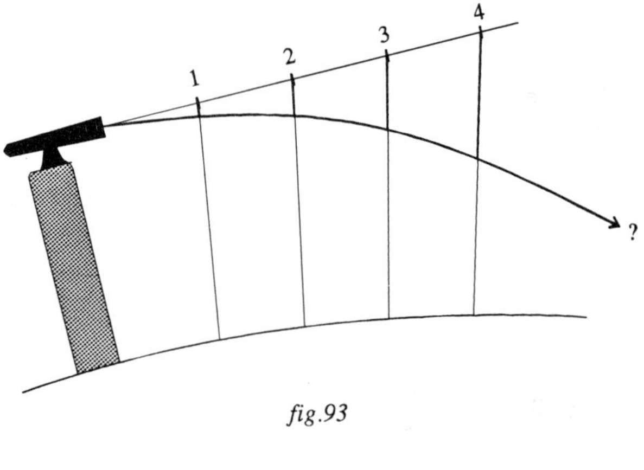

fig.93

Deux corps

Le troisième et dernier Axiome fonde les interactions, c'est-à-dire les actions de plusieurs corps entre eux, ou encore les actions intérieures à un système. Mais les intentions de son inventeur sont

1. Galilée, *Discours concernant deux sciences nouvelles*, quatrième journée.

multiples, peut-être même trop diverses pour y pouvoir vraiment tenir ensemble.

Loi III : La réaction est toujours égale et contraire à l'action ; ou encore, les actions mutuelles de deux corps sont égales et dirigées en sens contraires.

Cet énoncé tout simple n'a guère plus d'évidence que les autres. S'il est d'expérience commune que celui qui tire un fardeau ressent une traction venue de ce dernier, pourquoi, si A attire B à distance, à la manière des aimants, B devrait-il obligatoirement attirer A ? A supposer même que l'expérience confirme toujours et en tout point cet énoncé théorique, sa nécessité est loin de s'imposer à l'esprit. A vrai dire, présente-t-il même une clareté conceptuelle égale à celle des deux premières Lois ? Sur « réaction », la précision qu'il fallait donner est donnée dans le texte. Il n'y a aucune antériorité véritable de l'action sur la réaction. La situation est toute symétrique. Un des deux corps ne peut agir sur l'autre sans que le second n'agisse sur le premier ; et, pourrait-on ajouter, en même temps.

Mais si la réaction n'est qu'une action, que faut-il entendre par ce mot-ci ? On ne saurait le confiner à son sens vulgaire. La réaction est dite égale à l'action. Ce sont donc des forces imprimées, des actions en tant que grandeurs. Quant à savoir de quel genre de quantité il s'agit dans la Loi III, son commentaire le précise. On ne sera pas étonné d'apprendre que ces actions peuvent être instantanées aussi bien que continues. Et en effet, dans un choc, chaque corps agit sur l'autre. On ne sera pas trop surpris de ce que les actions soient, en grandeur, des quantités motrices et non accélératrices. Lorsqu'une force agit sur un corps, abstraction faite de toute autre considération, masse, quantité de mouvement et force motrice sont des notions inutiles à prendre en compte. La Loi II pourrait fort bien s'énoncer : le changement de la vitesse est proportionnel à la force accélératrice imprimée, etc. Ce n'est que dans la considération d'un système que le concept de masse prend son sens. Aussi en va-t-il de même pour la quantité de mouvement et, partant, pour les quantités motrices des forces imprimées, instantanées ou continues, premières ou secondes. C'est donc la Loi III, et elle seule, qui donne leur intérêt à ces notions.

Le Scholie des Lois, passées les illustrations des deux premiers Axiomes par chute des corps et mouvement des projectiles, s'attarde longuement sur le troisième, son sens et son accord avec l'expérience. Après l'hommage à Galilée, c'est la révérence tirée à ces illustres géomètres, plus récents, qui ont étudié les lois suivies par les corps qui s'entrechoquent, Huygens, Wren, Wallis, Mariotte[1]. Newton leur attribue l'usage de cette troisième Loi du Mouvement dans leurs recherches. Il ne leur en attribue pas expressément la formulation, et à vrai dire il faut comprendre que la formulation que lui-même en donne est une réécriture d'un des principes qu'ils ont pu être amenés à employer. Ce principe a pris le nom, depuis, de conservation de la quantité de mouvement. Ce qu'un des deux corps gagne en mouvement, l'autre le perd. Or perdre, c'est gagner en sens contraire. Il y a bien des générations égales, et en sens contraires, de quantités de mouvements; il y a bien forces motrices égales et opposées.

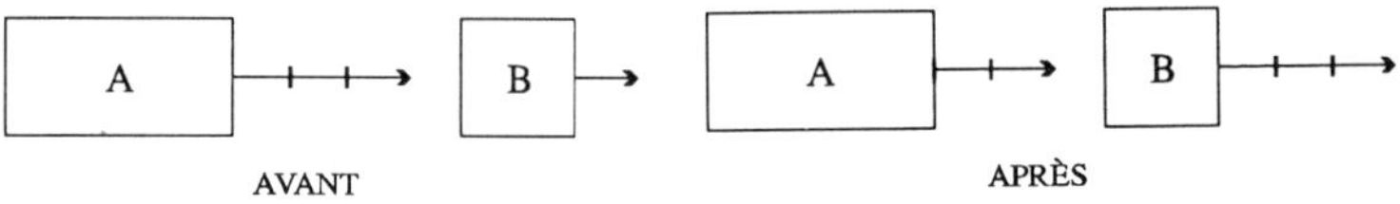

fig.94

Soient, par exemple, deux corps A et B, A double de B en masse. A suit B avec une vitesse triple. Il a donc six fois plus de mouvement. Admettons que l'effet du choc soit le suivant: A continue du même côté, mais il perd un tiers de sa vitesse. Ce qu'il communique à B n'est pas ce tiers de vitesse, mais la quantité de mouvement définie par ce tiers de vitesse. A perd, avec le tiers de sa vitesse, le tiers de sa quantité de mouvement. A perd donc un mouvement que B reçoit intégralement; et qui est le double de celui que lui, B, avait avant le choc. Comme la masse de B ne change pas plus que celle de A, cette augmentation de quantité de mouvement pour B, ce triplement, est aussi triplement de la vitesse (la figure 95 représente les vitesses horizontalement et les masses verticalement). La Loi III dit, de façon tout à fait

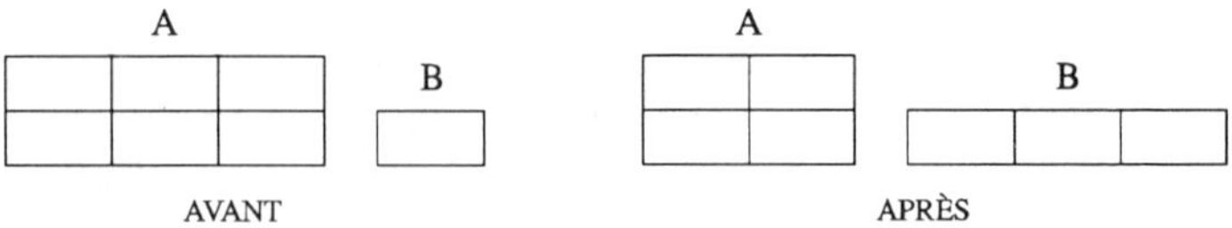

fig.95

1. La Royal Society mit au concours la question des lois du choc en 1666. Des solutions furent proposées par Christoper Wren (1632-1723) l'architecte de Saint-Paul, et par le mathématicien John Wallis (1616-1703); Huygens composa à cette occasion les « Règles pour le mouvement dans la rencontre des corps » (tome XVI des *Œuvres complètes*). On doit à Mariotte un *Traité de la percussion* (1673).

équivalente, que la force motrice imprimée à B vers la droite est égale à celle que la résistance de B imprime à A vers la gauche. L'une a pour effet une augmentation du mouvement; celui de l'autre est un changement en sens contraire, ici une diminution du mouvement. Représentons ces quatre quantités de mouvement (fig.96). On peut du même coup représenter les quantités des forces motrices qui ont causé les changements: elles sont égales et de sens contraires (fig.97).

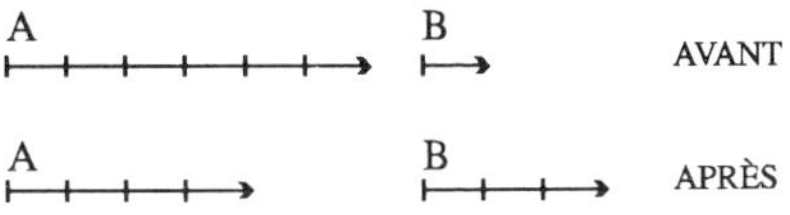

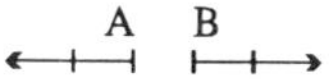

fig.96 *fig.97*

Newton se distingue donc de ses contemporains en ce qu'il met en avant les forces, c'est-à-dire les causes des changements, et qu'il le fait en mathématicien: elles ont, outre un sens, un grandeur. Il se distingue ensuite en appliquant la même idée aux impressions continues. Si A agit sur B, par exemple par une attraction, uniforme ou pas, la force motrice première imprimée par A à B, pendant un certain temps, est égale à celle que B imprime à A. Cela pourrait se montrer, par un passage à la limite réalisant l'étalement complet des actions sur la durée envisagée. Là encore Newton passe du cas de la force première à celui de la force seconde sans expliciter la démarche. Lorsque des corps s'attirent, à chaque instant les forces motrices secondes par lesquelles ils interagissent sont égales. Quoique la démonstration n'en soit pas donnée, elle aurait pu l'être. Le seul véritable défaut reste l'absence de définition de la force seconde.

Ce passage de l'instantané au continu – conforme à l'esprit général des Principia – se fait donc grâce à la confusion de deux forces sous un même nom. Mais puisque force première et force seconde, ici motrices, sont toutes deux appelées « la force », puisque ce mot sert dans les deux premières Lois du Mouvement, pourquoi ne figure-t-il pas dans l'énoncé de la troisième ? Pourquoi revenir à « action », qui a le défaut d'une moindre précision par rapport à « force motrice » ? La fin du Scholie des Lois donne une réponse inattendue : c'est pour permettre un nouveau glissement de sens qu'une dénomination assez précise est remplacée par un mot jamais vraiment défini.

« Action » avait jusque là son sens courant. L'action est une notion première de la mécanique. Cette science part de ce qu'il y a des corps, des états cinématiques et des actions sur ces corps. La force imprimée est le nom donné par Newton à une telle action, lorsqu'il en vient à lui accorder, outre une orientation, une grandeur. Au point que « force » lui sert au moins autant à désigner une quantité que l'action elle-même. Or voici qu'« action » recoit un sens nouveau, tout en fin de Scholie, un sens quantitatif. Il faut estimer l'action *par la force et la vitesse ensemble*. L'action se présente alors comme une nouvelle grandeur, proportionnelle à la fois à la force et à la vitesse. On l'avait identifiée à la force seule, perçue comme quantité motrice. Toute l'interprétation de la Loi III jusqu'ici développée serait-elle erronée ? Le commentaire venant de Newton lui-même, on ne peut aller par là. C'est le troisième emploi qu'il fait de cette Loi qui donne la clef de ce que son énoncé a d'étrange, et d'apparemment arbitraire. Elle est destinée à régir plus que les phénomènes de choc, de poussée et de traction, c'est-à-dire toute la dynamique des interactions. Elle prétend aussi servir de fondement à la statique, science de l'équilibre et, au-delà, science des machines simples, sciences des *méchaniques*.

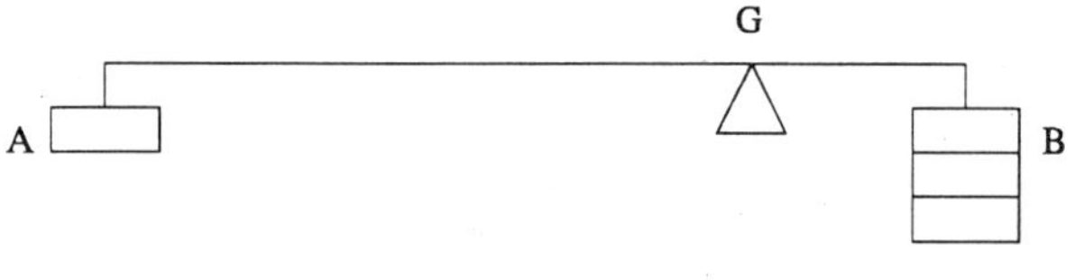

fig.98

On sait depuis l'Antiquité qu'un levier, ou balance à bras inégaux, est en équilibre lorsque les poids sont inversement comme les longueurs des bras. Pour une telle configuration, un petit mouvement se traduit par une montée de l'un des corps et une descente de l'autre. L'arc de cercle que chacun décrit peut être remplacé par une verticale, bien que ce soit une inexactitude, parce que l'erreur ainsi commise est d'autant moindre que l'inclinaison envisagée est plus faible. Cela

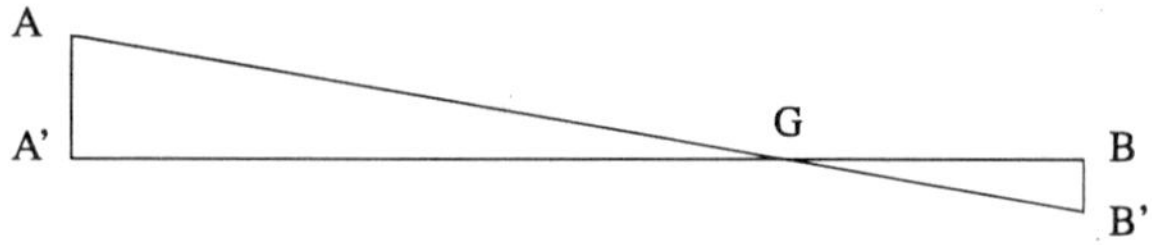

fig.99

permet de voir en AA' et BB' des vitesses, tout autant que des déplacements. En effet, les mouvements des deux corps se produisent simultanément. Comparer les trajets AA' et BB', relatifs à une même durée, c'est comparer des vitesses. Et comme la géométrie de cette configuration fait que les trajets AA' et BB' sont proportionnels aux bras CA et CB, on a finalement que les vitesses sont comme les bras, c'est-à-dire inversement comme ces forces que sont les poids. Tout cela était bien connu dès l'orée du XVIIe siècle.

Appeler « action » une quantité proportionnelle à la force et à la vitesse conjointement, c'est mettre en évidence une quantité maintenant connue sous le nom de « moment ». Le moment, en effet, est proportionnel au poids et au bras, ce qui revient au même. De nos jours, on dit que l'équilibre est atteint lorsque les deux moments sont égaux. Les appeler « action » et « réaction » est la voie par laquelle Newton tente de faire rentrer cette loi fondamentale de la statique dans le cadre d'un principe plus global. Mais il lui faut pour cela montrer l'unité qui préside aux deux champs, la dynamique et la statique. Car l'action est bien, dans sa statique, proportionnelle à une force et à une vitesse, comme notre moment. Mais en dynamique actions et réactions sont toujours les forces elles-mêmes ; jamais les vitesses n'y jouent ce rôle.

L'accord se fait, plutôt mal que bien d'ailleurs, grâce à la proportionnalité affirmée entre la force d'inertie et la masse[1]. Cette proportionnalité, affirmée sans justification, reçoit ici son unique application. Reprenons le principe du levier : à l'équilibre les poids sont inversement comme les vitesses virtuelles. Puisque les poids sont proportionnels aux masses, et donc aux forces d'inertie des deux corps, on peut dire aussi que les vitesses sont inversement comme les forces d'inertie. Or, si l'on perçoit l'action comme proportionnelle à la vitesse et à la force d'inertie, alors l'action et la réaction sont égales, d'une certaine manière, dans le phénomène du choc. En effet, chaque corps y reçoit le même mouvement, dans des sens différents. Les vitesses engendrées sont donc inversement comme les masses, c'est-à-dire comme les forces d'inertie. Cette analogie d'un choc avec une balance en équilibre ne tient debout que par la proportionnalité de la force d'inertie à la masse, et donc au poids. Celui-ci, véritable force agissant en statique, se trouve ainsi assimilé dans le choc à une force qui n'en est pas une, c'est-à-dire qui n'est pas une force imprimée. On peut se demander si la présence de la force d'inertie dans les *Principia* n'est pas entièrement subordonnée à cette tentative d'identification assez artificielle. Passé le Scholie des Lois, on ne trouve plus « action » dans le sens de moment.

1. Définition III. Voir page 61.

Si cette tentative d'intégrer la statique de l'époque à la mécanique rationnelle est finalement plus verbale que réelle, l'essai n'en demeure pas moins honorable. Il est curieux de constater que « action » ayant repris ensuite le seul sens de force motrice, on continue de nos jours d'évoquer en ces termes l'égalité de l'*action* et de la *réaction*.

Laissons cet essai d'unification de la « méchanique » pour le seul domaine dynamique. Quel que soit le mode d'impression, continu ou instantané, le sens profond de la Loi III est l'inertie. Celle des systèmes, plus exactement. La Loi I dit qu'un corps isolé reste en état inertiel. La Loi III permet d'établir qu'il en va de même pour un système isolé : son centre de masse reste immobile, ou garde son mouvement rectiligne uniforme, malgré les éventuelles interactions de ses parties entre elles. Cela est établi dans le Corollaire IV des Lois. Newton y fait lui-même cette remarque que la loi d'inertie se trouve ainsi étendue des corps aux systèmes. C'est là un pas de plus dans l'identification des corps et des systèmes de corps. Jamais auparavant l'idée d'inertie n'avait reçu une formulation aussi complète et précise. Et Newton l'a sans doute conçue dans toute son ampleur avant de voir que la Loi III permet de l'étendre des corps aux systèmes. La démonstration du Corollaire IV, en dépit de sa longueur, se révèle d'ailleurs incomplète. Jetons un simple coup d'œil à ce qui en fait l'essentiel[1].

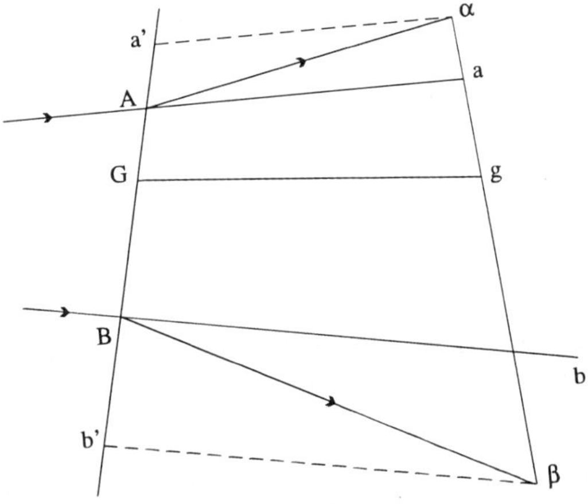

fig.100

1. Voir l'annexe 5.

Deux corps A et B se meuvent avec des vitesses Aa et Bb. Leur centre de masse commun G a lui aussi un mouvement inertiel, de vitesse Gg. A un instant donné, A agit sur B, et donc B agit sur A. Les forces motrices sont égales : les quantités de mouvement engendrées étant égales, les vitesses engendrées sont inversement comme les masses. Sur cette figure ce sont Aa' et Bb' ; leurs orientations montrent que ce sont des répulsions. On compose ces mouvements ainsi produits avec les anciens. On démontre que les nouveaux mouvements, Aα et Bβ sont tels que G se déplace toujours sur Gg, avec la même vitesse. C'est affaire de géométrie. Celle de Newton n'était pas assez raffinée pour qu'une démonstration unique reunît les nombreux cas de figure possibles en un seul.

Quant aux règles des chocs, dont on pourrait espérer qu'elles découlent des Lois du Mouvement, on ne les trouve pas dans les Principia. Les neveux de Newton et de Leibniz les ont soigneusement établies depuis, à l'aide de la notion supplémentaire de force vive. Son absence dans les Principia n'est pas la vraie raison de l'échec de Newton dans ce domaine. Car c'en était un, à l'époque, qu'une mécanique qui se voulait théorie complète du mouvement ne pût déduire de ses principes les mouvements qui sortent d'une rencontre. La raison de cet échec est à chercher dans la conception même du choc : les corps y sont parfaitement durs, l'interaction y est instantanée. Or Newton ne pouvait démontrer le théorème des forces vives, ou son équivalent, que pour une action continue. Ses successeurs s'en sont sortis en abandonnant l'hypothèse de parfaite dureté[1].

Deux forces[2]

Lorsque deux forces sont imprimées simultanément à un même corps, elles produisent le même effet global que si une seule était appliquée, construite à partir des deux autres par la règle du parallélogramme. Telle est la règle de composition des forces. Newton la déduit de la composition des mouvements. AB représente la première force accélératrice, AC la seconde. Les deux sont supposées être imprimées simultanément. Elles engendrent des vitesses qui leur sont proportionnelles. AB et AC peuvent donc aussi représenter les trajets virtuels parcourus par le corps en un même temps. Par adjonction on a le mouvement réel AD. Ce trajet représente donc aussi la vitesse engendrée

1. On opposait jadis le choc des corps durs à celui des corps élastiques. De nos jours ce sont les chocs qui sont qualifiés d'élastiques ou de mous.

2. Voir les Corollaires I et II des Lois.

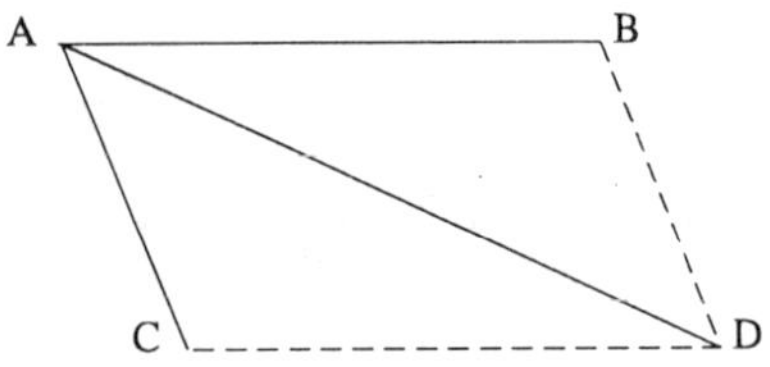

fig.101

par l'action des deux forces réunies. C'est pourquoi il représente la force accélératrice qui, unique, produirait le mouvement résultant. Du cas de l'impression instantanée on pourrait passer à celui des forces premières en impression continues, et de là à celui des forces secondes.

Enfin, tout comme pour les mouvements, les forces peuvent à l'inverse se décomposer : AD en AB et AC ; ou en AB et BD si l'on préfère cette représentation. Comme pour les mouvements, le choix de B est alors arbitraire. Une fois donnée AD, il en existe une infinité de décompositions différentes. On en verra prochainement une première application.

Deux espaces

Les mouvements produits par les forces, les états modifiés par elles, étaient tous absolus jusqu'à présent. Un habile mathématicien pourrait peut-être continuer dans cette voie, composant à l'envie forces et mouvements absolus, pour toutes sortes de corps et de systèmes. Il se trouve que, par simple commodité, dans des études théoriques, on a parfois avantage à utiliser un référentiel relatif. Mais ce ne serait pas une raison suffisante pour étudier les espaces relatifs. Il en est une, plus impérieuse, qui est que certaines observations sont plus parlantes lorsqu'on les ramène à certain espace relatif. Si parlantes, parfois, qu'on souhaiterait que cet espace fût absolu, pour pouvoir tirer légitimement des déductions de ces observations. Comme cela n'est pas, on souhaite disposer au moins de règles permettant de déduire ce qui peut l'être de l'observation de mouvements relatifs. Au-delà de ce problème assez technique, c'est la question cosmologique qui est posée. La Terre se meut-elle, ou bien est-ce le Soleil ? Qui suivre de Copernic et de Brahé ? Demander si la Terre se meut c'est demander si l'espace qu'elle sert à définir (comment, d'ailleurs ?) est absolu ou relatif. De façon équivalente : les mouvements que nous établissons par rapport à nous, qui sont ceux de la Lune, du Soleil ou du moindre caillou qui tombe, sont-ils absolus ou relatifs? Telle est la première raison de reprendre le problème du changement de repère.

Ce problème a été abordé, et un peu traité, au chapitre 4. Il était alors purement cinématique. Les mouvements étaient étudiés selon leurs types, leurs directions, leurs vitesses. Ils n'étaient pas mis en relation avec des forces, aussi l'espace absolu n'était-il d'aucune utilité. Lorsqu'ont été combinés le mouvement d'un mobile M par rapport au référentiel *R*, et celui de *R* par rapport à *R'*, les natures de *R* et de *R'* n'avaient pas à être précisées. Tous deux pouvaient être relatifs, tout comme l'un d'eux pouvait être absolu. Cette indifférence n'est plus de mise. Nous désignerons maintenant par *R'* un référentiel de l'espace absolu, et par *R* un référentiel relatif. Le problème dynamique de la relativité spatiale est celui de l'usage de *R* pour connaître les forces, par les mouvements relatifs, puis pour en déduire d'autres mouvements.

Dans ce domaine les Principia n'offrent aucun exposé méthodique. Ce qui touche à la question cosmologique est traité. Mais pour le reste, le problème dynamique de la relativité n'est même pas posé dans toute sa généralité. Il est traité au fur et à mesure que les problèmes particuliers se posent en astronomie, par des méthodes plus ou moins rigoureuses. De nos jours, où la théorie générale existe enfin, on peut étudier le cas où *R* est en translation, celui où il est en rotation, et la combinaison des deux (les cas les plus compliqués se laissent ramener à elle). Chaque fois, on donne la force qui agit, éventuellement, sur le corps, ainsi que le mouvement de *R* dans *R* '. On fait alors la liaison du mouvement absolu du corps à son mouvement relatif. Par rapport à ce qui, après coup, est un programme, Newton s'oriente un peu différemment. Il aborde bien le cas de la translation inertielle de *R*, ainsi que, quoique de façon un peu étroite, celui des autres translations . Tout ce qui est rotation, en revanche, fait problème, et les concepts mêmes qu'il y emploie sont sujets à caution. Certains résultats particuliers sont tout de même bien établis[1]. Mais dans tous les cas, là où nous donnons une force et un mouvement, Newton part des seuls mouvements, celui de *R*, ceux du mobile, et il cherche des forces. Telle est du moins l'orientation générale.

Les phénomènes de rotation relèvent du chapitre suivant. Contentons-nous d'une approche du cas de la translation, inertielle ou pas. Supposons d'abord *R* en translation rectiligne et uniforme. Si le corps M est lui-même en état inertiel par rapport à *R*, il l'est aussi par

1. Voir l'annexe 6.

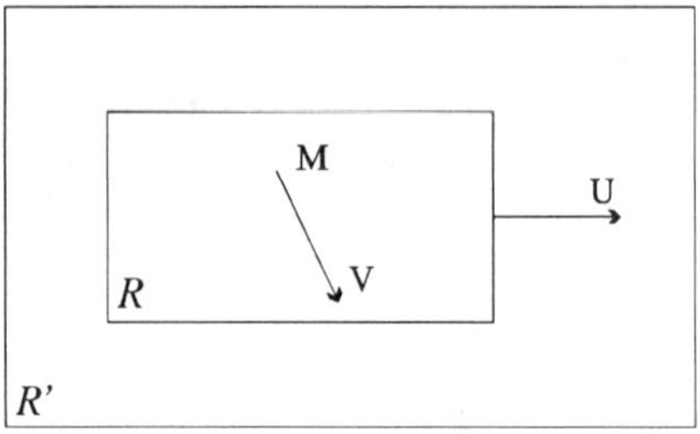

fig.102

rapport à *R* '. Cela a été vu au chapitre 4. La raison en est toute cinématique, c'est-à-dire, dans le fond, géométrique. *R* étant toujours en translation inertielle, le corps peut aussi être soumis à une force à un certain instant, ou à partir d'un certain instant. La question est de savoir ce qu'il advient du mouvement relatif. La conclusion de Newton, bien vue, quoiqu'aussi mal démontrée qu'énoncée, est que les changements qui se font dans le mouvement relatif sont exactement ceux que produirait la force si *R* était au repos. Illustrons cet important résultat, objet du Corollaire V des Lois, par un cas simple mais suffisant.

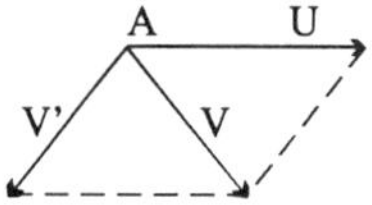

fig.103

R a une vitesse U vers la droite. M, d'abord au repos absolu, reçoit l'impression instantanée d'une force, connue donc comme force première. Une vitesse absolue V lui est ainsi donnée et, en même temps, une vitesse relative V'. V s'obtiendrait par adjonction de U à V' ; une décomposition donne donc V' à partir de U et de V. On est ramené au cas précédent. Il n'y aurait rien de plus à dire, si la formulation du résultat par Newton ne prenait une tournure qui mérite éclaircissement. Le corps, avant l'impression, était au repos absolu. Par rapport à *R* il se mouvait donc, avec une vitesse égale et opposée à U, ici notée U' (fig.104). L'effet relatif de l'impression est une nouvelle vitesse relative, à savoir V'. Or V' se présente aussi comme résultat de l'adjonction de U' et de V. C'est là simple relation géométrique : puisque MABB' est un parallélogramme, AM, égal à MA, est égal et parallèle à BB'; MBB'A' est aussi un parallélogramme, d'où résulte la précédente affirmation.

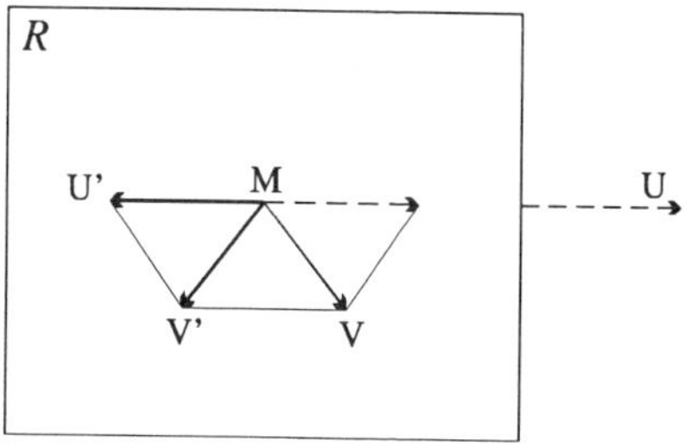

fig.104

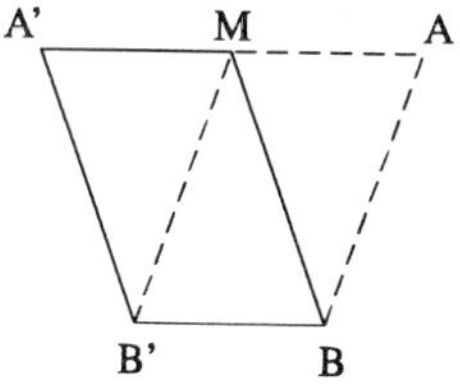

fig.105

Interprétons-la dynamiquement. Le mouvement relatif pris par le corps dans *R* est exactement celui (V') que produirait la force si *R* était l'espace absolu et que M y eût le mouvement (U'), qui est son mouvement relatif préalable. Il faut supposer, effectivement, que *R* est en repos, pour avoir le droit d'affirmer que la force crée, dans cet espace, le mouvement caractérisé par V. Car V est la vitesse engendrée par elle dans l'espace absolu. On peut varier la formulation, pour essayer de saisir l'intérêt qui pourrait être celui de ce résultat dans la pratique. Par exemple : l'effet d'une force est le même, qu'on l'envisage par rapport à un espace relatif ou par rapport à l'espace absolu, pourvu que, dans le second cas, on donne au corps un mouvement absolu identique au mouvement relatif qu'a le corps dans le premier cas. Identique quant aux caractéristiques cinématiques : orientaion et vitesse.

La conséquence principale, qui justifie par son importance que le début d'étude qui précède ait été compris, est qu'un mécanicien lancé en ligne droite et à vitesse constante dans l'espace absolu, est incapable de décider s'il se meut ou non. A bord de son vaisseau les billes de bois se choquent selon les mêmes lois dans les deux cas. Telle est la situation du terrien. Il ne peut déceler si la Terre possède ou non un mouvement de translation, du moins par des observations de laboratoire.

Après que le référentiel *R* ait été supposé en translation rectiligne et uniforme, prenons-le en translation quelconque. Sans chercher à établir un théorème général, voyons la méthode que suit Newton pour l'obtention de cetain résultat. Pour commencer, il n'cnvisage pas que *R* soit une pure construction géométrique en mouvement. Le référentiel mobile est défini par un corps C. Le centre de masse du corps, par exemple, sert de point origine. Les directions privilégiées de *R* sont fixes, dans l'espace absolu. La translation de *R*, c'est-à-dire celle de C, n'est pas rectiligne, ou bien pas uniforme, ou ni l'une ni l'autre. C'est donc qu'une force F est imprimée à C. C'est par son action sur C

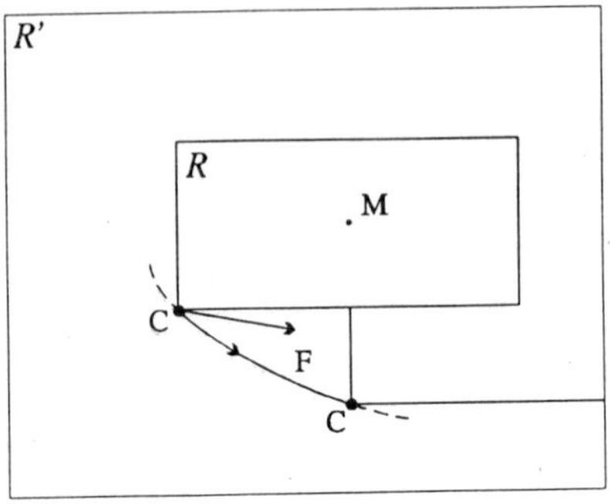

fig.106

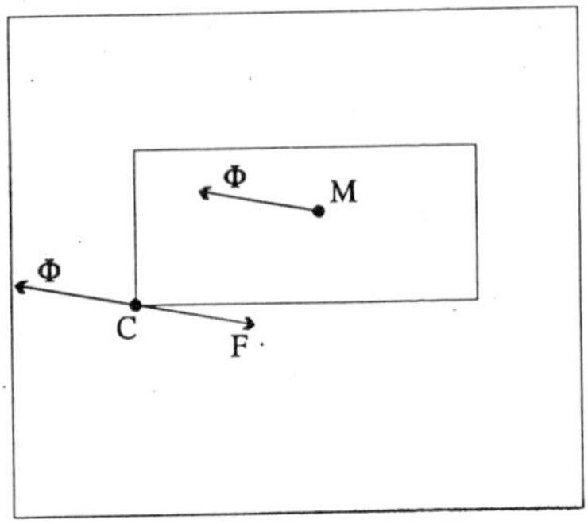

fig.107

qu'elle rend non inertielle la translation de *R*. Quant au corps mobile M, objet d'étude, on lui suppose n'importe quel état absolu, inertiel ou pas.

L'opération décisive est l'*inertialisation* de *R* [1]. On applique à C une force Φ égale à F, mais de sens contraire. Ces deux forces s'annulant, C prend un état inertiel, et *R* avec. Si l'on s'en tenait à cette première étape, la modification du mouvement de *R* ferait que le nouvel état relatif de M serait différent de l'ancien, puisque son état absolu, lui, est inchangé. Aussi imprime-t-on à M la même force Φ qu'à C, selon les mêmes modalités exactement. On modifie donc l'état absolu de M. En revanche son état relatif reste ce qu'il était avant la double impression de Φ, comme peut le vérifier l'amateur de parallélogrammes. Tenons-nous en, pour le moment, à cette clef qu'est l'inertialisation pour l'étude des mouvements relatifs.

*

1. Voir M.Blay et G.Barthélemy, « Changements de repères chez Newton : le problème des deux corps dans les Principia », *Archives Internationales d'Histoire des Sciences*, vol.34, n°112, 1984.

CHAPITRE 8

VERS LA MÉCANIQUE CÉLESTE

Une fois exposés ces concepts et ces méthodes, les Principia s'engagent, avec le Livre I, dans le développement de la mécanique rationnelle. Il ne s'agit pas encore de mécanique celeste, en ce sens qu'on n'y traite pas encore des mouvements des astres eux-mêmes. Il s'agit de disposer par avance de toutes les connaissances théoriques nécessaires à l'étude du Monde. Ce développement porte sur une certaine espèce de forces imprimées, celle des *forces centripètes*. Bien que Newton estime pouvoir s'en contenter, il apparaît assez vite que ce cadre est un peu étroit, et la centripétence est parfois un caractère formel.

Autant nous attarderons-nous sur la nature de ces forces et leurs principales propriétés, celles qui expliquent les lois de Kepler, autant les quelques autres propriétés à envisager le seront-elles cursivement. Leurs démonstrations relèvent de la pure technique géométrique et n'instruiraient guère le lecteur de ce siècle. D'autre part, il sera porté quelque attention à la curieuse notion de force centrifuge, à la fin du chapitre. Quoiqu'elle n'arrive pas à bien trouver sa place dans la théorie, elle est utilisée dans le Système du Monde, et avec une assez bonne sûreté.

Les forces centripètes

Newton emploie « centripète » pour marquer un renversement par rapport Huygens qui, le premier, envisage une certaine *force centrifuge*. L'affaire remonte à Descartes. Les Principes de la Philosophie exposent une conception toubillonnaire de l'univers, dans laquelle il est bon de comprendre ce qui se passe, dynamiquement parlant, lorsqu'un corps effectue ses révolutions autour d'un centre. Descartes a fait de l'idée d'inertie un des piliers de sa science du mouvement.

Il peut donc affirmer que la pierre qui tourne en cercle dans une fronde, autour d'un centre C, irait selon la droite tangente PT, si la fronde cessait de la retenir à l'instant où elle arrive en P. Descartes est ainsi le premier à dire clairement qu'une action est nécessaire, non pour entretenir la vitesse (on fait ici abstraction de la résistance de l'air, comme de celle de toute autre matière), mais pour obtenir cette perpétuelle déviation qu'est le mouvement circulaire. Le mouvement rectiligne est désormais le seul naturel, le seul qu'un corps puisse avoir sans aide extérieure. Une révolution est signe d'une telle action extérieure, bien évidemment celle de la fronde ici, qui empêche la pierre de continuer tout droit.

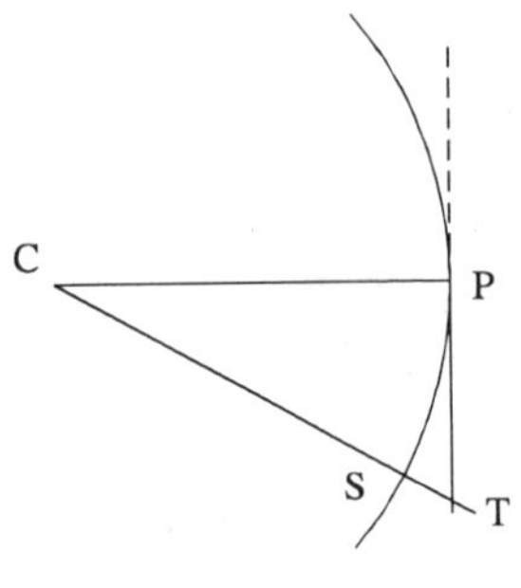

fig.108

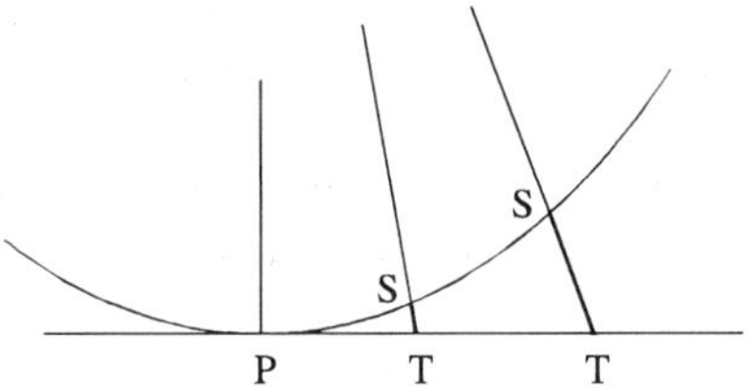

fig.109

A cette occasion, Descartes met en évidence l'« effort de la pierre pour s'éloigner du centre », sensible à la main qui tient la fronde. Il analyse cet effort par un propos ainsi résumable : le corps irait, seul, en T ; la fronde, par son action, le fait aller en S ; l'effort vient de la tendance de la pierre à aller en T. Cette tendance n'est pas totalement empêchée : aller en S c'est un peu aller en T ; mais pas tout à fait non plus. L'effort de la pierre sur C vient plus exactement de sa tendance à réaliser ce qui manque : quelque chose comme un trajet complémentaire ST. Et cet effort se ressent dès que la pierre est en P, car là déjà la tendance à aller en T est partiellement empêchée. Il se fait radialement, vers l'extérieur, parce que plus on prend ST près du rayon CP, plus

ST est perpendiculaire à la tangente, ou parallèle à CP. Cet effort est, en tout point P, centrifuge[1].

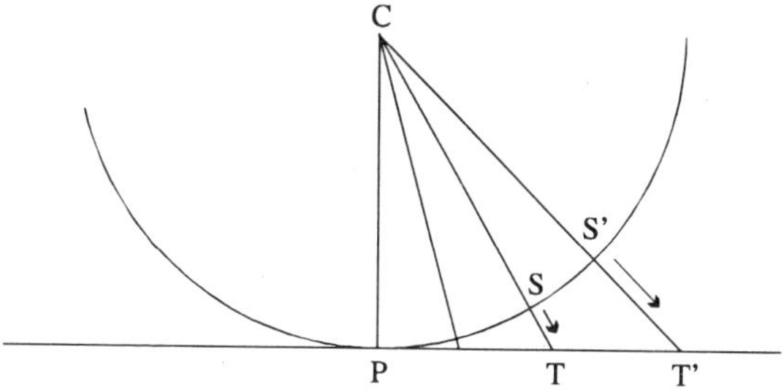

fig.110

Huygens, plus archimédien, entreprend d'analyser la grandeur de cet effort, qu'il nomme force centrifuge du corps[2]. Il montre d'abord la nature du mouvement qui se ferait sur le rayon CP, si on laissait la pierre suivre sa tangente PT. Pour des arcs SS' égaux entre eux, c'est-à-dire pour des durées égales puisque le mouvement est supposé uniforme, les trajets ST, S'T', constituent un mouvement uniformément accéléré sur ce référentiel mobile qu'est le rayon CS. A vrai dire, cette relation n'est pas exacte, mais elle le devient d'autant plus que l'on prend PS (et PS') petit. Il se fait donc là un mouvement tout semblable à celui de la chute des graves, sinon qu'il ne se produit pas selon une direction constante.

C'est ce mouvement uniformément accéléré que Huygens décide d'employer pour la mesure de la force centrifuge des corps. Il établit alors diverses relations entre cette force, c'est-à-dire le trajet ST parcouru en un temps donné, et ces autres grandeurs que sont le rayon du cercle et la vitesse du corps sur le cercle. C'est à partir de là que l'on sait que la force est comme le carré de la vitesse et inversement comme le rayon, par exemple.

Au courant des résultats, sinon des démonstrations, Newton renverse la perspective, au nom de son choix du sens à donner à « force ». La force centrifuge est cet effort de la pierre sur la fronde par lequelle la pierre tend la fronde. Pour Newton, qui ne rejette nullement une telle affirmation, il convient de dire aussi que la pierre, n'étant pas en état inertiel, est soumise à une force : l'action de la

1. Descartes, *Principes de la philosophie*, Troisième partie, articles 57 à 59.
2. Huygens, « De Vi Centrifuga », in *Œuvres Complètes*, vol.16.

fronde qui retire la pierre vers le centre. Cette force «centripète» est première. Lorsqu'un corps céleste tourne en rond autour d'un autre, il semble bien qu'une telle force soit la cause de sa révolution. On ne voit pas très bien, par contre, ce que devient la force centrifuge, dès lors qu'aucun lien ne vient tenir lieu et place de la fronde.

Voilà, en somme, ce qui oriente Newton vers l'étude systématique de la force centripète. Par définition, elle est constamment dirigée vers un certain point, appelé centre. Quoique dans la nature un corps semble toujours occuper ce centre, la mécanique rationnelle ne répugne pas à commencer par n'y voir qu'un point mathématique. Ce point, dans sa simplicité, n'est pas sans poser quelques problèmes: doit-il être fixe, absolument, ou peut-il se mouvoir? Dès la troisième Proposition on rencontre un centre mobile, et d'un mouvement nullement inertiel. En bon mathématicien, Newton se permet même d'envoyer un centre à l'infini, à l'occasion, histoire de voir ce qu'il advient d'une certaine trajectoire[1]; bien en lui en prend: c'est la parabole des projectiles qui apparaît. De toute façon, lorsque ce centre coïncide avec celui d'un corps mobile, l'hésitation n'a plus lieu d'être.

Comme toute force imprimée la force centripète est une grandeur. Plus exactement une de ses facettes est d'être quantité. Pour elle, à la force accélératrice et à la force motrice s'ajoute une troisième, la quantité absolue. Son introduction répond à ce fait d'expérience que le centre, et surtout ce qui s'y trouve à l'occasion, a quelque influence sur la quantité accélératrice. A vrai dire il n'est question dans les Principia que de forces centripètes dont la quantité accélératrice dépend de deux choses, et d'elles deux seulement: la distance au centre et le centre lui-même. Ajoutons aussi que ce sont des actions continues: partout autour du centre le corps en subit l'effet.

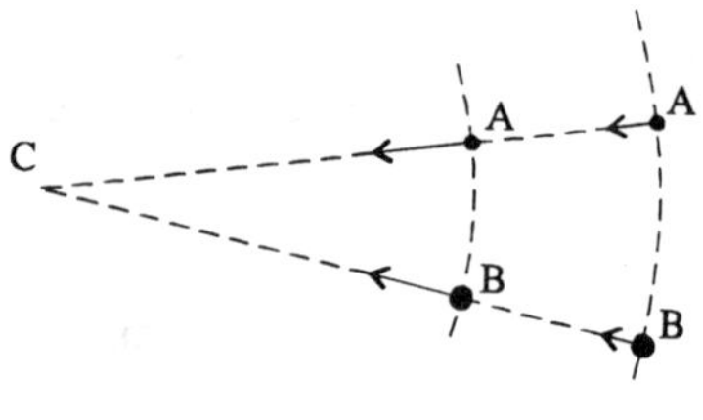

fig.111

1. Livre I, Section II, Scholie final. Voir aussi la Proposition VIII du Livre I.

Lorsque deux corps A et B sont soumis à une même force centripète, ils reçoivent la même quantité accélératrice s'ils se trouvent à égale distance du centre C (et leurs forces motrices sont alors dans le même rapport que leurs masses). A une autre distance la force accélératrice serait autre, sans doute, et l'on peut envisager toutes sortes de façons, pour cette quantité, de varier en fonction de la distance à C. Toutes les lois mathématiques sont envisageables, la proportionnalité n'étant que simple cas particulier.

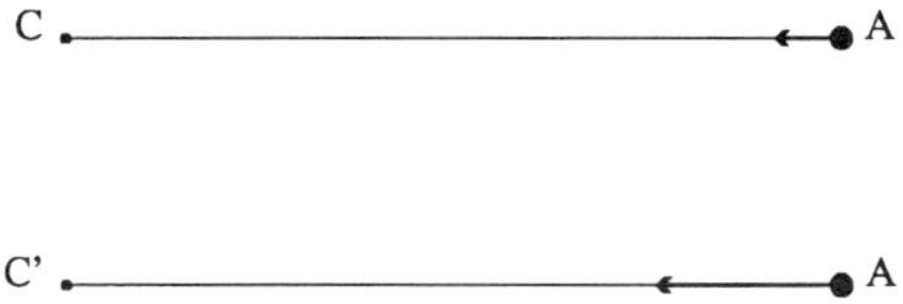

fig.112

Envisageons maintenant pour un de ces corps, l'action de diverses forces centripètes. A une même distance du centre C de la première que du centre C' de la deuxième, il n'y a aucune raison, a priori, pour que la force accélératrice soit la même. Tout dépend des causes physiques de ces actions, et l'on ne cherche pas à les connaître ici. La quantité absolue de la force centripète traduit cette différence. Les *forces absolues* et les forces accélératrices sont proportionnelles, à une distance donnée, quelle qu'elle soit. La force absolue est ainsi nommée parce qu'elle ne dépend ni du corps ni de sa distance au centre : elle est la même pour tous et pour toutes. De ces relations il résulte que la force accélératrice est propotionnelle à la fois à la force absolue et à une certaine quantité composée de la seule distance.

Cette notion de force absolue révèle son utilité pratique une fois démontré qu'elle est une quantité proportionnelle à la masse du corps placé au centre. C'est la connaissance des forces absolues qui conduira à la connaissance des masses des corps célestes, et, par là, à une prise de position nouvelle entre le système de Copernic et celui de Tycho Brahé. La démonstration repose sur la troisième Loi du Mouvement[1]. On suppose qu'un corps A « attire » un corps B. Ceci ne veut rien dire de plus, en mécanique rationnelle, que : B est soumis à une force centripète dont le centre coïncide avec le centre de masse de A. Ce dernier est donc lui aussi soumis à une force, constamment opposée,

1. Voir l'annexe 7.

donc constamment dirigée vers B. Cette réaction centripète est égale à l'action exercée sur B, pour ce qui est des forces motrices. On sait que cette égalité des forces motrices n'est qu'une manière abrégée de dire que les forces accélératrices sont inversement comme les masses. Or à une même distance – ce qui est le cas ici – les forces accélératrices sont comme les forces absolues.

A  B

fig.113

Précisons ces relations, en regardant chacun de ces deux corps tantôt comme « attirant », c'est-à-dire comme centre, tantôt comme attiré. La force accélératrice de A est à celle de B comme la masse de B est à celle de A. Par ailleurs, le rapport de la force accélératrice de A à celle de B est aussi celui de la quantité absolue de la force qui agit sur A, à celle de la force qui agit sur B. Aussi peut-on en conclure que le rapport de la masse de B à celle de A est celui de la force absolue de centre B à la force absolue de centre A : les forces absolues sont bien proportionnelles aux masses des corps dits attirants, ceux qui occupent les centres. Cette proportionnalité signifie qu'un corps B est attiré par un corps A en proportion de la masse de A. La masse de A donne la mesure de ce qui apparaît comme pouvoir attractif de ce corps.

Le critère aréolaire

Cet étrange rôle des masses, entièrement suspendu aux caractéristiques supposées aux forces centripètes, sera repris en son temps. Abandonnons pour le moment l'idée d'une attraction mutuelle de deux corps, pour les premières et principales propriétés des forces centripètes. Désignons par S le centre de la force, simple point supposé fixe pour commencer. Un corps est soumis à cette force. On envisage l'effet de la force sur le corps dans différents cas de figure. On peut supposer qu'à l'instant où l'on commence l'examen, le corps est en repos ; ou bien qu'il est en mouvement vers S, ou dans l'autre sens ; ou encore en mouvement quelconque.

Si le départ se fait au repos, le corps prend de la vitesse vers le centre S. Chacun imaginera librement la suite des événements. Si le corps a déjà un mouvement vers S, il n'en continuera que mieux vers ce point, pour commencer. Si le mouvement initial est centrifuge, l'effet de la force est d'en diminuer d'abord la vitesse, par adjonction de mouvement en sens contraire (vers S), jusqu'à ce que le corps s'arrête. Mais cet arrêt ne dure pas, car la force ne cesse d'agir. On est ramené alors au cas premier. Bref, tant que le départ ne se fait pas obliquement par rapport au rayon qui va de S au corps, la trajectoire est la droite qui supporte ce rayon, ou du moins une de ses parties.

Après cette entrée en matière, envisageons le cas d'un corps M qui, à l'instant pris pour instant initial, se meut déjà obliquement par rapport au rayon SM. Ce cas, si décisif pour l'astronomie, fait l'objet des deux premières Propositions du Livre I[1]. La méthode d'étalement de la force y est mise à profit pour obtenir une double propriété : le mouvement se fait dans un plan, et les aires balayées par les rayons sont proportionnelles aux temps. La Proposition II est censée établir la réciproque : si un mouvement a de telles caractéristiques, il est dû à une force centripète. Sa démonstration est plus douteuse que celle de la première, mais c'est cette Proposition qui servira en astronomie. Il n'est pas rare que Newton ait du mal à démontrer les réciproques, quoiqu'il ne le reconnaisse pas toujours[2].

Dans la Proposition I les données sont : une force centripète, dont le centre S est fixe, et un corps M initialement en mouvement oblique. La situation est donc simple, dynamiquement parlant. Un espace, un corps, une force. Il ne s'agit que de combiner ces éléments, non pour obtenir la trajectoire (on ne sait rien de la grandeur de la force) mais pour en déterminer deux caractéristiques.

Dans une première étape de la démonstration la force est imprimée discrètement, à des intervalles de temps égaux. Puis il est vérifié que deux des propriétés établies sur cette hypothèse se conservent lors du

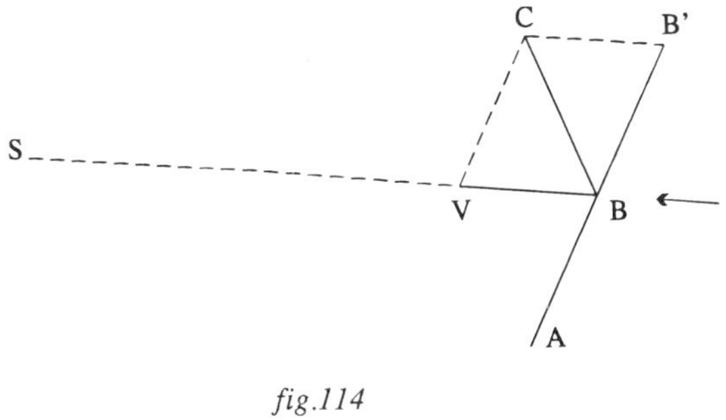

fig.114

1. Voir l'annexe 3.
2. Par exemple Corollaire 1 de la Proposition X du Livre I.

passage à la limite. On admet qu'elles sont toujours valables une fois effectué ce passage, une fois étalée l'impression. Revenons à la première étape. Pendant un premier intervalle de temps, le corps M va de A en B, librement, donc d'un mouvement rectiligne uniforme. Si rien ne se produisait, il continuerait de même. Il parcourerait, pendant la même durée, un trajet BB' égal à AB. Mais une force lui est imprimée à l'instant où il passe en B. Le mouvement engendré, BV, s'adjoint à BB' pour donner BC. M a subi une déviation. BV est, bien entendu, l'espace qu'il parcourerait pendant l'intervalle de temps en question.

Lorsque M arrive en C, la force agit à nouveau, instantanément et vers S. Il en résulte une nouvelle déviation. Au lieu d'aller en C', M va en D. Le même phénomène se produit à intervalles de temps réguliers. Le rayon, c'est-à-dire le segment SM, balaie des aires triangulaires: SAB, SBC, SCD, etc. Ces triangles sont tous égaux entre eux, pour ce

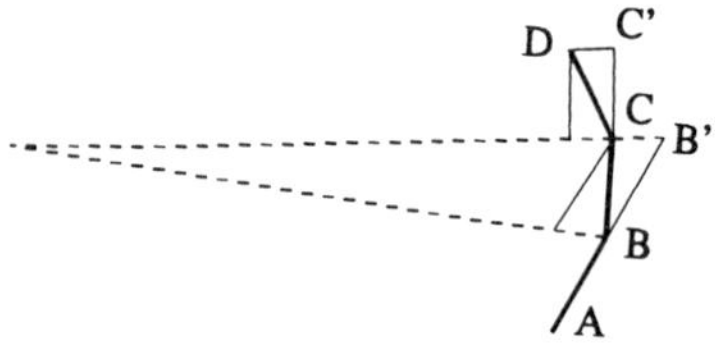

fig.115

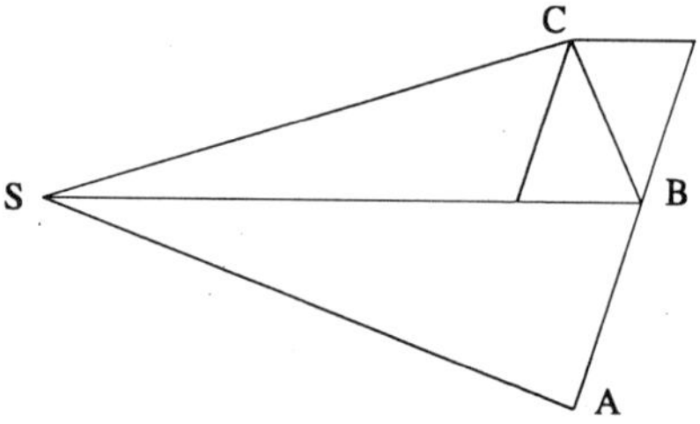

fig.116

qui est de leurs surfaces. Or le temps mis par le rayon SM à balayer SAB est égal au temps mis à balayer SBC. En effet, M met le même temps à parcourir AB et BC. Voilà ce qui permet de conclure que le rayon balaie des aires égales en des temps égaux, ou encore que les aires sont proportionnelles aux temps.

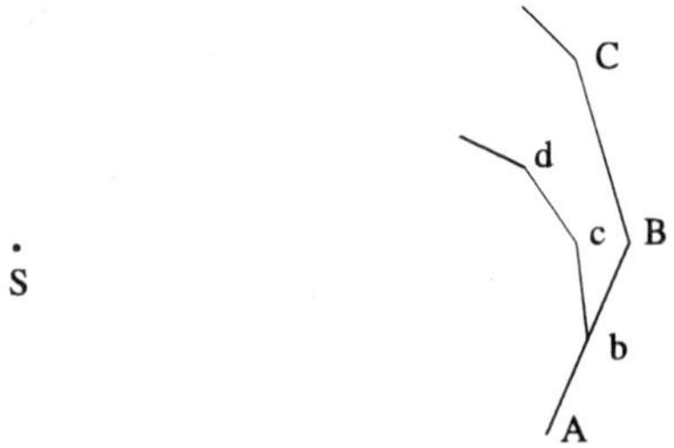

fig.117

L'autre propriété qui apparaît est le caractère plan de la trajectoire : BB' est dans le prolongement de AB, de sorte que C, et avec lui tout le triangle SBC, est situé dans le même plan que SAB. Commencons d'étaler la force. On envisage qu'elle soit imprimée, toujours discrètement, à des intervalles de temps deux fois plus courts. La première action se produit donc en b, milieu de AB. La trajectoire est alors la ligne brisée Abcd, qui remplace ABCD. On ne peut dire quelle est la quantité de force accélératrice imprimée en b. Ce n'est pas nécéssairement la moitié de celle qui l'aurait été en B, car elle peut fort bien dépendre, par exemple, de la distance à S, autant que des durées des parcours des segments. Peu importe ici, où l'on cherche seulement à établir les deux propriétés que sont la planitude de la trajectoire et la proportionnalité des aires aux temps. A nouveau elles sont avérées, la démonstration se faisant comme lors de la première étape.

Il en irait de même pour toute autre étape de la démultiplication. Passons à la limite : la trajectoire devient une courbe ; elle est contenue dans un plan et, surtout, le rayon SM balaie des aires proportionnelles aux temps.

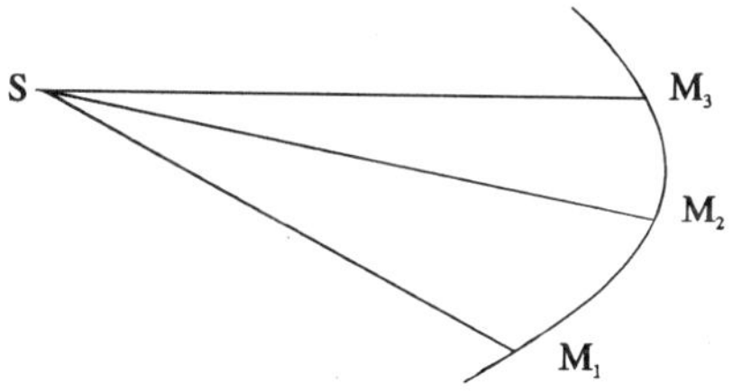

fig.118

Puisque Kepler a établi que tel est le mouvement des planètes autour du Soleil, on semble prêt à en désigner maintenant la cause : une force constamment dirigée vers le Soleil. La logique veut que l'on établisse d'abord la réciproque de la proposition établie, à savoir que si, dans un mouvement plan, les aires balayées par un rayon SM sont proportionnelles aux temps, alors le mobile M est soumis à une force constamment dirigée vers le point S d'où l'on fait partir les rayons. C'est l'affaire de la Proposition II de l'établir. Cela fait, l'application aux planètes n'est pas encore légitime. Le point S, dans les Propositions I et II, est un point fixe de l'espace absolu, qu'il soit présenté comme centre de la force comme dans la I, ou comme point d'où l'on trace les rayons comme dans la II. Or ce serait préjugé copernicien qu'affirmer le Soleil absolument en repos. Voilà pourquoi il faut établir un critère plus puissant pour la reconnaissance des forces centripètes.

Le nouveau problème peut recevoir, dans un premier temps, la formulation que voici. Lorsque l'espace où S est fixe, où M décrit une courbe, où SM balaie des aires proportionnelles aux temps, n'est plus l'espace absolu, mais un espace relatif en translation rectiligne uniforme, est-il encore vrai qu'une force centripète, de centre S, soit cause du mouvement de M? La réponse affirmative va de soi, si l'on se rappelle que dans un tel espace tout se passe comme s'il était au repos, et que la même force agît. La translation inertielle ne se différencie pas du repos, dynamiquement parlant[1].

Il n'en va pas de même si l'espace de référence a un mouvement autre qu'inertiel. Pour s'en tenir, avec Newton, au cas d'une translation[2], introduisons la force à laquelle pourra être attribuée le caractère non inertiel de ce mouvement. Comme il n'y a de force qu'agissant sur un corps, c'est un corps qu'il faut placer en S. Supposons donc qu'un corps S soit soumis à une force dont, par ailleurs, on ne sait rien. Des directions fixes, issues de S, permettent de constituer un référentiel. C'est dans l'espace en translation non inertielle défini par ce référentiel que le corps M est supposé avoir une trajectoire plane, et c'est dans lui aussi que SM balaie des aires proportionnelles aux temps.

Là encore la conclusion est qu'une force, constamment dirigée vers S, agit sur M et cause ces particularités cinématiques. Il a été vu au chapitre précédent par quelle voie ce genre de résultat s'obtient: on inertialise l'état de S, et du même coup celui de l'espace qu'il définit. Cette inertialisation – cette immobilisation, en quelque sorte – s'obtient par l'effet d'une force accélératrice égale et contraire à celle qui agit sur S et qui cause le caractère non inertiel de son mouvement. Mais on sait qu'il n'y a d'enseignements à tirer de cette inertialisation que si la même force accélératrice est appliquée à l'autre corps M. Car alors, le nouveau mouvement de M par rapport à S est identique à l'ancien. Dans le cas qui nous occupe, on obtient ainsi que M prenne un mouvement ayant les mêmes caractéristiques, mais dans un espace maintenant en translation inertielle, voire dans l'espace absolu.

Qu'en est-il, dans ce cas, des forces qui agissent sur M? Son état préalable n'était probablement pas inertiel. Une force F agissait, qui s'est trouvée composée avec la force Φ, celle qui a été appliquée à

1. Cf. chapitre 7.
2. Proposition III du Livre I.

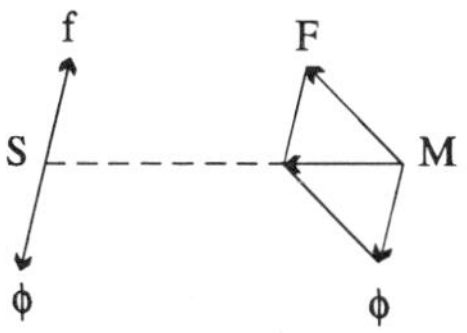

fig.119

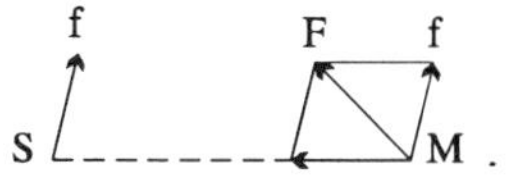

fig.120

chacun des deux corps pour inertialiser. C'est donc sous l'effet de F et Φ ensemble, c'est-à-dire sous l'effet de la force totale obtenue par leur composition, que M se meut autour de S dans un espace en état inertiel (fig.119). C'est donc elle qui fait que les aires sont propotionnelles aux temps. Comme Φ est égale et opposée à la force f qui agit primitivement sur S, il apparaît que F se laisse décomposer en f et en cette force centripète dirigée vers S (fig.120). Lorsqu'on abandonne l'inertialisation, après tout fictive, ou plutôt virtuelle (comment inertialiser un astre?), il apparaît bien qu'une force est responsable de la proportionnalité des aires (relatives) aux temps. Mais il ne s'agit pas de F elle-même. C'est alors une question de savoir si cette force centripète est purement mathématique, et, en un sens, produit d'une décomposition assez arbitraire de F; ou bien si elle est réelle, ainsi que f, et si c'est F qui n'est que leur résultante géométrique. Cette question pourrait avoir sa pertinence en astronomie. En mécanique rationnelle ces problèmes ontologiques sont moins saisissables.

La conclusion pratique de cette analyse est qu'il y a moyen de déduire l'existence de forces centripètes de l'observation des trajectoires et du calcul des aires balayées. Surtout, cette observation peut se faire sans tenir compte de l'état cinématique de S, et même en l'ignorant. Une condition devra toutefois être respectée: que le référentiel dans lequel on observe les aires, et qui est lié à S, soit en translation. Autrement dit, que les directions des droites qui y sont fixes soient constantes par rapport à l'espace absolu. Si cela est réalisable, l'astronomie dispose maintenant d'un critère de centripétence approprié. Les lois de Kepler se présentent désormais comme un tremplin pour l'étude dynamique des cieux.

Propriétés diverses

Ce critère aréolaire permet d'établir l'existence de forces centripètes à partir de l'observation des mouvements. On ne saurait s'arrêter en si bon chemin, et négliger la grandeur de ces forces. Quelles lois, surtout, relient la quantité accélératrice à la distance SM? Les Sections

II à X du Livre I concernent l'étude d'une force centripète agissant sur un corps M, avec un centre fixe. Le rapport d'une trajectoire à une telle force, sans en être l'objet exclusif, y tient une place de choix. Newton y déploie toute son habileté de géomètre.

Tantôt la trajectoire est donnée. Lorsqu'elle est courbe, c'est une courbe classique : cercle ou autre conique, ellipse surtout, parfois une spirale. Il est supposé, par exemple, que la force a pour centre tel point de la figure, et l'on en cherche la loi : comment la grandeur accélératrice dépend-elle de la distance à ce centre, et de tel ou tel autre élément ? Tantôt cette loi est donnée, ainsi que le centre, et l'on cherche la trajectoire, ainsi que les caractères cinématiques du mouvement.

La loi de force, simple d'abord, en vient à être quelconque à la Section VIII. Ce sont alors des méthodes générales qui sont élaborées plutôt que des résultats. Pour nous en tenir à quelques résultats utiles à la suite de notre propos, voici un échantillonnage, tiré des Sections II et III. Vient en tête le cas du mouvement circulaire et uniforme[1]. Il est montré que la force centripète y est dirigée vers le centre du cercle et qu'elle est constante en grandeur. Mieux, les caractéristiques de sa grandeur sont justement celles que Huygens a donné pour sa force centrifuge. Si l'on modifie la vitesse du corps qui circule, ou le rayon de sa trajectoire, la force varie comme le carré de la vitesse et inversement comme le rayon. Mieux encore : si les carrés des temps périodiques sont proportionnels aux cubes des rayons, alors les forces sont comme les inverses des carrés des rayons. On voit là apparaître des résultats applicables aux astres.

Mais le cercle est un cadre trop étroit depuis Kepler. Même l'ellipse ne peut arriver à confiner la curiosité de Newton. Sa géométrie infinitésimale lui permet d'être plus rigoureux que Huygens pour le mouvement circulaire. Elle donne aussi une sûreté qui lui permet de s'avancer, au-delà de quelques figures particulières, vers des résultats de portée générale. Ainsi la Proposition V, premier Problème, enseigne-t-elle à trouver le centre des forces connaissant la vitesse en chaque point. La sixième donne une sorte de formule, toute géométrique, de la force. On y apprend à exprimer la grandeur de la force, la force accélératrice seconde, à l'aide d'éléments de figure (portions de tangentes, de rayons, etc.).

Grâce à quoi l'on peut trouver la loi de force d'un mouvement circulaire lorsque le centre de la force n'est plus celui du cercle. Ou bien celle d'un mouvement dont la trajectoire est une spirale. Si c'est

1. Proposition IV du Livre I.

une ellipse, on prouve que, dirigée vers le centre, la force est proportionnelle au rayon; vers un foyer, elle est comme l'inverse du carré du rayon, et les carrés des périodes sont comme les cubes des grands axes. De semblables résultats sont acquis pour une hyperbole, pour une parabole[1].

Plus loin viennent des études plus particulières, comme le mouvement pendulaire[2]; la rotation d'un référentiel où un corps décrit une courbe fermée[3]; la composition des forces agissant sur chacune des parties d'un corps aux dimensions non négligeables[4]. A cette occasion Newton prouve que si chaque partie d'une sphère S attire chaque partie d'une sphère S', par une force inversement proportionnelle au carré de la distance de ces parties, alors S attire S' avec une force totale qui est inversement comme le carré de la distance de leurs centre: ce qui vaut pour les parties vaut aussi pour les touts[5].

Le critère aréolaire a été étendu au cas d'un centre en mouvement, inertiel d'abord, quelconque ensuite. Il y a une nécessité à faire de même pour certaines de ces nouvelles propriétés. Lorsque le corps A est poussé vers le corps B par une force centripète, la troisième Loi du Mouvement veut que B le soit aussi vers A, par une autre force centripète, égale à la première en quantité motrice. De sorte qu'aucun des deux n'est en repos, à moins que quelque chose d'autre n'intervienne et produise une immobilisation. Le seul point capable d'immobilité, sinon, est le centre de masse du système. Le repos ne lui est d'ailleurs pas garanti, mais seulement un état inertiel, repos ou mouvement rectiligne uniforme.

Le mouvement obligé des parties du système fait que les forces centripètes, par lesquelles les parties s'attirent, ont des centres mobiles. Que reste-t-il alors des propriétés démontrées dans l'hypothèse d'un centre fixe? Cette question n'est pas posée en toute généralité dans les Principia, où n'est développé, pratiquement, que ce qui sert dans les applications; l'astronomie étant la principale mais pas la seule. C'est à ce titre que différents problèmes sont traités dans la onzième Section du Livre I. Les plus importants méritent un coup d'œil.

---

1. Propositions VII à XVII du Livre I. Les deux Sections suivantes (IV et V) traitent de géométrie.
2. Section X du Livre I.
3. Section IX du Livre I. Cf. annexe 6.
4. Sections XII et XIII du Livre I.
5. Proposition LVII du Livre I.

Les attractions mutuelles[1]

Quand les mouvements des astres auront révélé les forces qui leur font décrire leurs trajectoires, il faudra repartir de la connaissance de ces forces pour en déterminer tel ou tel effet particulier. Classiquement, ce problème prend la forme que voici. On se donne des corps, leurs masses, leurs positions et mouvements à un certain instant, ainsi que les forces par lesquelles ils s'attirent. Il faut déterminer les mouvements qui seront les leurs à partir de l'instant considéré. C'est là ce qu'on nomme « problème des deux corps, des trois corps, etc. », selon le nombre de corps en jeu. Si le problème des deux corps est bien maîtrisé, il n'en va pas de même de nos jours de celui des trois corps, sans parler des suivants. Après trois siècles de recherches, aucune solution générale n'a pu être trouvée. On a su donner des solutions particulières, relatives à des conditions particulières. Mais pour le problème pris dans toute sa généralité, la solution exacte et complète garde encore son secret. Astronomes et lanceurs d'engins spatiaux s'en accomodent : une solution approchée leur suffit. Les mathématiciens, eux, ne sauraient s'en satisfaire.

Pour aborder les interactions de deux corps, Newton dispose d'un principe qui se révèle pratique : l'inertie du système. Le centre

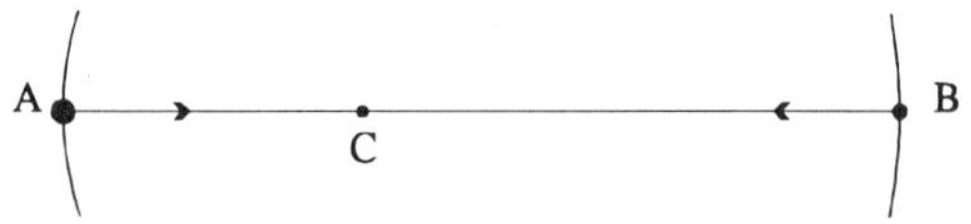

fig.121

commun de masse est en repos, ou en mouvement rectiligne uniforme, tant que les seules forces qui agissent sont l'action d'un des corps sur l'autre, et la réaction. Comme les mouvements relatifs sont les mêmes, que ce centre soit en repos ou en translation inertielle, on peut le supposer en repos.

L'action du corps A sur le corps B étant dirigée de B vers A, elle est du même coup constamment dirigée de B vers le centre C. Tout se passe comme si A et B étaient attirés vers C par un corps immobile placé en ce point, avec des forces motrices égales. Il y a là l'amorce d'une analyse susceptible d'aboutir à une solution exacte pour le problème des deux corps pris dans toute son étendue.

1. Voir M.Blay et G.Barthélemy, op.cit..

A côté de ce genre de démarche, conforme aux principes, on en trouve une, au début de la Section XI, qui ne laisse pas d'intriguer par ce que le principe d'inertie y subit d'entorse[1]. Deux corps, S et P, s'attirent mutuellement. Tous deux tournent, dans l'espace absolu, autour de C, centre commun de masse. Newton prétend que P peut tourner autour de S, avec la même période, c'est-à-dire la même durée de révolution, S étant cette fois immobile, et d'une immobilité absolue. Négligeons le résultat, qui est que la distance SP doit subir un raccourcissement, que Newton détermine soigneusement.

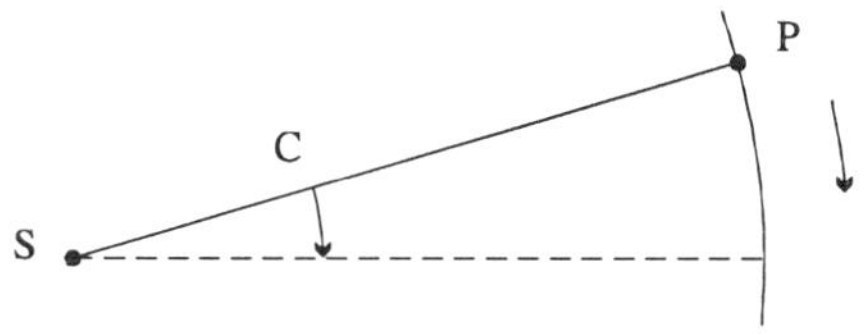

fig.122

C'est la démarche qui est étrange. Lorsqu'un corps S attire un corps P, P attire S de telle sorte que C soit immobile (ou bien en translation inertielle). Cette immobilité de C, vraie au départ, n'est plus respectée dans le second état envisagé pour le système : C tourne autour de S, tout comme P. Cette mobilité du centre n'a rien d'anormal si l'immobilisation (ou du moins l'inertialisation) est obtenue par l'application à S d'une force supplémentaire. Une force qui soit égale et opposée, en permanence, à celle que P exerce sur S. La mécanique rationnelle permet d'envisager une telle action sans se soucier de ce qui la produit. Il suffit de la poser comme hypothèse.

Or Newton n'envisage pas cette hypothèse. Lui si scrupuleux sur les énoncés de ses Propositions n'évoque rien de tel dans cette affaire. C'est donc de façon toute contraire aux Lois, à la Loi III précisément, que C tourne autour de S, et que ce corps est dit immobile. Malgré son invalidité, cette démarche prend son sens lorsque Newton en vient à aborder le problème des trois corps. Lorsque trois corps s'attirent par des forces proportionnelles à leurs distances respectives, il se démontre qu'une habile combinaison de mouvements permet de déterminer ce qu'il advient de chacun des trois corps. Mais c'est là cas d'école. Les forces qui régissent les mouvements des astres sont proportionnelles à l'inverse du carré de la distance. Pour une telle loi aucune solution

1. Propositions LVIII à LX du Livre I.

n'apparaît. Le problème pourtant se pose, par exemple lorsqu'il s'agit de déterminer la masse de la Lune.

Non content d'avoir donné des fondements solides et cohérents à la mécanique, et d'en tirer une certaine connaissance du Monde, Isaac Newton veut pousser sa quête jusqu'à savoir comment trois corps célestes, voire plus, se contraignent les uns les autres à tel ou tel mouvement. Devant la résistance que lui oppose la solution de ce problème, il adopte une méthode qu'il sait contraire à l'un de ses Axiomes, parce qu'elle lui permet une avancée honorable. Il opère, autant de fois que nécessaire, une immobilisation semblable à celle du précédent corps S. Lorsque ce sont trois corps, S, T et P qui le narguent par le mystère de leurs mouvements absolus, il en décrète deux immobiles, S et T. Moyennant quoi une certaine connaissance du mouvement de P peut être obtenue[1].

A vrai dire, Newton n'immobilise pas à tort et à travers. Il réserve ce sort aux corps qui sont censés être les plus grands en masse, ceux

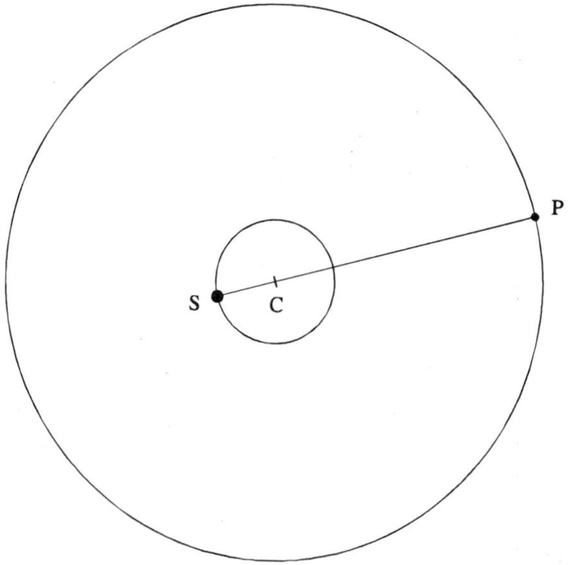

fig.123

1. Propositions LXVI à LXVIII du Livre I.

qui, en réalité, ont le moindre mouvement autour du centre commun. En effet le centre commun de deux corps est plus proche, par définition, de celui des deux corps qui a la plus grande masse.

Lorsque le centre est immobile, ce corps le plus grand, s'éloignant moins que l'autre du dit centre, a un mouvement de moindre amplitude. Le supposer parfaitement immobile est donc une moindre faute qu'en faire autant pour l'autre. Et il en va de même pour trois corps et plus, avec leur centre commun. Cette démarche aboutit à divers résultats qui, appliqués aux astres, permettront une connaissance plus avancée du Monde, quoiqu'approximative. Les techniques de calcul, en grand progrès dès le XVIIIe siècle, ne feront qu'améliorer cette approximation d'une solution parfaite toujours inconnue. L'amélioration sera telle que l'existence de planètes invisibles pourra en être annoncée.

La force centrifuge

Cette rapide revue du Livre I donne une idée du niveau atteint dans l'étude des forces centripètes par leur inventeur lui-même. Le Livre II traite du mouvement en milieu résistant. La force par laquelle le milieu résiste n'étant pas centripète, le cadre d'étude se trouve élargi. Toujours exercée dans une certaine direction, la force commence à échapper à la contrainte du centre. La résistance du milieu présente d'autres particularités. Elle est fonction de la vitesse du corps, et non de sa distance à un certain point. Bref, il est bien clair que la force centripète n'est qu'un type parmi d'autres de force imprimée. C'est son importance en cosmologie qui lui fait recevoir une place de choix dans les Principia. Une force d'un troisième type, la force centrifuge, apparaît ici et là, quoique jamais bien définie. Il est vrai qu'elle a de quoi intriguer, étant effet, et non cause, d'un mouvement.

Dans une situation du genre de celle de la fronde qui tourne, il est parlé de la force centrifuge comme d'une réaction à la force centripète[1]. Celle-ci est l'action de la fronde sur la pierre pour la détourner constamment de la trajectoire rectiligne. La pierre réagit constamment, et radialement, sur la fronde. Cette analyse devient problématique lorsque la fronde n'existe plus. Ainsi pour la Lune retenue sur son orbite par une force dirigée vers le centre de la Terre. Faut-il appeler force centrifuge la réaction, par laquelle la Lune agit sur la Terre[2]? Newton ne va jamais jusque là, préférant dire que la

1. Voir l'annexe 4.
2. Scholie de la Proposition IV du Livre III.

force centrifuge est ce qui équilibre la force centripète et empêche la Lune de tomber à Terre. C'est une facon de redire que la chute n'a pas lieu à la verticale. La chute verticale, composée avec le mouvement selon la tangente, donne cette chute tordue qu'est le mouvement circulaire, à la manière d'un projectile. On ne peut toutefois mettre le mouvement tangentiel sur le compte d'une force imprimée, lui qui est pur phénomène inertiel.

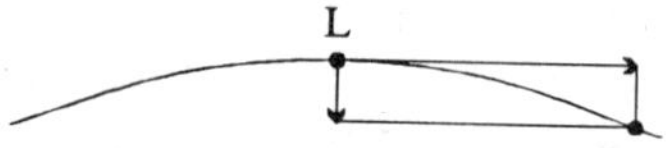

fig.124

La force centrifuge ne trouve pas sa place. A tel point que, lorsque Newton, estimant en avoir besoin tout de même, en établit la quantité accélératrice, il le fait en catimini, et par le biais de son interprétation comme réaction à la force centripète. C'est sans plus de justification qu'il emploie le résultat dans le Système du Monde, par exemple pour montrer que la sphère terrestre présente un aplatissement aux pôles[1].

*

1. Voir l'annexe 8.

CHAPITRE 9

LA GRAVITATION UNIVERSELLE

Armé de la mécanique rationnelle, le philosophe peut se tourner vers les cieux et leur appliquer son programme : déduire les forces des phénomènes, puis les phénomènes des forces. Les phénomènes sont les faits établis, pour la plupart, par les astronomes. Mais il n'y a pas lieu, il n'y a plus lieu, de distinguer les faits astronomiques des faits terrestres. L'amplitude des marées et les lois de la chute des corps sont, une fois bien établies, des phénomènes que le philosophe prend en compte tout autant que le mouvement de la Lune. La nature des Modernes est pensée une, et non plus divisée en mondes céleste et terrestre. Ce dernier a montré, au moins à partir de Galilée, qu'il est aussi digne que l'autre de donner lieu à une connaissance mathématique. Reste à fondre en un seul ces deux mondes mathématisables, à constituer un nouveau Cosmos, un nouvel ordre des choses. Un Cosmos où la quantité prime la qualité.

Les phénomènes

Les phénomènes terrestres peuvent consister en un simple relevé d'observation. Par exemple, dans tel port, tel jour de telle année, il y a tant d'écart entre la marée haute et la marée basse. D'autres peuvent demander plus d'élaboration. Ainsi sait-on, par les travaux de Christian Huygens, qu'à la latitude de Paris le pendule qui bat la seconde mesure trois pieds et huit lignes et demie. Il s'en déduit qu'un corps lâché au repos tombe de quinze pieds et quelques pendant la première seconde[1]. C'est là détermination indirecte d'un fait difficile à observer : sans une machinerie appropriée il est délicat de dire où en est le corps dans sa chute verticale au bout d'une seconde exactement.

1. Proposition IV du Livre III.

Ce second phénomène est de loin le plus important. Il vient en complément de la théorie galiléenne de la chute des corps. Galilée a dit quelle loi relie vitesse et temps, et du même coup espaces et temps : le mouvement de chute, abstraction faite de la résistance de l'air, est uniformément accéléré ; les espaces parcourus depuis le début de la chute sont comme les carrés des temps. Ce n'est là que l'énoncé d'une proportionnalité : que les hauteurs de chute (AB, AC, AD) soient comme les carrés des temps (AT, AU, AV représentent les temps), ne nous dit pas ce que vaut AB pour un temps AT donné, mais seulement que si l'on connait AB, alors AC, AD, etc., peuvent être calculés.

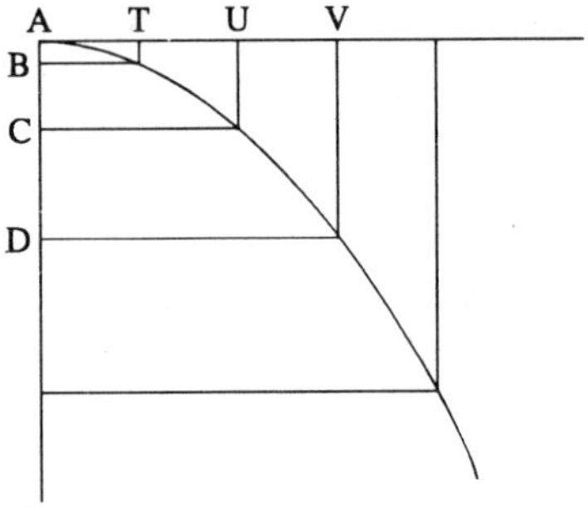

fig.125

L'apport de Huygens – AB vaut quinze pieds pour AT égal à une seconde – permet de connaître complètement la chute des graves. Tous, dans le vide, tomberaient en deux secondes (AU) d'une hauteur AC telle que le rapport de AC à AB soit le carré du rapport de AU à AT : le rapport de AC, que l'on cherche, à quinze pieds, vaut 2^2, soit quatre ; durant les deux premières secondes un corps tombe de 4 x 15 = 60 pieds. Un tel calcul peut être fait pour n'importe quelle durée de chute. Sous les hypothèses d'une chute dans le vide, on sait donc parfaitement comment tombent les corps à la surface de la Terre, et en un lieu précis, Paris. La gravité, cette force dirigée vers le centre de la Terre, est totalement déterminée. La gravité accélératrice est mesurée par ces quinze pieds en une première seconde.

Les autres phénomènes à prendre en compte ont été établis par d'éminents astronomes, ou à partir de leurs données d'observation. Ils concernent les mouvements des planètes, de leurs satellites, ceux de la Terre, du Soleil et de la Lune. Puisqu'on ne sait se situer, pour le moment, par rapport à l'espace absolu, il convient d'être particulièrement lucide sur ce que sont ces mouvements. Il importe de savoir, pour chacun, à quoi on le réfère. Prenons pour commencer le Soleil, la Terre et les cinq planètes. Le Soleil tourne autour de la Terre. Telle est l'apparence première, mais telle est aussi l'opinion de Tycho Brahé. Selon Copernic, c'est la Terre qui, en tournant sur elle-même, produit cette illusion; et en outre elle décrit un cercle autour du Soleil, qui est fixe. Entre ces deux doctrines, il ne s'agit pas de choisir pour le moment.

Lorsqu'il est dit, donc, que « Mercure, Venus, Mars, Jupiter et Saturne enferment le Soleil dans leurs orbes »[1], ces lignes courbes que sont leurs orbes – imaginons les comme des cercles – se tracent autour d'un Soleil dont on ne connaît pas l'état cinématique réel. Ces tracés se font dans des plans, un pour chaque planète, dont Kepler a montré qu'ils passent par le Soleil. Si celui-ci se meut, ces plans sont comme entraînés par lui; ce sont des espaces relatifs, et ces mouvements des cinq planètes sont seulement relatifs.

Mais un espace relatif n'est pas défini par un point seulement. Il y faut des directions, changeantes ou fixes, selon quoi l'espace sera dit ou non en rotation. Cette précision s'impose, entre autres, lors de la mesure des temps périodiques. Quel temps chaque planète met-elle à boucler sa trajectoire ? La question n'a de sens que si l'on précise ce que c'est que faire un tour complet autour du Soleil. L'astronome, pour affirmer que Jupiter a fait, de telle date à telle date, un tour exactement, doit se repérer sur une direction fixe, ou tenue pour telle (fig.126).

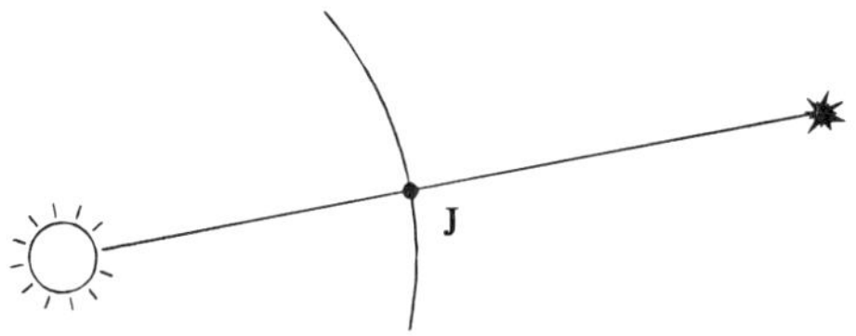

fig.126

Si la direction de référence est absolument fixe, le temps périodique trouvé est le vrai. Si l'on se sert d'une direction changeante, ce n'est qu'un temps apparent. Les temps dont Newton dispose sont établis, précise-t-il, « en supposant les étoiles fixes en repos »[2]. Il faut

1. Phénomène III.
2. Phénomènes I, II et IV.

comprendre par là que les étoiles sont supposées en repos absolu, malgré l'apparence qu'elles donnent au cours d'une nuit, mais aussi qu'elles sont suffisamment éloignées pour qu'une éventuelle translation du Soleil n'altère pas sensiblement les directions des droites qui les joignent à lui (fig.127). Moyennant quoi, le référentiel solaire est complètement constitué.

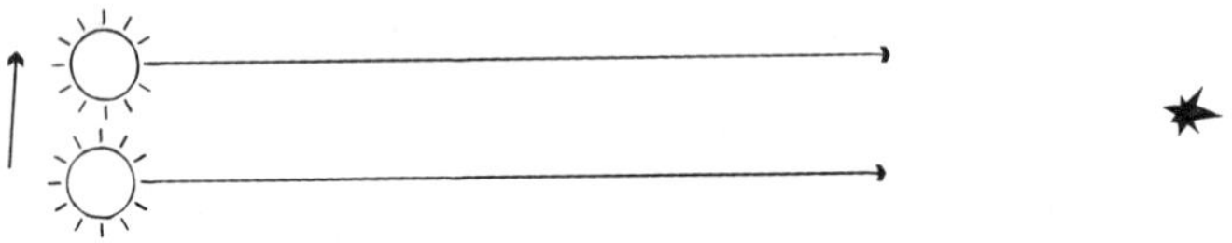

fig.127

La question du mouvement et du repos du Soleil va être discutée, et réglée, d'une certaine manière. L'hypothèse du repos des fixes, en revanche, ne sera testée qu'indirectement, par la théorie de l'aplatissement du globe terrestre. Car si l'on suppose que c'est la sphère des fixes qui tourne autour d'une Terre immobile, effectuant sa révolution en un jour, c'est-à-dire dans le temps que met le Soleil à en faire autant, la Terre peut être tenue pour parfaitement sphérique. Si ce sont les étoiles qui sont véritablement en repos, c'est la Terre qui tourne sur elle-même, le mouvement des fixes étant purement apparent, purement relatif. Dans ce cas la rotation terrestre doit produire des forces centrifuges qui éloignent de l'axe des pôles les parties du globe, et surtout les parties proches de l'équateur. Il doit en résulter un aplatissement de la sphère. Si on peut le calculer, et si les mesures de la Terre s'accordent au résultat du calcul, l'hypothèse du repos des fixes bénéficiera d'une présomption hautement favorable[1].

Pour le moment, c'est sous cette hypothèse d'immobilité des étoiles que sont établis les temps périodiques et, donc, la troisième loi de Kepler. Cette remarquable proportion (les carrés des temps périodiques sont comme les cubes des distances au Soleil) reste vraie si l'on place la Terre parmi les planètes : son temps de révolution (une année, par définition) et sa distance au Soleil s'accordent aux dix autres par la même loi[2]. Ces deux phénomènes se voient complétés par la loi des aires : les rayons Soleil-planète balaient des aires proportionnelles aux temps, ce qui n'est pas le cas des différents rayons Terre-planète[3].

1. Propositions XVIII et XIX du Livre III. Voir l'annexe 8.
2. Phénomène IV.
3. Phénomène V.

Tout cela montre la place éminente du Soleil, mais ne prouve en rien qu'il soit en repos. Entre Copernic et Brahé les phénomènes sont impuissants à décider. Les deux systèmes sont cinématiquement équivalents.

Deux autres Phénomènes concernent les planètes qui ont des satellites. Depuis que Galilée a tourné sa lunette vers elles, on a trouvé quatre lunes à Jupiter, et cinq à Saturne. Or, dans les deux cas, les satellites décrivent autour de leurs planètes des aires proportionnelles aux temps, et les carrés de leurs temps périodiques sont comme les cubes de leurs distances aux centres[1]. Le cortège planétaire du Soleil a donc deux répliques, fidèles jusque dans ces étranges proportions keplériennes.

Le sixième Phénomène concerne la Terre et la Lune : celle-ci décrit, autour de celle-là, des aires proportionnelles aux temps. S'il existait une deuxième Lune, peut-être leurs temps périodiques vérifieraient-ils la troisième loi de Kepler... A ce stade, quatre corps célestes ont manifestement un rôle central : Jupiter, Saturne, le Soleil et la Terre. Les particularités des mouvements qui se font autour d'eux s'interprètent en termes dynamiques, grâce aux Propositions du Livre I sur les forces centripètes. Le délicat est de tenir compte de notre ignorance complète des états cinématiques : ces quatre corps se meuvent-ils tous, ou bien l'un d'entre eux est-il immobile ? Newton a suffisamment étudié les espaces en translation pour pouvoir tenir compte de cette ignorance, et conclure quant aux forces.

Des phénomènes aux forces

Le programme comporte : l'existence de forces centripètes, leur proportionnalité à l'inverse du carré de la distance au centre, et leur proportionnalité à la masse du corps central. Quand tout cela aura été établi, et étendu à tous les corps, l'attraction universelle sera prise comme principe, d'où seront déduits « a priori », une foule de phénomènes nouveaux.

Pour commencer, il s'agit de montrer que les corps en révolution sont tous retenus sur leurs orbites par une force centripète dirigée vers le corps central. Prenons le Soleil et les cinq planètes. Celles-ci décrivent, par des rayons menés à celui-là, des aires proportionnelles aux temps. On sait que, si le Soleil est immobile, il peut être déduit de ce phénomène que les planètes sont constamment retirées du mouve-

1. Phénomènes I et II.

ment droit par des forces constamment dirigées vers le Soleil. On sait aussi que la même conclusion vaut si le Soleil est en mouvement rectiligne uniforme, et, avec lui, l'espace en translation qu'il détermine. Mais si le Soleil se meut, peut-être n'est-ce pas d'un tel mouvement. La translation de l'espace relatif où sont balayées des aires proportionnelles aux temps n'est peut-être pas inertielle. Or ce cas a été étudié en toute généralité. Il a été prouvé qu'alors la force qui agit sur la planète est composée de celle qui agit sur le Soleil, et d'une force centripète dirigée vers lui. La conclusion n'est plus tout à fait la même que précédemment. Elle l'est partiellement, néanmoins, puisqu'une partie de la force est centripète, et centrée sur le Soleil. Dans tous les cas de figure, l'existence d'une telle force centripète est bien avérée[1].

Le même raisonnement vaut pour Jupiter et ses satellites, ainsi que pour Saturne et les siens[2]. La Lune, de même, subit l'action d'une force dirigée vers le centre de la Terre, que celle-ci soit en repos ou en mouvement, que ce mouvement soit inertiel ou pas[3]. A ce tableau manque, curieusement, la relation du Soleil à la Terre. Nulle part il n'est affirmé que le Soleil décrit autour de la Terre des aires proportionnelles aux temps, ni l'inverse. A ce premier stade de la déduction le Monde semble divisé en deux : la Terre et la Lune d'un côté ; le Soleil, les planètes, et leurs satellites de l'autre. La liaison dynamique se fera subrepticement, dans le cadre d'une généralisation à venir.

Le second stade concerne la loi des forces jusqu'ici découvertes. Dans le sous-ensemble solaire, les proportions kepleriennes permettent de conclure que les forces centripètes varient comme l'inverse du carré de la distance au centre. Lue radialement, en effet, la relation des périodes aux distances se traduit par cette relation entre la force accélératrice seconde et la distance. Et il en va de même pour les satellites de Jupiter : la force qui les retient sur leurs orbites est inversement proportionnelle au carré de la distance au centre de Jupiter. Et de même pour Saturne. Le Monde, déjà, semble plein de forces relevant d'une loi aussi simple.

Qu'en est-il de la Lune ? Sa solitude comme satellite de la Terre empêche de lui appliquer le même raisonnement. Heureusement, les

---

1. Proposition II du Livre III. La démonstration n'envisage, à travers la référence à la seule Proposition II du Livre I, qu'une translation inertielle. Ce que nous envisageons d'autre aurait pu (et aurait dû) l'être par Newton, comme le montrent les démonstrations des Propositions I et III du Livre III : la possibilité, ouverte, de faire appel à la seconde ou à la troisème des Propositions du Livre I.

2. Proposition I du Livre III.

3. Proposition III du Livre III

astronomes ont établi une particularité de son mouvement, d'où l'ingéniosité sans limites du mathématicien a su tirer la même conclusion : cette force varie elle aussi comme l'inverse du carré de la distance. La trajectoire de la Lune n'est pas tout à fait un cercle centré sur la Terre. Elle présente un apogée, c'est-à-dire un point où la distance à la Terre est maximale. Des observations précises ont permis d'affirmer que l'apogée n'est pas fixe, mais qu'il tourne lui aussi autour de la Terre. La Section IX du Livre I, tout entière, a établi ce résultat : lorsqu'un tel apogée se déplace aussi lentement (trois degrés par révolution), la force varie quasiment comme l'inverse du carré de la distance au centre (et le reliquat sera expliqué par l'action du Soleil)[1].

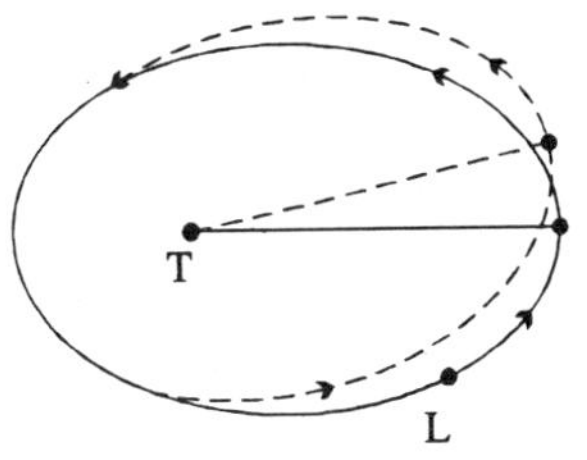

fig.128

Ainsi le sous-ensemble Terre-Lune se plie-t-il à la règle déjà établie pour l'autre. Mieux encore : cette force qui retient le Lune comme une fronde retient une pierre, n'est autre que... son poids[2]. Imaginons que l'on puisse faire descendre la Lune jusqu'à la surface de la Terre. La force, d'après la loi de l'inverse du carré, doit augmenter. On connaît la distance Terre-Lune ; on en tire que cette augmentation est une multiplication par 3600. On connaît aussi la force qui agit sur la Lune à son attitude réelle : les caractéristiques de sa révolution permettent de calculer de quelle hauteur cette force fait descendre la Lune en une seconde, cette descente étant l'écart BD produit entre le déplacement réel et celui qui se serait fait sur la tangente (fig.129). Ce mouvement BD, combiné au mouvement acquis AB, peut en effet être pensé comme une descente AC, adjointe à AB, et qui est le seul effet de la force centripète. Du mouvement réel et circulaire AD, il n'y a à retenir que la descente AC, et le temps de sa durée.

1. Voir l'annexe 6.
2. Proposition IV du Livre III. Cf. M.Blay et G.Barthélemy, op.cit.

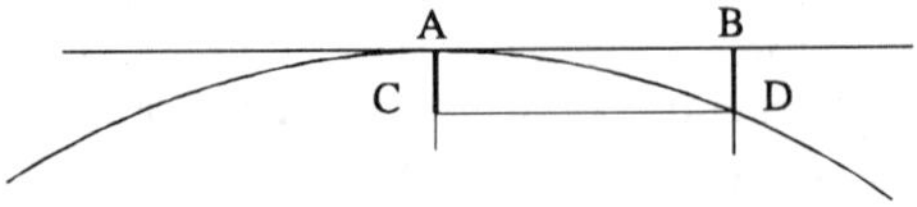

fig.129

Dire que la force varie comme l'inverse du carré de la distance au centre, c'est dire que, pour la même durée d'une seconde, la descente AC serait 3600 fois plus grande. Résultat du calcul effectif: quinze pieds et quelques; à très peu près, ce dont choit un corps en une seconde, à la surface de la Terre. De là l'identification, hardie logiquement, mais que ces calculs autorisent, de la force qui retient la Lune avec la gravité, cette force centripète par laquelle les corps tendent vers le centre de la Terre. De là l'affirmation que *la Lune gravite*. On le sait tant, depuis, que «graviter» en a pris le sens de «tourner autour» dans le langage courant; on ne gravite plus qu'autour. Il se trouve que la Lune gravite *vers* la Terre, tout en tournant autour. Cela n'a rien d'évident, puisqu'il a fallu le montrer, et que cette démonstration n'est pas, tant s'en faut, une déduction nécessaire. Qu'elle gravite ne signifie qu'une chose: elle tombe vers le centre de la Terre, et par la même cause qui fait qu'une pierre lâchée tombe. Que la Lune tourne autour de la Terre tient à ce que, en plus de ce mouvement permanent de chute, elle en a un autre, dirigé selon la tangente. Par

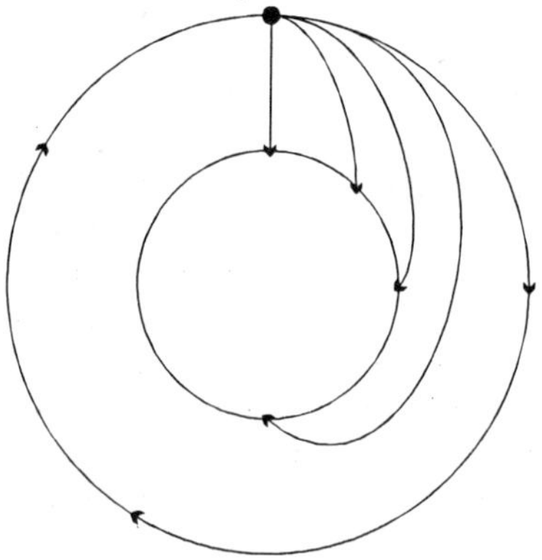

fig.130

leur composition elle tombe à la manière d'un projectile. Mais alors qu'un vulgaire projectile revient sur la Terre, la Lune est ce projectile lancé avec la bonne vitesse, celle qui fait qu'elle tombe derrière la Terre, au point de se retrouver à son départ.

La gravitation de la Lune, cette chute verticale due à la pesanteur (semble-t-il), est un premier pas, le plus difficile, vers une universelle gravitation, une universelle pesanteur. Le second est un renversement des rôles. Au lieu de voir dans dans la force lunaire une simple extension de la gravité aux très hautes altitudes, il faut échapper définitivement à ces pensées de terriens, et voir au contraire dans le poids des corps l'effet localisé d'une force de vaste portée. Son caractère premier n'est pas d'engendrer un mouvement uniformément accéléré, autrement dit d'être constante, mais au contraire de varier, selon la distance du corps attiré au centre de la Terre. A proximité d'icelle les corps tombent d'un mouvement uniformément accéléré parce que la hauteur de la chute est trop faible par rapport à la distance au centre pour que la quantité accélératrice (seconde) ait la possibilité de varier sensiblement: quelques pieds contre deux millions.

Le fait établi est donc qu'une force centripète, variant inversement comme le carré de la distance, agit à toute distance, semble-t-il, du centre de la Terre. On l'appelle gravité, ou pesanteur, parce qu'à la surface de la Terre, connue depuis toujours, elle s'appelle ainsi. Puisqu'il existe des forces centripètes qui font que les planètes, au lieu de filer en ligne droite, tournent autour du Soleil; et d'autres, par l'action desquelles les lunes de Jupiter et de Saturne révolutent aussi; et puisque toutes ces forces respectent la loi de l'inverse du carré, il n'y a pas de raison de ne pas les identifier elles-aussi à cette gravité qui agit sur la Lune. A ce point de généralisation, autant risquer l'hypothèse que *tous les corps gravitent les uns vers les autres.* Telle est la thèse de la gravitation universelle, appelée plus tard attraction universelle: tout corps est poussé vers tout autre, par une force dont la quantité accélératrice varie comme l'inverse du carré de la distance.

Cette théorie se heurte, dès le départ, à un fait d'expérience courante: les corps que nous percevons sur la Terre ne paraissent pas s'attirer les uns les autres. Y aurait-il eu excès dans la généralisation? Fallait-il limiter l'attraction aux astres entre eux? Nenni: il est prouvé que si des corps s'attirent par des forces centripètes dont les quantités accélératrices sont fonctions de la distance du corps attiré au corps attirant, la force accélératrice est proportionnelle, aussi, à la masse du corps attirant. Deux objets de taille humaine peuvent donc s'attirer sans que cela soit perceptible. Une boule de bois exerce sur une boule de fer une attraction qui est au poids de la seconde ce que la masse de la première est à celle de la Terre ; c'est-à-dire rien.

L'idée de gravitation étant ainsi étendue à toute la matière, on peut tenter d'en tirer les premières conséquences, qui sont d'ordre cosmologique. La Troisième Loi du Mouvement rend à peu près impossible qu'un corps, quel qu'il soit, reste rigoureusement immobile. Ni la Terre ni le Soleil ne peuvent plus prétendre occuper la place singulière que les bâtisseurs de systèmes leur avaient réservée, celle de centre du Monde. Puisqu'une force pousse Jupiter vers le Soleil, une autre, égale en quantité motrice, pousse le Soleil vers Jupiter. Les quatre autres planètes en font autant (tout en s'attirant l'une l'autre). Entre Terre et Soleil, de même, l'attraction est nécessairement mutuelle.

Pour que le Soleil restât immobile, il faudrait un équilibre parfait, et de tous les instants, entre toutes les forces qui agissent sur lui. Ce que l'on sait des positions respectives des astres, et de leurs modifications, semble exclure une compensation aussi réussie. A la rigueur le Soleil est-il moins remué par tous les autre corps ensemble que par un seul. Ceci vaut pour la Terre aussi bien. Toutefois, que Copernic, tout comme Brahé, soit débouté de sa prétention à l'exacte vérité, ne signifie pas que leur rivalité cesse là. Reste à peser la part de vérité de chacun d'eux. Car, pour prendre le seul couple Terre-Soleil, ce sont les quantités motrices des attractions qui sont égales, selon la Loi III ; les quantités accélératrices, dont la proportion donne celle des mouvements de chute de chaque corps vers l'autre, sont dans le rapport inverse de celui des masses. S'il est possible de connaître les rapports de masse, on pourra dire lequel des deux corps est le moins remué par l'action de l'autre.

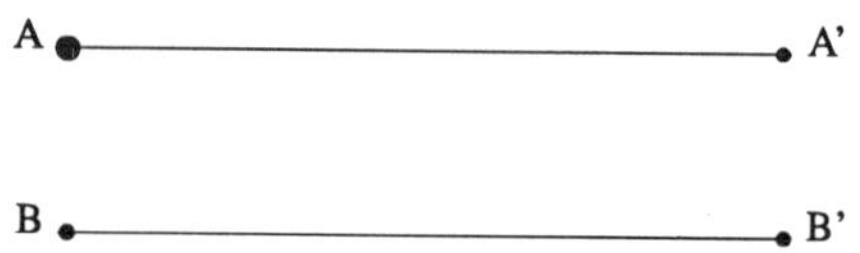

fig.131

Or les masses sont en partie connaissables, puisque les forces absolues leurs sont proportionnelles. Soient deux corps A et B qui en attirent chacun un autre, respectivement A' et B', situés à même distance des premiers. On sait que le rapport des forces accélératrices est, du fait de cette égalité des distances, celui des forces absolues, c'est-à-dire celui des masses de A et de B[1]. Pour comparer la masse de la Terre à celle du Soleil – ce qui est les connaître – il suffit d'examiner les chutes de corps situés à même distance de l'un que de l'autre. Qu'il ne se rencontre pas de tels corps n'est en rien un obstacle. On connaît la chute de Vénus (pendant une seconde) vers le Soleil, par les caractéristiques de sa révolution. On connaît aussi la loi de variation, selon la distance au Soleil, de la force que cette chute mesure. On peut donc calculer ce que serait la chute d'un corps (pendant le même temps) s'il se trouvait à une autre distance, par exemple à cette distance qui est celle de la Lune à la Terre. Ainsi se laissent comparer les forces absolues, et par là les masses, de la Terre et du Soleil. On voit que ce procédé permet de comparer les masses de tous les corps, pourvu que soit connue une chute vers chacun d'eux, à quelque distance que ce soit.

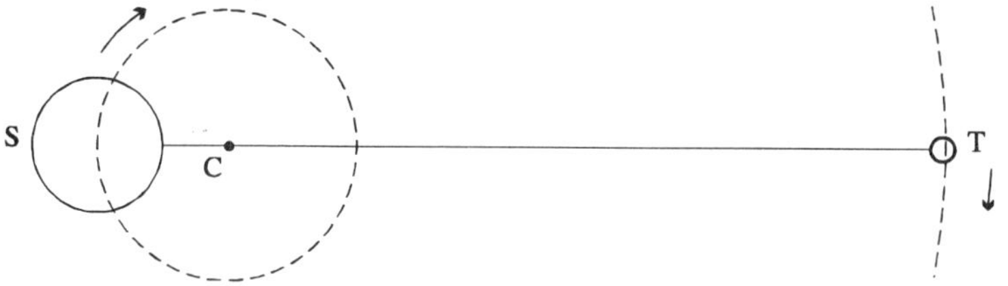

fig.132

On aboutit ainsi à la comparaison des masses du Soleil, de la Terre, de Jupiter et de Saturne. Newton obtient que la masse du Soleil est environ cent soixante-dix mille fois celle de la Terre, et mille fois celle de Jupiter, la plus grosse des planètes[2]. Le Soleil est donc remué cent soixante-dix mille fois moins par la Terre que celle-ci par lui. Si seuls ces deux corps s'attiraient, aucun des deux ne restant immobile, ne resterait en repos que leur centre commun de masse ; ou du moins serait-il en état inertiel. Terre et Soleil tourneraient tous deux autour de ce centre, la première sur une plus grande orbite que le second. De leur grande inégalité résulterait l'apparence d'une Terre faisant ses révolutions autour du Soleil, en ce que l'orbe terrestre enfermerait cet astre.

La situation réelle est plus compliquée, puisque le Soleil est attiré par toutes les planètes en même temps que par la Terre. Le point qui a quelques chances d'être immobile n'est donc pas le centre de masse du

1. Cf. chapitre 8.
2. Proposition VIII du Livre III.

système Terre-Soleil, mais celui du système constitué des mêmes, des planètes, de leurs satellites, et de la Lune. On peut le supposer en repos puisque ce système ne semble pas se déplacer par rapport aux étoiles, mais c'est pure hypothèse[1]. Le système, a priori, serait plutôt en translation inertielle. Newton le désigne comme Système du Monde. Mais à partir du moment où la connaissance de certaines masses montre que le Soleil s'éloigne incomparablement moins que la Terre du centre commun, c'est pratiquement la Terre qui tourne autour du Soleil. C'est là qu'elle rentre dans le rang des planètes. Le Monde ressemble cent soixante-dix mille fois plus à ce qu'en disait Copernic qu'à ce qu'en affirmait Tycho Brahé.

Une moisson de nouveautés

Jusque là, les forces, leur existence, leurs caractéristiques, ont été déduites des phénomènes, à l'aide de la mécanique rationnelle. A partir de la treizième Proposition du Livre III (sur les quarante deux qu'il contient), c'est une déduction des mouvements dite « a priori » qui est proposée. Arrivés au point où la gravitation universelle, établie d'abord sur la base de faits observés, et au-delà comme hypothèse unificatrice, peut être prise comme principe, il s'agit d'examiner ce qui découle d'un tel principe. A la vérité on y est déjà lorsqu'on prouve que le Soleil, pas plus que la Terre, n'est en repos. Voyons quelques autres conséquences, parmi les plus importantes, de cette gravitation maintenant admise comme universelle.

La première, la moins attendue, a trait à la forme des orbites. Dans la phase précédente il n'a jamais été envisagé que ce fussent des ellipses. C'étaient des cercles, approximativement, et cette approximation n'a en rien empêché d'aboutir à la loi de l'inverse du carré de la distance : c'est la relation keplérienne des périodes aux distances qui y a conduit (et pour la Lune, le mouvement de son apogée). Maintenant que chaque planète est attirée vers le Soleil par une telle force, on peut affirmer que sa trajectoire est une ellipse, dont le Soleil occupe un des foyers[2]. Ceci serait vrai en toute rigueur si le Soleil était immobile et qu'aucune perturbation ne se fît. En réalité le léger déplacement du Soleil et les attractions mutuelles des planètes font que les trajectoires ne sont qu'approximativement des ellipses. Au moins sait-on que cette appro-

1. Ceci est traité à travers la notion, vague et mal venue, de Centre du Monde. Voir l'Hypothèse I et la Proposition XI du Livre III.

2. Proposition XIII du Livre III.

ximation est plus juste que celle des cercles, prise comme point de départ.

Plus nouvelle et plus hardie est la théorie de la forme des planètes, déjà évoquée à propos de la Terre. Mais les grands développements du Livre III concernent la Lune et ses mouvements, plus que toute autre chose. La Lune est soumise à l'attraction terrestre, mais aussi à l'action du Soleil. Si l'on néglige celles que produisent les autres planètes, on a à traiter là un problème de trois corps en interaction. La Section XI du Livre I comporte moult pages consacrées au sujet. Cette étude, théorique par le cadre dans lequel elle se situe, est déjà, en fait, étude des mouvements de la Lune. La Proposition LXVI et ses vingt-deux Corollaires fournissent un grand nombre de résultats tout faits pour s'appliquer au système Soleil-Terre-Lune, et tout aussi bien à un autre système Soleil-planète-satellite.

Terminons cette revue sur la nouveauté la plus étonnante, la théorie des marées[1]. L'Océan semble avancer, stagner, reculer. Si l'on percoit ce phénomène comme élévation, et non comme avancée, il trouve son explication dans l'attraction de la mer par les astres. De même que la mer pèse vers le centre de la Terre, elle pèse vers la Lune, vers le Soleil, et vers tout autre corps céleste. Parmi ces actions, on a quelques raisons d'estimer négligeables, en première approximation, celles des planètes. Quoique plus gros que la Lune, ces astres sont trop éloignés.

Le problème est alors réduit, en somme, à l'examen des mouvements d'un corps sous l'effet de trois forces. La mer est en effet comme un corps posé à la surface de la Terre, et qui en subit l'attraction. Celle-ci est connue. On connaît aussi la masse du Soleil, c'est-à-dire le rapport de cette masse à celle de la Terre. On a enfin les distances de la mer au centre de la Terre et au centre du Soleil. Ces éléments permettent de calculer la force accélératrice par laquelle le Soleil agit sur la mer, comme sur tout corps placé à la surface de la Terre : ce calcul est celui du rapport de cette force à l'attraction terrestre. Sa connaissance permet de dire quelle serait l'élévation de la mer sous le seul effet de l'attraction solaire.

L'écart entre l'élévation observée et celle que donne ce calcul s'explique par l'attraction lunaire. Cette dernière est de loin la plus importante : presque cinq fois l'attraction solaire. Muni de cette connaissance, on peut remonter à celle de la masse de la Lune. Tel est le résultat principal, au-delà de l'explication donnée au phénomène des

1. Proposition XXIV du Livre III.

marées. Il faut réduire cette recherche, en somme, à la comparaison de deux attractions sur un même corps. On pourrait peut-être examiner les attractions qui sont celles de la Terre entière par le Soleil et par la Lune. Ce problème, celui des trois corps, n'est sûrement pas assez défriché quant à la méthode à y suivre : Newton préfère raisonner, comme il le fait si souvent, avec une Terre supposée immobile.

Cela posé, peu d'objets permettent la comparaison des attractions en question. Ceux qui nous environnent se prêtent mal à l'observation des effets de ces attractions. La mer est le seul qui les offrent à nos regards. Toute la théorie des marées, donc, dans la mesure où elle est juste, consiste à comparer les effets de ces attractions sur un même objet. On connaît l'une, ainsi que l'attraction totale; on en déduit l'autre, l'attraction lunaire. Compte tenu des distances, la comparaison de ces attractions revient à celle des masses des corps attirants. Celle du Soleil était connue, celle de la Lune s'en déduit.

*

CONCLUSION

Une première fois, au début du chapitre 7, nous avons pris une vue d'ensemble de l'acquis. Les chapitres 3 à 6 avaient présenté les bases de la mécanique newtonienne, autour des notions de corps, de mouvement et de force. Sur ces bases a ensuite été développé tout un arsenal de concepts et de méthodes assez riches pour permettre l'analyse en termes mécaniques des phénomènes astronomiques : systèmes de corps, changements de référentiels, forces centripètes, etc. Alors, des mouvements que les corps célestes exécutent les uns par rapport aux autres, ont pu être tirées les forces par lesquelles ils interagissent. Il est apparu qu'elles s'exercent de tout corps vers tout corps, en proportion de leurs masses et en proportion inverse du carré de leur distance.

On mesure maintenant l'extraordinaire effort que représentent les Principia dans la connaissance de la nature. Créations de concepts, affirmations de principes, aboutissent à une perception renouvelée du Monde. Le débat cosmologique est tranché, de façon certes pas absolue. Du moins en sort-il un nouveau Cosmos, relativement héliocentrique. La Terre prend définitivement sa place parmi les planètes ; une première connaissance des corps célestes, au-delà du visuel, se pointe avec le calcul de certaines masses ; même les comètes voient leurs trajectoires soumises à la loi générale. Seules les étoiles gardent leur lointain mystère, leur immobilité si permanente qu'elles semblent nous assurer d'un Espace vrai et mathématique.

Ce Monde nouveau n'offre plus le bel ordonnancement, si rassurant, de celui des Anciens. Non seulement la Terre n'est plus la référence stable, l'être immobile d'où il est bien agréable d'observer les mouvements des cieux, mais même le Soleil ne peut plus prétendre à un tel rôle, ni aucun autre corps. Chacun n'a droit au repos qu'en raison de sa masse, et nulle n'est infinie.

Le terme de Cosmos s'applique-t-il encore à un Monde où toute hiérarchie se trouve bannie des corps pour ce qui touche à leur nature, à leur excellence, ne restant que l'inégalité des masses ? Sans doute, si le Cosmos est le Monde en tant qu'organisé. Car à l'ordre attribué aux natures respectives des corps se trouve substitué l'ordre créé par les forces. L'universelle gravitation est telle que les masses et les positions de tous les corps de l'Univers règlent les mouvements de tous. C'est un ordre perceptible au seul mathématicien. Le cosmique est dans les proportions, en attendant que les formules prennent la relève.

Aux alentours de 1700, en suite de la publication des Principia, le débat n'opposa pas les newtoniens aux aristotéliciens, ceux-ci ayant déjà cédé le haut du pavé aux cartésiens. Ces derniers, héros de la guerre aux « qualités occultes », ne pouvaient pas se contenter de forces d'interaction conçues comme causes en soi des mouvements des corps. Ces forces de gravitation devaient trouver leur explication dans quelque mécanisme invisible, tourbillonnaire ou autre, où le dernier mot revînt à des chocs ou à des poussées.

Un grand combat fut mené par Leibniz, allié des cartésiens en cette occasion, pour faire avouer à Newton l'idée « physique » qu'il se faisait de ces forces ; à savoir qu'il se passait fort bien d'une explication mécaniste, et qu'il y voyait volontiers quelque effet de l'action divine dans la nature. Sous ce rapport le newtonianisme n'était peut-être pas à la pointe de la modernité d'alors. Cela ne l'empêcha pas de donner le coup de grâce au cartésianisme lorsque fut avéré l'aplatissement de la Terre aux pôles, prévu et calculé par Newton : Descartes avait annoncé au contraire un étirement du globe le long de son axe polaire.

Les forces découvertes et mesurées par Newton ont eu beau rester inexpliquées quant à leur nature et à leur origine, la mécanique céleste n'a cessé, deux siècles durant, de déployer son efficacité. Simultanément, et plus globalement, la mécanique rationnelle s'est consolidée et perfectionnée. Elle a éminemment contribué au développement de nombre de techniques. Modèle pour le reste de la physique, elle en a fécondé plusieurs branches, jusqu'à ce que l'une d'entre elles, l'électromagnétisme, lui eut retourné la politesse ; mais ceci est une autre histoire.

*

ANNEXES

Lire les Principia est chose ardue, disions-nous dans l'introduction. On peut, pour se faire une idée de leur contenu, lire quelques ouvrages généraux, écrits par d'honorabilissimes spécialistes. On peut, à l'inverse, s'atteler à la tâche de lecture du texte, avec espérance du plaisir de comprendre et de juger par soi-même, quitte à confronter ensuite ses résultats à ceux des autres principiologues. Pour avoir suivi cette voie[1] l'auteur s'est trouvé en mesure de présenter en thèse[2] quelques constats et réflexions plus ou moins originaux à propos du Livre I. Les annexes 2 à 7 en sont directement issues. On pourra constater, par les extraits qu'elles contiennent, combien le style newtonien est inactuel[3]. La thèse elle-même, toute d'analyse se voulant au plus près du texte, n'est guère susceptible d'intéresser d'autres lecteurs que quelques historiens des sciences familiers de l'époque. C'est pour faire profiter un plus large public de l'expérience acquise, et même des résultats obtenus, que le présent ouvrage a été composé. A qui voudrait s'essayer à appliquer les connaissances que les chapitres précédents auraient su lui communiquer, on conseille plus particulièrement trois extraits :

• dans l'annexe 3, la belle Proposition I du Livre I (la loi des aires), pages 150 à157 ;

---

1. D'abord en compagnie de François De Gandt, Philippe de Rouilhan et Michel Blay, à l'Institut d'Histoire des Sciences, grâce à la bienveillance de Mademoiselle Suzanne Bachelard. La collaboration s'est développée avec Michel Blay sur la question des interactions, et plus tard sur la notion de vitesse. Mais la nécessité s'est fait sentir d'engager un complet réexamen des notions premières.

2. Georges Barthélemy, *Concepts et méthodes de la mécanique rationnelle dans les Principia de Newton,* thèse de 3e cycle soutenue à l'Université de Paris I (1986).

3. Pour un premier coup d'œil à quelques extraits significatifs, voir pages150-151, 161-162, 200-201.

• dans l'annexe 4, la curieuse étude de la force centrifuge, pages 172 à 175.

• dans l'annexe 6, les préliminaires de la détermination de la force qui retient la Lune autour de la Terre, pages 181 à 184.

Pour le reste, ces annexes prétendent apporter la justification rigoureuse de quelques assertions avancées dans les chapitres, et que d'aucuns pourraient légitimement juger hardies. Ainsi en est-il au premier chef de l'annexe 3 dans son ensemble (l'étude de la suivante pouvant servir de propédeutique). On y établit par le menu comment Newton a donné l'illusion – et à lui-même peut-être – de n'employer qu'une seule notion de force imprimée. Les annexes 5, 6 et 7 proposent également quelques analyses nouvelles, la dernière des trois étant sans doute la plus importante pour l'histoire de l'attraction universelle.

ANNEXE 1

LE PLAN DES PRINCIPIA[1]

DÉFINITIONS

AXIOMES

LIVRE PREMIER DU MOUVEMENT DES CORPS

I. De la méthode des premières et dernières raisons.
II. De la détermination des forces centripètes.
III. Du mouvement des corps sur les sections coniques excentrées.
IV. De la détermination des orbites elliptiques, paraboliques et hyperboliques de foyer donné.
V. De la détermination des orbites dont aucun foyer n'est donné.
VI. De la détermination des mouvements sur des orbites données.
VII. De l'ascension et de la descension rectilignes des corps.
VIII. De la détermination des orbites sur lesquelles révolutent des corps agis par des forces quelconques.
IX. Du mouvement des corps sur des orbites mobiles, et du mouvement des apsides.
X. Du mouvement des corps sur des surfaces données, et du mouvement oscillatoire des pendules.
XI. Du mouvement des corps qui s'attirent mutuellement par des forces centripètes.
XII. Des forces attractives des corps sphériques.
XIII. Des forces attractives des corps non sphériques.

1. Traduction de la table donnée dans l'édition de référence.

XIV. Du mouvement des corps très petits, qui sont agis par des forces centripètes tendant vers chaque partie de quelque grand corps.

LIVRE SECOND DU MOUVEMENT DES CORPS

I. Du mouvement des corps auxquels il est résisté en raison de la vitesse.
II. Du mouvement des corps auxquels il est résisté en raison doublée de la vitesse.
III. Du mouvement des corps auxquels il est résisté partie en raison de la vitesse; partie en sa raison doublée.
IV. Du mouvement circulaire des corps dans les milieux résistants.
V. De la densité et de la compression des fluides, et de l'hydrostatique.
VI. Du mouvement et de la résistance des corps pendulaires.
VII. Du mouvement des fluides et de la résistance des projectiles.
VIII. Du mouvement propagé dans un fluide.
IX. Du mouvement circulaire des fluides.

LIVRE TROISIÈME DU SYSTÈME DU MONDE

Règles pour philosopher
Phénomènes
Propositions
Scholie général

*

ANNEXE 2

VARIATIONS SUR QUATRE ADVERBES
(Le commentaire de la Loi II)

Rappelons la Loi II : le changement du mouvement est proportionnel à la force motrice imprimée, et il se fait selon la ligne droite selon laquelle il est imprimé[1].

Cet énoncé, matrice de notre « relation fondamentale de la dynamique », est accompagné du commentaire suivant, qui se montre délicat à interpréter.

> « Si une certaine force engendre un certain mouvement, une force double engendrera un mouvement double, une force triple un mouvement triple, qu'elle soit imprimée simultanément et en une fois, ou bien graduellement et successivement. »[2]

On sait, par le commentaire de la Définition IV, qu'une force peut être imprimée lors d'une action instantanée (le choc), tout autant que par une action continue (la pression). Le problème des lois du choc s'est trouvé au centre des premières recherches de Newton en mécanique, avec celui de la force centrifuge. Les dernières lignes citées font-elles allusion aux deux types d'actions ? Invitent-elles à considérer la Loi II comme un principe applicable tant à la gravité, par exemple, qu'à ce phénomène du choc qui, au XVIIe siècle, suscite tant d'intérêt ? Il nous paraît prudent de ne pas vouloir en décider prématurément, et d'autant plus qu'il n'est pas question, explicitement du moins, d'instantanéité et de continuité. Partons de ce que Newton met quatre mots là ou deux sembleraient suffire.

La « force double » peut être imprimée, soit « simul et semel », soit « gradatim et successive ». Une impression *simul et semel* peut être

1. Cf. chapitre 5, page 70.

2. « Si vis aliqua motum quemvis generat ; dupla duplum, tripla triplum generabit, sive simul et semel, sive gradatim et successive impressa fuerit. »

instantanée, au sens fort du terme, c'est-à-dire de durée parfaitement nulle. Il suffit de supposer que deux corps parfaitement durs se rencontrent, éventualité peut-être exclue en philosophie expérimentale, mais envisageable en mécanique rationnelle. Une telle instantanéité n'est cependant pas impliquée par « semel », et encore moins par « simul ». Cet adverbe-ci renvoie à un pluriel.

Or les seuls pluriels, quant au sens, sont contenus dans « dupla » et « tripla ». La « force double » ne résulte pas nécessairement d'un doublement de l'intensité de la première, la *vis aliqua*. Ce n'est qu'une des possibilités, l'autre étant un doublement temporel : on imprime deux fois, *successive*, la première force. Ou mieux encore : on peut imprimer, successivement, deux forces égales à la première, tout comme on peut les imprimer ensemble (*simul*), et, dans ce cas, en une seule fois (*semel*). On peut même pousser cette interprétation jusqu'à refuser à « gradatim » d'exprimer quelque idée de continuité que ce soit, pour y comprendre seulement que les deux forces égales sont imprimées séparément. Alors s'oppose-t-il bien à « simul », comme « successive » à « semel ».

Une telle lecture, en s'appuyant plus, en fin de compte, sur l'opposition de « semel » à « successive » que sur celle de « simul » à « gradatim », révèle la richesse de la notion de *vis dupla*. Elle n'a pas justifié pour autant l'emploi des quatre adverbes. Un début de piste, mais guère plus, est offert par la confrontation de « simul » à « semel ». Est-il déraisonnable d'estimer que le premier ajoute quelque chose au second, plutôt que l'inverse ? Ce qui se produit simultanément se produit nécessairement en une fois (et non successivement). Alors que deux phénomènes qui se produisent en une fois, au lieu que l'un suive l'autre, ne sont pas obligatoirement simultanés, au sens strict du terme : ils n'ont pas nécessairement la même durée. Par analogie, on peut se demander si « gradatim » n'ajoute pas lui aussi une précision temporelle que « successive » ne comporte pas, celle d'une régularité, d'une uniformité. Mais rien, dans la suite du commentaire, ne confirme cette hypothèse d'une précision apportée par le couple « simul-gradatim » au couple « semel-successive ».

L'interprétation qui me paraît le mieux donner un sens à cette curieuse formulation consiste à répartir autrement les oppositions, et à modifier légèrement la traduction de « semel ». Au lieu de *en une seule fois*, lisons-y *en une seule*. Et au lieu de l'opposer à « successive », dans un balancement fondé sur l'alternance, opposons le à « gradatim ». Il en résulte un autre balancement : une force double engendrera un mouvement double, que ses moitiés soient imprimées ensemble, et qu'elles ne fassent plus, de ce fait, qu'une seule force ; ou qu'elles soient imprimées successivement, ce qui impose qu'elles le soient séparément. En retirant à « semel » toute connotation temporelle au profit de l'idée d'une fusion, on échappe aux gloses tortueuses. « Simul » et « successive » insistent sur l'aspect temporel, tandis que « semel » et « gradatim » précisent le devenir de la *vis dupla* quant au nombre.

*

ANNEXE 3

D'UNE FORCE A UNE AUTRE
(La démonstration de la Proposition VI du Livre I)

On trouvera dans la présente annexe la justification rigoureuse, ou se voulant telle, du contenu du chapitre 6 (le dédoublement de la force).

La formulation de la seconde Loi du mouvement ne fait pas intervenir le temps[1]. La « force » dont elle parle est une Impulsion. Or il semble qu'elle devienne, dans le courant du Livre I, une vraie Force[2]. Newton a-t-il lucidement opéré la transmutation ? Pour le déterminer, voici la méthode que nous pratiquerons. Elle consiste à chercher un lieu des Principia, s'il existe, où est énoncé une relation entre la *force motrice imprimée* et le temps ; puis à suivre la voie déductive qui conduit des Axiomes à ce lieu, afin de déterminer comment se produit la rencontre des deux notions concurrentes.

Cette démarche pose le problème de la reconnaissance de la force motrice imprimée. Car s'il est parlé, un peu partout, de force, il est rare, déjà, de rencontrer les expressions « force accélératrice », et surtout « force motrice ». Quant à trouver « force motrice imprimée », il faut encore moins y compter. Cet état de choses nous impose donc de déceler qu'une force motrice, ou une force, citée sous un tel nom, est cette force motrice imprimée dont il est question dans la Loi II, par le rôle même de cette Loi. C'est-à-dire que si une série de déductions forme une chaîne à partir du second Axiome, et si chacune de ces déductions porte sur une force, on pourra affirmer que la force dont il sera question à l'autre bout de la chaîne est celle que nous voulons. Il n'est pas nécessaire que cet enchaînement prenne une forme linéaire pure : une convergence de chaînettes est tout à fait acceptable,

1. Cf. annexe 2.

2. Dans les annexes, l'emploi de la majuscule pour « Force », « Impulsion », etc., signifie que ces mots sont pris dans leur sens actuel.

pourvu que l'une d'entre elles ne nous oblige pas à voir dans la force dont nous suivrons les vicissitudes, une force motrice au sens de quantité motrice d'une force centripète. Dans ce cas nous ne pourrions décider du sens à donner à « force », puisque, pour autant que nous sachions, « force motrice » et « force motrice imprimée » sont peut-être des notions distinctes[1].

Ce lieu, extrêmité d'une chaîne déductive pure de toute quantité motrice, cherchons-le vers le début du Livre I, pour éviter une distance excessive à la Loi II. Le premier endroit où une relation est établie entre la force et le temps est le Lemme X, ou plus exactement ses Corollaires 3, 4 et 5. Les relations de la force avec les paramètres cinématiques, relations par lesquelles elle entre en jeu dans la démonstration de ce Lemme, ne sont en rien explicitées. On ne peut donc être sûr que la Loi II y intervienne, même indirectement.

Le deuxième lieu repérable est la Proposition IV, qui expose la théorie dynamique du mouvement circulaire uniforme. Ses Corollaires relient le temps à la force, et ils satisfont au critère qui est le nôtre, d'être déduits de la Loi II, via le Corollaire I des Lois, et le Corollaire 4 de la Proposition I. Cette deduction est linéaire, quant à la notion de force : il ne peut y avoir contamination par la notion de quantité motrice (ou accélératrice) de la force centripète.

Malgré ces qualités, nous donnerons la préférence à la Proposition VI. Elle satisfait au même critère. Sa démonstration, quoique plus longue à analyser, si l'on veut en examiner à fond chaque élément, a l'avantage d'être rédigée avec un peu plus de précision. Enfin la Proposition VI a pour elle une plus grande généralité, parce qu'elle concerne une trajectoire quelconque.

En vertu de ce choix, le programme à exécuter est le suivant. D'abord examiner comment on passe du Corollaire I des Lois – qui ne fait lui-même appel qu'aux deux premiers Axiomes – au Corollaire 4 de la Proposition I, où se trouve établie une certaine relation entre l'espace et la force. Ensuite, et indépendamment de ce qui précède, il faudra voir comment est établie, dans le Lemme XI, une autre relation, entre espace et temps cette fois. La troisième étape sera l'étude de la Proposition VI elle-même, où, des deux relations ainsi obtenues, est déduite une troisième, qui réunit les trois paramètres : espace, force et temps.

---

1. Ce, dans la mesure où la quantité motrice d'une force centripète est dite proportionnelle à la vitesse générée en un temps donné (Définition VII).

Un vide logique

L'étude des forces centripètes commence avec la Section II du Livre I. Viennent en tête deux Propositions relatives à leur propriété caractéristique majeure : la constance de la vitesse aréolaire, dans un plan. C'est sur elle que se développe leur étude, jusqu'au milieu de la septième Section.

> « PROPOSITION I. Les aires, que des corps mûs en rond décrivent par des rayons menés au centre immobile des forces, sont incluses dans des plans immobiles, et sont proportionnelles aux temps ».

Que les corps soient « mûs en rond » ne signifie pas qu'il y ait mouvement circulaire au sens strict. Il s'agit d'une trajectoire courbe, qui pourrait être, par exemple, une ellipse, voire une hyperbole, une spirale, etc. Il n'est donc même pas inclus dans l'emploi de « gyrus » que la courbe se referme sur elle-même. En fait, il n'en n'est rien dit du tout. Le contexte permet de parler de courbe, sans qu'aucune hypothèse ne soit énoncée sur ses propriétés géométriques. Mais puisque courbe il y a, la Loi I impose qu'une force soit continuellement imprimée.

L'hypothèse est ici qu'une force centripète agit, et que son centre est un point immobile. Et il s'agit de démontrer, en premier, que la trajectoire est plane ; en second lieu, que les rayons-vecteurs balaient des aires proportionnelles aux temps. La démonstration est l'une de celles, assez peu nombreuses, où la continuité est appréhendée par passage à la limite, donc par étalement de la force.

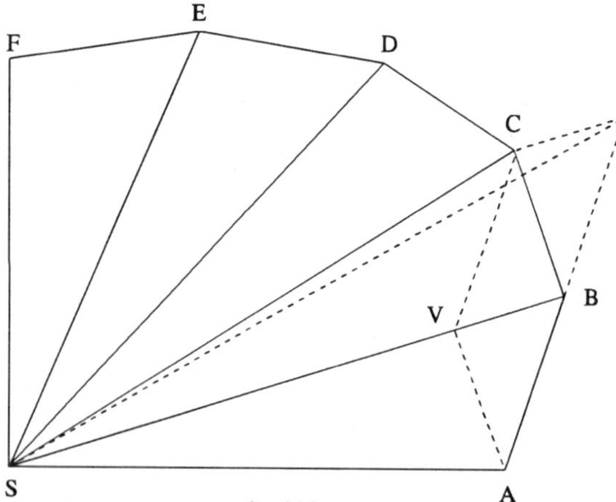

fig.133

> « Que le temps soit divisé en parties égales, et que le corps décrive la droite AB par sa force d'inertie dans la première partie du temps. De même, dans la seconde partie, si rien ne l'empêchait, il irait en ligne droite jusqu'à c (d'après la loi I), décrivant la ligne Bc égale à AB ; de sorte que par les rayons AS, BS, cS menés au centre, il se ferait des aires égales ASB, BSc. »

L'égalité des triangles ABS et BSc découle de ce qu'ils ont même base (AB, Bc), et même hauteur (la perpendiculaire à la droite ABc).

> « Mais quand le corps vient en B, la force centripète agit par une impulsion unique mais grande (*impulsu unico sed magno*), et fait que le corps dévie de la droite Bc et continue sur une droite BC. Que l'on mène cC parallèle à cette même BS, rencontrant BC en C ; et à la fin de la seconde partie du temps, le corps (par le corollaire I des lois) se retrouvera en C, dans le même plan que le triangle ASB. »

On reconnaît dans l'« impulsion unique mais grande », l'effet de concentration préalable à l'étalement. L'impression de la force se fait bien, comme dans la Proposition II du Livre II, au début de la particule de temps, instantanément. Cet « unico » confirme la traduction adoptée pour « semel » tout comme « magno » répond à « dupla » et à « tripla » [1]. La coplanarité, de son côté, résulte de ce que cC est parallèle à BS, et de ce que c est dans le plan SAB.

> « Joignez SC ; et le triangle SCB, à cause des parallèles SB, Cc, sera égal au triangle SBc, et aussi de ce fait au triangle SAB. Par le même raisonnement si la force centripète agit successivement en C, D, E, etc., faisant que le corps décrive, en chacune des particules de temps, chacune des droites CD, DE, EF, etc., celles-ci se situeront dans un même plan ; et le triangle SCD sera égal au triangle SBC, et SDE à ce même SCD, et SEF à ce même SDE. Donc des aires égales seront décrites en des temps égaux, dans un plan immobile : et en composant, des sommes quelconques d'aires SADS, SAFS sont entre elles, comme sont les temps des descriptions. »

L'égalité (toujours en aire) des triangles SBc et SBC provient de ce qu'ils ont même base SB, et même hauteur (la distance des parallèles Cc et SB). Le seul point obscur, à ce stade, concerne les points A, B, C, D, etc. Sont-ce des points fixes de la courbe à décrire ? Le polygone dont ils sont les sommets n'est-il pas appelé à devenir tout autre lors du passage à la limite ? On pourrait concevoir que pour une autre division du temps, (A,B,C,D,...) soit remplacée par une autre ligne brisée

1. Cf. annexe 2.

$(A, A_1, B', B_1, C', C_1, \ldots)$, où, l'origine A étant la même à la rigueur, B, C, D seraient déplacés en B', C', D'. Les polygones, dans ce cas, ne seraient pas inscrits dans la courbe. Elle-même serait la limite, très hypothétique, de cette suite de polygones. La question reçoit une réponse dans la fin même de la démonstration :

> « Que maintenant le nombre des triangles augmente à l'infini (*in infinitum*) et que leur largeur diminue [à l'infini] ; et leur périmètre ultime ADF (par le corollaire quatrième du troisième lemme) sera une ligne courbe : et pour cette raison la force centripète, qui retire perpétuellement le corps de la tangente de cette courbe, agit indéfiniment (*indefinenter*) ; quant aux aires quelconques décrites SADS, SAFS, toujours proportionnelles aux temps des descriptions, elles seront, dans ce dernier cas, proportionnelles aux mêmes temps. »

Le Corollaire 4 du Lemme III n'est qu'un extrait d'une série (les Lemmes II, III, IV) qui traite de la convergence de suites de figures inscrites ou circonscrites à une courbe donnée. Ceci paraît bien établir que les sommets du polygone sont pris sur la courbe. Les points A, B, C, D, etc., apparaissent ainsi comme étant des points effectivement atteints par le corps dans son mouvement curviligne (nous dirons : son mouvement réel). Mais en outre les aires réelles des triangles curvilignes SADS, etc., sont dites proportionnelles aux « mêmes temps », c'est-à-dire à ceux de description des aires des polygones inscrits de mêmes noms. Cet « iisdem temporibus » implique que les temps des trajets rectilignes AB, BC, etc., soient respectivement égaux aux temps réels de parcours des arcs dont ce sont les cordes. Cette précision sur la définition des points A, B, C, etc., a pour avantage que l'on peut dire, indifféremment, que les arcs (et avec eux les cordes) tendent vers zéro, ou que les parties de temps tendent vers zéro. Newton lui-même sous-entend cette relation : après avoir évoqué les « particules de temps », il effectue le passage à la limite sur le nombre (et la taille) des côtés du polygone.

Pour le reste on peut remarquer, dans le dernier passage traduit, l'adverbe « toujours », qui manifeste l'attention de Newton à ce qui achève de justifier l'assertion finale. Si la proportionnalité des aires aux temps est jugée valable à la limite, c'est pour avoir été reconnue valable quelle que soit la division de la courbe respectant de semblables conditions.

Mis à part les détails géométriques et cinématiques qui nous ont occupés, l'ensemble de la démonstration laisse sur une impression mitigée. D'un côté les propriétés annoncées ont été effectivement tirées d'une géométrie élémentaire, et du Corollaire I des Lois. Mais d'un autre, la relation de la force centripète à ses « impulsions uniques mais grandes » n'a nullement été élucidée.

Tout au plus est-il clair dans ce texte que les dites impulsions désignent les forces motrices imprimées de la Loi II. Chacune résulte d'une certaine concentration de ce qui est imprimé lors du mouvement réel, pendant la même particule de temps : chacune est « unique mais grande ». Pour une division du temps en particules plus petites, l'impulsion précédente (en B) est imprimée en deux fois (par exemple) : en B et en B_1, B_1 étant sur la courbe, entre B et C. Ces deux petites impulsions – si l'on peut dire – doivent avoir, en les cumulant, le même effet de déviation que l'impulsion totale et unique de l'étape antérieure.

On retrouve bien le même mode de raisonnement que lors de l'étude de la chute des corps. Les deux différences sont que la chute se fait ici radialement, vers S ; et qu'au lieu d'une gravité uniforme, il s'agit d'une force centripète parfaitement indéterminée quant à la loi qu'elle suit, et même pour tout ce qui touche à sa grandeur. Ce sont les Corollaires 2, 3 et 4 qui reçoivent la charge d'en parler[1].

> « Corollaire 2. Si les cordes AB, BC, de deux arcs décrits successivement par le même corps, en des temps égaux, dans des espaces non résistants, sont complétées en un parallélogramme ABCV ; et si sa diagonale BV, dans la position qu'elle a ultimement quand ces arcs sont diminués à l'infini, est prolongée de chaque côté ; elle-même passera par le centre des forces. »

Ce Corollaire ne fait que tirer une conséquence géométrique du mode d'impression de la force. Quelle que soit la division de la courbe (ou du temps), l'impulsion en B se fait vers S. Une expression mérite un peu d'attention : « la position qu'elle a ultimement ». Ultimement, en toute rigueur, A et C viennent coïncider avec B, et V avec eux. Ultimement, la diagonale n'est plus, du moins n'a-t-elle plus de direction. Parler de direction ultime suppose que la convergence des extrêmités des arcs (ici A et C) soit un processus indéfini. Le seul constat possible est que, au cours de ce processus, BV reste dirigée vers S. « Ultimement » ne fait que jouer le rôle du « toujours » qui a été relevé. Cette remarque sert d'introduction aux difficultés prochaines.

> « Corollaire 3. Si les cordes AB,BC et DE,EF d'arcs décrits en des temps égaux dans des espaces non résistants, sont complétées en les

1. Le premier Corollaire établit que la vitesse en un point est inversement proportionnelle à la perpendiculaire menée du centre à la tangente en ce point. Il sert à résoudre le Problème I (Proposition V), qui n'intéresse pas la présente recherche.

parallélogrammes ABCV, DEFZ; les forces en B et E sont l'une à l'autre dans l'ultime raison des diagonales BV, EZ, quand ces arcs sont diminués à l'infini. Car les mouvements BC et EF du corps sont composés (par le corollaire I des lois) des mouvements Bc,BV et Ef,EZ: or BV et EZ, égales à Cc et Ff, étaient engendrées dans la démonstration de cette proposition par les impulsions en B et E de la force centripète, aussi sont-elles proportionnelles à ces impulsions.»

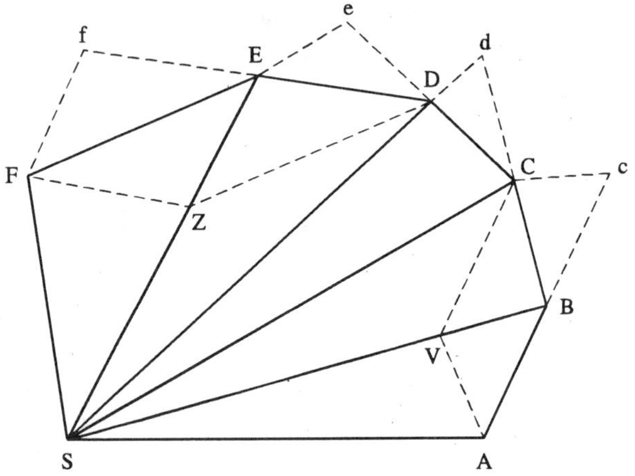

fig.134

Comme le précédent, ce Corollaire décrit un effet, sur les diagonales, du passage à la limite. Après leurs directions, ce sont leurs grandeurs qui sont ici examinées, et, à travers elles, la grandeur de la force. En effet, les quatre cordes étant des trajets parcourus en temps égaux, elles représentent les vitesses, et donc, pour un même corps, les mouvements. Il en va de même pour cC et fF, donc pour les diagonales BV et EZ: elles sont proportionnelles aux «changements de mouvements», c'est-à-dire aux mouvements engendrés par les «impulsions en B et E». D'après la Loi II (via le Corollaire I des Lois, si l'on veut), les diagonales sont bien proportionnelles aux impulsions motrices imprimées en B et en E.

Tout ceci vaut, du moins, pour une division donnée du temps, quelle qu'elle soit. Qu'en reste-t-il à la limite, une fois étalée l'action de la force centripète? Selon Newton «les forces en B et E sont dans l'ultime raison des diagonales BV, EZ, quand ces arcs sont diminués à l'infini ». A première vue, le raisonnement qui soutient cette proposition est le même que celui qui a donné la proportionnalité des aires aux temps, ou que celui du Corollaire 2 : les forces imprimées sont « toujours » proportionnelles aux diagonales, donc cela reste vrai « ultimement ».

Dans ce cas, cependant, une analyse plus serrée ne sera pas superflue. Partons de ce que Newton énonce une proportion : les forces sont dans une certaine raison. L'« ultime raison des diagonales » ne peut s'écrire $\frac{\lim BV}{\lim EZ}$, expression dépourvue de sens ; ce ne peut être que $\lim \frac{BV}{EZ}$. La limite du rapport n'étant pas ici rapport des limites[1], il n'y a qu'une apparence de proportionnalité dans la proposition examinée. C'est, en fait, une égalité, dont le second membre est $\lim \frac{BV}{EZ}$.

Que penser du membre de gauche ? En toute rigueur, il n'a pas de sens, faute d'une définition de la « force en un point ». Cette expression désigne-t-elle l'impulsion précédemment envisagée ? Ou bien désigne-t-elle sa limite ? Dans la première interprétation la proposition se traduit par $\frac{f(B,t)}{f(E,t)} = \lim \frac{BV}{EZ}$, où f(P,t) désigne l'impulsion en un point P, la force centripète étant considérée dans une situation de concentration où le temps total est divisé en parties de durée t. Au lieu de BV, EZ, nous écrirons d(B,t), d(E,t). On aurait donc $\frac{f(B,t)}{f(E,t)} = \lim \frac{d(B,t)}{d(E,t)}$ (i), et cette assertion résulterait de ce que l'on a : quel que soit t, $\frac{f(B,t)}{f(E,t)} = \frac{d(B,t)}{d(E,t)}$ (ii). Déduire (i) de (ii) est immédiat si f(P,t) est constante lorsque t varie. Cette condition n'est cependant pas nécessaire : il suffit que $\frac{f(B,t)}{f(E,t)}$ soit indépendant de t.

Faut-il interpréter la force en P comme limite, c'est-à-dire poser $F(P) = \lim f(P,t)$? Dans ce cas il convient de remarquer que ces limites, si elles existent, sont peut-être nulles, ce qui interdirait d'écrire $\frac{F(B)}{F(E)} = \lim \frac{d(B,t)}{d(E,t)}$. Au point où nous en sommes, il n'est toutefois pas possible d'affirmer, quoiqu'une certaine intuition y invite, que les impulsions tendent vers zéro avec t.

En effet, la seule relation qui puisse être énoncée est $d(P,t) = K.f(P,t).t$ (iii), où le coefficient K dépend de la masse du corps, et du

1. Newton est parfaitement au fait de cette difficulté. Voir le Scholie de la Section I du Livre I.

système d'unités employé. Cette formule est tout ce que permettent la Loi II et les définitions de f, d et t. Elle dit que si le corps subit en P une impulsion f(P,t), celle-ci engendre un mouvement (donc une vitesse) qui lui est proportionnel(le). Avec cette vitesse acquise au début de la particule de temps, le corps parcourt, selon la droite PS, un espace d(P,t) qui lui est proportionnel, ainsi qu'à la durée t de ce mouvement inertiel. Tout ce qu'on en peut conclure est que, lorsque t tend vers zéro, d(P,t) devant en faire autant, f(P,t) est une fonction de t qui ne peut varier de façon tout à fait quelconque : elle peut tendre vers une limite finie (éventuellement nulle), mais elle peut tout aussi bien tendre vers l'infini (par exemple), pourvu qu'elle ne le fasse pas trop vite.

Au vu de cet amoncellement d'interrogations sans réponses immédiates, nous concluerons, pour le moins, à l'ambiguïté. Les deux affirmations certaines sont la relation (iii) et lim d(P,t) = 0. Que l'on interprète la « force en P » comme étant f(P,t) ou sa limite, on ne peut pas tenir pour bien démontrée la proposition qu'énonce ce troisième Corollaire.

Cette incertitude se transmet au quatrième Corollaire, qui ne constitue qu'une variante du précédent.

> « Corollaire 4. Les forces par lesquelles des corps quelconques, dans des espaces non resistants, sont retirés des mouvements rectilignes, et détournés sur des orbes courbes, sont entre elles comme les flèches des arcs décrits en temps égaux, lesquelles convergent vers le centre des forces, et bissectent les cordes quand ces arcs sont diminués à l'infini. Car ces flèches sont les moitiés des diagonales dont il a été question dans le troisième corollaire. »

Que les diagonales soient remplacées par leurs moitiés ne fait pas problème en soi. Par rapport au Corollaire 3, il y a peut-être ici une perte de netteté quant aux forces à comparer. S'agit-il toujours des forces « en B et en E », pour un même corps, ou bien des forces en B, par exemple, pour deux corps différents ?

> « Corollaire 5. C'est pourquoi ces mêmes forces sont à la force de gravité, comme ces flèches aux flèches perpendiculaires à l'horizon des arcs paraboliques que des projectiles décrivent en un même temps. »

Ce texte est le premier du Livre I où la chute des corps sert de référence aux forces centripètes. S'il n'éclaire pas le problème soulevé par le Corollaire 4, il ajoute le sien propre, celui du « eodem tempore ». S'agit-il de projectiles décrivant leurs arcs paraboliques en des temps égaux ? La comparaison des flèches demanderait des précisions sur les vitesses initiales. Plus vraisemblablement faut-il comprendre que les temps qui sont les mêmes sont, d'une part, celui du mouvement d'un corps soumis à une force centripète, et d'autre part celui du mouvement d'un projectile ? Le Corollaire 4 impose de parler du premier en termes de limites. Comment penser, dans ces conditions, le mouvement du projectile ? Quelle que soit l'interprétation choisie, qu'est-ce qui fait lien entre les arcs paraboliques et les arcs ABC de la Proposition I, qui permette de relier une force centripète quelconque à la force de gravité ? Rien de franchement évident, si l'on s'en tient à la seule certitude acquise, qui est la relation d(P,t) = K.f(P,t).t. Comme il ne sera plus question que de flèches, elle s'écrira désormais e(P,t) = k.f(P,t).t ; et si le point P est donné, elle sera abrégée en e(t) = k.f(t).t[1].

Une exégèse complète demanderait que, sur tous les points où il y a eu interrogation quant au sens des expressions rencontrées, toutes les interprétations possibles soient envisagées l'une après l'autre ; puis que, dans chaque cas, l'on tente de reconstituer la démonstration de ce que Newton affirme. Une telle entreprise mériterait d'être engagée si la suite de l'étude dépendait impérativement de la valeur de ces démonstrations. Or tel n'est pas le cas. Quoique la Proposition VI fasse appel, dans sa démonstration, au Corollaire 4 de la Proposition I, on verra que c'est elle qui éclaire ce dernier, et non l'inverse. Quant au Corollaire 5, nullement indispensable, on verra que lui aussi reçoit son sens et sa valeur de ce qui sera extrait de l'analyse de la Proposition VI.

Des Corollaires 3 et 4, il suffit pour le moment de retenir que la notion de force en un point fait problème. Du Corollaire 5, l'aspect le plus remarquable est l'apparition d'une courbe – la parabole – autrement mieux définie que celle où l'étalement des impulsions meut le(s) corps, dans la Proposition I.

Le mouvement projectile tangent

En plus de ce qui vient d'être examiné, la Proposition VI est dérivée du Corollaire 3 du Lemme XI. Ce Lemme, le dernier de la Section I, établit quelques propriétés des courbes à courbure finie. Quoique ses premiers Corollaires seuls intéressent le présent propos, l'énoncé du Lemme demande quelque attention.

> « LEMME XI. La soustendante évanouissante de l'angle de contact, sur toutes les courbes ayant une courbure finie au point de contact,

1. e pour la flèche ; k est donc la moitié de K.

est ultimement dans la raison doublée de la soustendante de l'arc contigu. »

La demonstration, envisagée dans son ensemble, permet l'interprétation suivante. Soit A le point (fixe) où la courbure est finie, où la tangente est AD; soit B l'extrêmité de l'arc, destinée à tendre vers A; BD fait avec la tangente un angle donné. La soustendante de l'angle est le segment BD; la soustendante de l'arc est la corde AB.

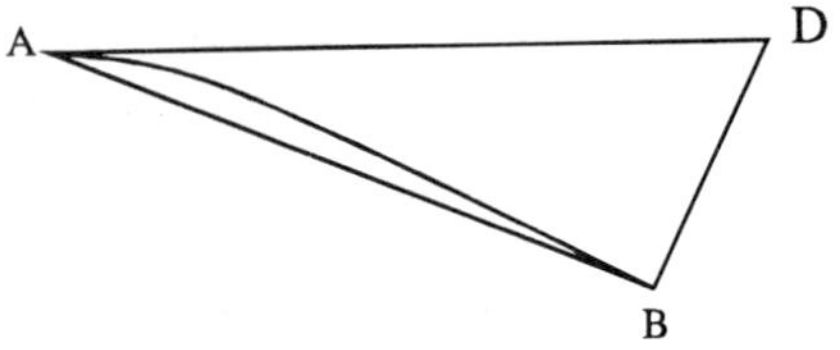

fig.135

Le Lemme, dont la démonstration joue principalement sur l'existence d'un cercle osculateur, dit que si l'on prend la corde comme infiniment petit principal, BD est un infiniment petit d'ordre 2. Le premier Corollaire signale que, dans cette assertion, la corde peut être remplacée par l'arc AB, ou par la tangente AD. Il est aisé d'en conclure, quoique Newton ne le fasse qu'au cinquième Corollaire, que la courbe est, ultimement, une parabole de sommet A.

On peut noter, à cette occasion, que Newton n'oppose pas « fini » à « infini » comme on le fait aujourd'hui. Une limite finie s'oppose, dans notre usage, à une limite infinie, c'est-à-dire infiniment grande (en valeur absolue). Or si la courbure était nulle, la courbe n'admettrait pas de cercle osculateur (de rayon fini). S'il faut opposer le fini newtonien à l'infini, c'est à l'infiniment petit aussi bien qu'à l'infiniment grand. Confirmation en est donnée dès le début du Scholie de cette Section :

> « Au reste nous supposons en tout cela que l'angle de contact n'est pas infiniment plus grand que l'angle de contact que des cercles contiennent avec leurs tangentes, ni qu'il leur est infiniment plus petit ; c'est-à-dire que la courbure au point A n'est ni infiniment petite, ni infiniment grande, ou encore que l'intervalle AI est de grandeur finie. »[1]

Le deuxième Corollaire du Lemme XI réénonce le premier, en substituant la flèche à la soustendante BD. La flèche n'est pas représentée sur la figure d'accompagnement. Elle est définie comme elle le

1. Le segment AI est le diamètre du cercle osculateur.

sera à nouveau dans le Corollaire 4 de la Proposition I : elle bissecte la corde et passe par un point donné. Or si l'on mène, d'un point donné S, une droite qui passe par le milieu F de la corde AB, et qui rencontre l'arc AB en E, l'équivalence de EF à BD, qui est censée justifier le Corollaire 2, n'a rien d'évident.

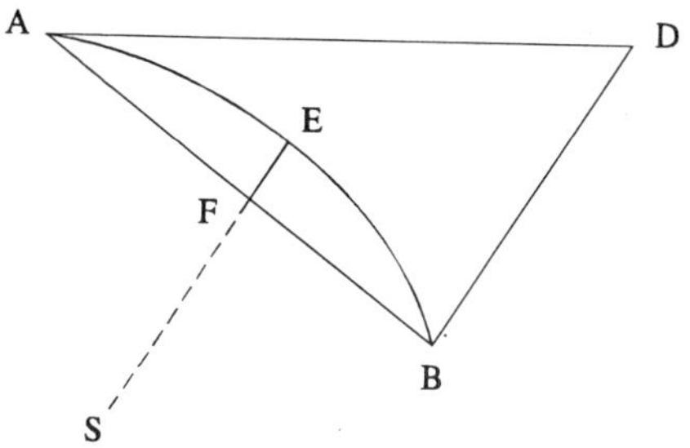

fig.136

Cette évidence surgit si l'on envisage, au lieu de la flèche de l'arc AB de la figure, celle d'un arc BB' de milieu A. Le texte du Corollaire ne l'interdit pas :

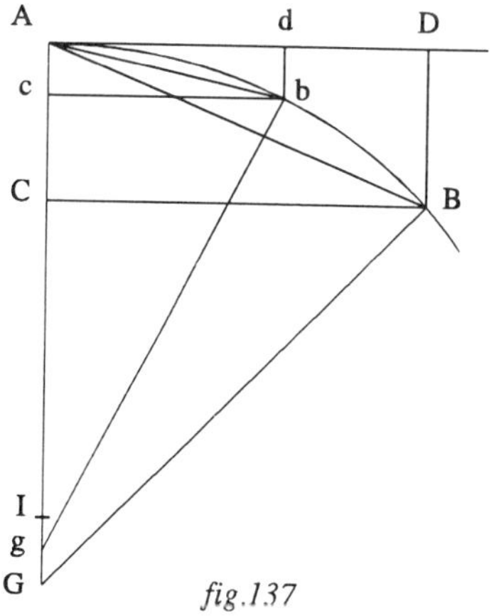

fig.137

« Corollaire 2. Les carrés des mêmes sont aussi ultimement comme sont les flèches des arcs, lesquelles bissectent les cordes et convergent vers un point donné. Car ces flèches sont comme les soustendantes BD, bd. »

Les « mêmes » dont les carrés sont comme les flèches, sont les tangentes (AD et ad), les arcs (AB et ab) et les sinus (BC et bc) de ces arcs, tous désignés dans le Corollaire 1. Rien, dans tout cela, n'impose que les flèches soient celles des arcs AB (et ab), même si tout le suggère. Considérons plutôt la flèche en A de l'arc double : c'est le segment KL, où L est le milieu de la corde BB', et qui, prolongée, passe par le point fixe S. Un Lemme précédent permettrait d'établir aisément que KL et BD sont dans une raison ultime d'égalité[1]. Cela fait, on obtient bien que les carrés de AD, de AC et de l'arc AB sont, ultimement, comme la flèche en A.

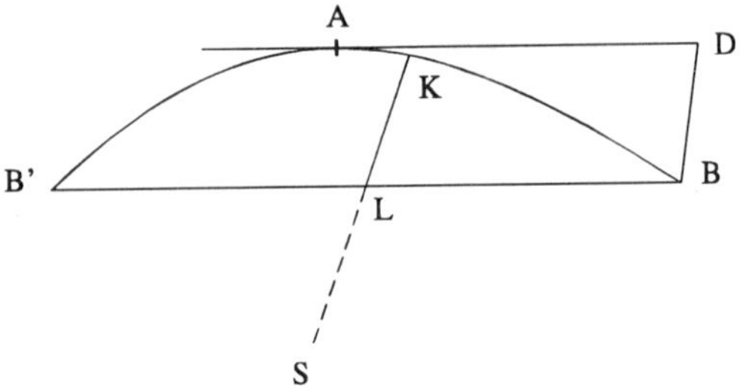

fig.138

Cette lecture du Corollaire 2 n'a pas pour seule fin d'établir plus aisément la certitude de ce qu'il affirme. On verra prochainement que dans la Proposition VI, et plus explicitement encore dans son premier Corollaire, la flèche utilisée est bien la flèche en A, et non celle de l'arc AB.

On n'a eu affaire, jusqu'ici, qu'à de la géométrie. Le mouvement de B vers A n'a qu'une fonction d'outil, au service d'un résultat géométrique. Le Corollaire 3 donne, de ce résultat, une conséquence géométrico-cinématique.

> « Corollaire 3. C'est pourquoi la flèche est en raison doublée du temps dans lequel un corps de vitesse donnée décrit l'arc »[2].

En effet, si un point M (ou un corps) décrit BB' à vitesse constante, l'arc parcouru est proportionnel à la durée de ce trajet. La flèche étant ultimement comme le carré de l'arc AB, elle est aussi comme celui de l'arc BB', d'après le Corollaire 2. Elle est donc comme le carré du temps, pourvu que l'on entende bien par là : ultimement. Il importe également de distinguer soigneusement les deux mouvements ici mis en jeu : celui de M, que nous dirons cinématique, et celui de B, que nous qualifierons de géométrique. Pour une position donnée de B (et de B'), le mouvement cinématique ne respecte pas nécessairement la loi énoncée. Sauf dans le cas particulier où la courbe est une parabole de

1. Voir le Lemme VII du Livre I. Son application consisterait à prendre BD constamment parallèle à AS.

2. Les Corollaires 2 et 3 du Lemme XI ne figuraient pas dans l'édition de 1687. Ceci peut expliquer leur moindre précision par rapport aux textes qui les enserrent.

sommet A, et où la flèche est dirigée perpendiculairement à la corde BB' (cette flèche passe alors par A). On reconnaît là le mouvement d'un projectile.

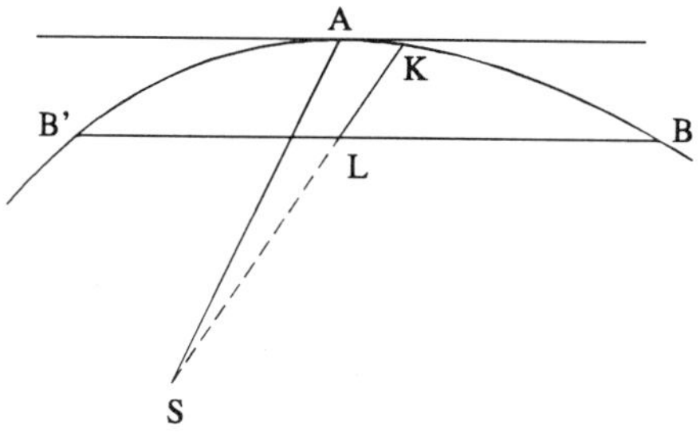

fig.139

Pour une courbe quelconque, de courbure finie (non nulle) en A, introduisons un repère dont l'axe des abscisses soit la tangente en A, et dont l'axe des ordonnées soit AS. La vitesse de M est fixée une fois pour toutes (*data velocitate*). La longueur de l'arc BB' peut donc être exprimée par la durée T du mouvement de M, de B à B'. Pour un tel trajet BB', désignons la flèche de l'arc par e(T) (= KL).

Si le mouvement était celui d'un projectile, la tangente étant parallèle à l'horizon et AS étant verticale, on pourrait écrire $e(T) = \Psi . T^2$, Ψ étant une constante. Le Corollaire 3 a une portée plus générale, qu'on pourrait décrire comme étant l'existence d'un mouvement projectile tangent. Car sa formalisation donne : il existe une fonction φ de la variable T, telle que $e(T) = \varphi(T).T^2$ et telle que $\lim \varphi(T)$ soit finie (non nulle) quand T tend vers zéro. Plus brièvement : e(T) est un infiniment petit d'ordre 2, T étant l'infiniment petit principal.

Ainsi peut-on aborder la Proposition VI du Livre I :

> « PROPOSITION VI. Si un corps tourne sur un orbe quelconque, autour d'un centre immobile, dans un espace non résistant, et s'il décrit quelqu'arc tout juste naissant dans le temps le plus petit possible, et s'il est entendu que soit menée la flèche de l'arc, qui bissecte la corde, et que, prolongée, elle passe par le centre des forces : la force centripète au milieu de l'arc sera comme la flèche directement et deux fois inversement comme le temps. »

Puisqu'aucune figure n'accompagne la démonstration, introduisons en une, suggérée par celle du Corollaire qui suit. Le corps décrit une orbite quelconque (Γ) autour du centre de forces S.

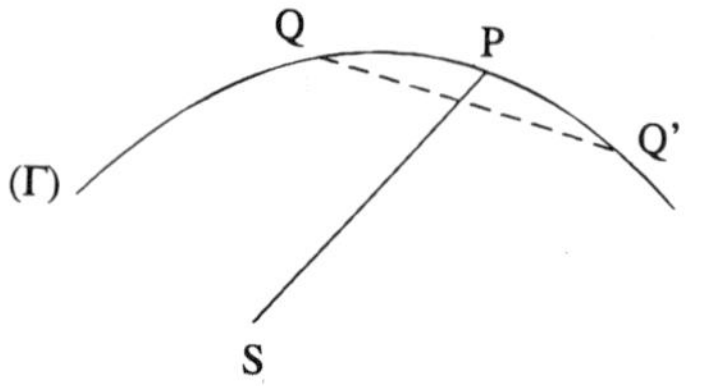

fig.140

Soit Q'Q l'arc parcouru par le corps, de Q' vers Q, et P son milieu. La Proposition porte sur la force en P, qui sera notée F(P). Désignons par T le temps de parcours, et par e(T) la flèche de Q'Q. La Proposition dit que, sous certaine condition, on a $F(P) \propto \frac{e(T)}{T^2}$. Cette condition est que Q'Q soit « tout juste naissant », ce qui équivaut à un évanouissement. Autrement dit, la proportionnalité énoncée n'est valable qu'à la limite, quand Q'Q tend vers zéro.

En voici la démonstration :

> « Car la flèche, le temps étant donné, est comme la force (par le corollaire 4 de la proposition I) et, augmentant le temps dans une raison quelconque, à cause de l'augmentation de l'arc dans la même raison, la flèche est augmentée dans cette raison doublée (par les corollaires 2 et 3 du lemme XI) et c'est pourquoi elle est comme la force une fois et le temps deux fois. Retirons de chaque côté la raison doublée du temps, et il apparaît que la force est comme la flèche directement et inversement comme deux fois le temps. C.Q.F.D. »

La dernière phrase ne dit rien d'autre que : divisons les deux membres par T^2. Quel genre de raisonnement la première expose-t-elle ?

Malgré une ponctuation discutable, trois énoncés s'y distinguent, que nous résumerons ainsi :

(i) la flèche est comme la force

(ii) la flèche est comme le carré du temps

(iii) la flèche est comme la force et le carré du temps.

Les assertions (i) et (ii) ont des sources indépendantes (la Proposition I, le Lemme XI). Le « ideoque » marque donc que (iii) est la conclusion tirée de ces deux prémisses. On est en présence d'un raisonnement du type: x étant proportionnel à y et à z, il l'est à y.z. La correction d'une telle déduction n'est garantie que si (i) et (ii) sont précisées en:

(i) x est proportionnel à y, z étant constant
(ii) x est proportionnel à z, y étant constant.

Pour (i) cette précision est apportée par le texte: « Car la flèche, le temps étant donné, est comme la force(...) ». La seconde prémisse devrait être: la flèche est dans la raison doublée du temps, la force étant donnée. L'absence du « data vi » indispensable est-il simple négligence? C'est là le nœud de l'affaire, et il n'y a rien à perdre à ne pas trancher trop vite.

Reprenons la justification de chacune des prémisses, en commençant par la seconde. L'augmentation de l'arc se fait dans la même proportion que celle du temps, si la vitesse de parcours peut être tenue pour constante (ce que nous admettrons en première approximation). Le Corollaire 3 du Lemme XI permet effectivement de conclure que la flèche est comme le carré du temps. Plus exactement, il permet de dire que si le temps diminue, la relation de la flèche au temps étant écrite $e(T) = \varphi(T).T^2$, $\varphi(T)$ a une limite finie non nulle, Φ, quand T tend vers zéro[1]. La proportionnalité de la flèche au carré du temps est une relation limite: $e(T)$ et $\Phi.T^2$ sont des infiniment petits équivalents; ce que nous écrirons, classiquement, $e(T) \sim \Phi.T^2$.

Pour ce qui est de (i), le « dato tempore » sera le pivot de notre critique. Puisque le temps est donné, ce qui est nécessaire à la validité de l'ensemble de la démonstration, la référence au Corollaire 4 de la Proposition I est illégitime. Ce Corollaire énonce quelque chose qui nous est encore obscure; mais, en tout état de cause, il s'agit d'une relation limite, tout comme dans le Corollaire 3. Tous deux prétendent dire quelque chose de la « force en un point », quand les arcs, et donc les temps, tendent vers zéro.

La prémisse (i) concerne un arc déjà né: *jam natus*, et non *jamjam nascens*. Ou, si l'on préfère, qui ne tend pas vers zéro. Sa justification relève de la Proposition I elle-même. Pour être précis, (i) se greffe sur la démonstration de cette Proposition, à l'endroit où pourrait être énoncée la relation $e(t) = k.f(t).t$. Q', P et Q jouent ici les rôles de A, B et C. L'hypothèse de la vitesse constante, ainsi que la définition de P comme milieu de l'arc Q'Q, font que les arcs Q'P et PQ sont parcourus

1. Si φ est une fontion constante, Φ est l'analogue de la constante ψ du mouvement d'un projectile (page 161).

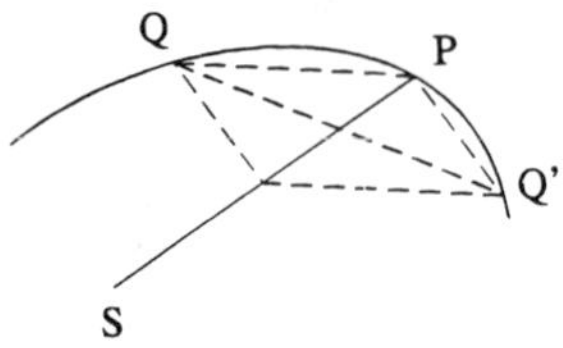

fig.141

parcourus en des temps t égaux. Conservons T pour la durée du mouvement de Q' à Q. On a T = 2.t. Du fait que e(t) = k.f(t).t, la flèche est bien proportionnelle à une force, le temps (t ou T) étant donné, mais cette force est elle-même, a priori, fonction du temps.

Repartons de cette base, et redonnons à f(t) le nom d'« impulsion ». La prémisse (i) devient : le temps étant donné, la flèche est comme l'impulsion. L'assertion (iii) porte sur la force en P, comme l'indique l'énoncé de la Proposition VI. Pour que (i) permette la conclusion (iii), il faut identifier l'impulsion et la force en P. Cette dernière doit être constante lorsque t varie, pour assurer la validité de (ii). L'impulsion f(t) doit donc être une constante, ce qui n'a nullement été exclu jusqu'à présent.

Notons f cette constante[1]. La flèche a deux propriétés contradictoires : e(t) = k.f.t, quel que soit t (i) ; et $e(T) \sim \Phi.T^2$ (ii). La flèche serait un infiniment petit d'ordres 1 et 2 à la fois, puisque t et T sont proportionnels. Il faut donc conclure que la démonstration de la Proposition VI est incorrecte.

Que dire, alors, de la Proposition elle-même ? Puisqu'elle porte sur une notion qui n'a jamais été définie, la force en P, essayons de lui fournir une définition telle que la Proposition en devienne démontrable. Pour ce faire, il suffit de poser que la force en P, c'est Φ[2].

L'enjeu n'est pas mince, puisque de la Proposition VI doit sortir une part notable de la théorie des mouvements astraux. Si l'on reconnaît que la Loi II ne dit pas vraiment la même chose que la relation fondamentale de la mécanique du point matériel, et si par ailleurs on estime que la mécanique céleste, pour ne citer qu'elle, a reçu ses fondements dans le Livre I des Principia, on n'échappe pas à la conclusion que la force motrice imprimée de la Loi II doit être remplacée,

1. f reste néanmoins fonction du lieu.

2. Comme f, Φ dépend de P. Sa notation sera désormais Φ(P).

quelque part dans ce Livre I, par une notion plus conforme à notre concept de Force.

Newton prétend, sans hâte ni preuve, que la liaison s'établit d'elle-même (Proposition XXIV du Livre II). Nous soutenons que la liaison est illusoire, qu'il y a deux types de forces imprimées dans les Principia, et que ces deux notions sont introduites indépendamment l'une de l'autre[1].

Identifier la constante $\Phi(P)$ à la force en P n'est pas faire plus violence à la mécanique rationnelle que ne l'a fait Isaac Newton, la suite le prouvera. Finissons-en, pour le moment, avec la Proposition VI.

La traduction de $\Phi(P)$ par « force en P » est légitime dès le Corollaire 3 du Lemme XI. Si son apparence est cinématique, ce que nous avons marqué en envisageant le mouvement comme étant celui d'un point M, la formulation newtonienne, prise à la lettre, en fait un énoncé dynamique. C'est, en effet, un corps qui se déplace à vitesse constante sur une ligne courbe. On ne peut dire si la force qui lui est continuellement imprimée est centripète, mais son existence est indéniable. Si donc on y désigne par « force en P » (ou en A) la limite de $\frac{e(T)}{T^2}$ quand T tend vers zéro, ce Corollaire 3 dit que, si un corps se meut à vitesse constante sur une courbe, de courbure finie en P, la force en P est directement comme la flèche de l'arc naissant BB', et inversement comme le carré du temps mis à parcourir cet arc.

L'énoncé de la Proposition VI se présente alors comme un simple rappel. Son seul apport est de préciser que S, centre vers lequel sont dirigées les impulsions discrètes (si l'on concentre les forces), est désormais dénommable comme centre des forces (étalées). Autrement dit, la notion de force en un point de scalaire y devient vectorielle.

Faisons retour sur le Corollaire 3 de la Proposition I. La difficulté en suspens y était : comment déduire $\frac{F(B)}{F(E)} = \lim \frac{d(B,t)}{d(E,t)}$ de ce que, quel que soit t, $\frac{f(B,t)}{f(E,t)} = \frac{d(B,t)}{d(E,t)}$? Cette difficulté tenait à l'absence de définition de F(B) et F(E). Posons, arbitrairement, $F(P) = 8.m.\Phi(P)$, m étant la masse du corps. L'équivalence $e(P,T) \sim \Phi(P).T^2$ peut s'écrire $\Phi(P) = \lim \frac{e(P,T)}{T^2}$. D'où $F(P) = 8.m.\lim \frac{e(P,T)}{T^2}$.

Les symboles e(P,T) et e(P,t) ont été définis indépendamment l'un de l'autre. Le second, à propos du Corollaire 4 de la Proposition I ; le premier, à l'occasion du Corollaire 2 du Lemme XI. En tenant compte

1. Pour ce qui est de leurs introductions comme quantités.

de la relation T = 2.t, on peut identifier les deux flèches ainsi désignées. On a ainsi :

$$F(P) = 8.m.\lim \frac{e(P,T)}{(2t)^2} = 2.m.\lim \frac{e(P,t)}{t^2} = m.\lim \frac{d(P,t)}{t^2}.$$

Le Corollaire 3 de la Proposition I s'en trouve justifié dans sa conclusion :

$$\frac{F(B)}{F(E)} = \frac{m.\lim \frac{d(B,t)}{t^2}}{m.\lim \frac{d(E,t)}{t^2}} = \lim \frac{\frac{d(B,t)}{t^2}}{\frac{d(E,t)}{t^2}} = \lim \frac{d(B,t)}{d(E,t)}.$$ [1]

f(P,t) s'est révélée inutile à cette justification. Son rapport exact à la force en P s'en trouve précisé. De $F(P) = \lim \frac{d(P,t)}{t^2}$ et de $d(P,t) = K.f(P,t).t$, on déduit $F(P) = K.m.\lim \frac{f(P,t)}{t}$. Posons maintenant $K = \frac{1}{m}$: ce résultat se simplifie en $F(P) = \lim \frac{f(P,t)}{t}$. Sachant que f(P,t), par la grâce de la Loi II, s'interprète comme Impulsion (ou incrément du mouvement) vers S, il est clair que F(P) est une Force.

*

1. Du même coup la conclusion du Corollaire 4 est justifiée elle aussi. Et le Corollaire 5 prend son sens : il ne fait que réaffirmer, à sa façon, l'existence d'un mouvement projectile tangent.

ANNEXE 4

LE MOUVEMENT CIRCULAIRE UNIFORME: FORCE CENTRIPÈTE ET FORCE CENTRIFUGE (La Proposition IV du Livre I)

On peut considérer la matière de la présente étude comme cas particulier de celle de la précédente: au lieu d'un mouvement à peu près quelconque, un mouvement circulaire uniforme. C'est pourquoi la lecture de la quatrième annexe peut constituer un entraînement avant l'abord de la troisième.

La force centrifuge est présentée dans le Livre I, plutôt furtivement. La Proposition IV étudie le mouvement circulaire uniforme, et la force centripète qui le cause. Ce n'est que dans son Scholie qu'il est question de la force centrifuge. Mais voyons la Proposition elle-même.

> «PROPOSITION IV. Les forces centripètes des corps qui décrivent divers cercles d'un mouvement égal, tendent aux centres de ces cercles; et elles sont entre elles comme sont les carrés des arcs décrits simultanément, divisés par les rayons des cercles.»

Un tel énoncé évoque fortement l'expression de l'accélération pour un mouvement circulaire uniforme: $a = \frac{v^2}{r}$. Ce n'est que dans le premier Corollaire que Newton l'établit:

> «Corollaire 1. Comme ces arcs sont comme les vitesses des corps, les forces centripètes seront dans la raison composée de la raison doublée des vitesses directement, et dans la raison simple des rayons inversement.»

Cette déduction, un peu sèche, ne peut être jugée avant que n'ait été examiné le sens de chaque mot dans la Proposition elle-même. Les difficultés de la Proposition VI, qui se veut généralisation de la quatrième, invitent à une certaine prudence. La démonstration de la Proposition IV est faite en ces termes :

> « Les forces tendent vers les centres des cercles, par la proposition II et le corollaire 2 de la proposition I, et elles sont entre elles comme les sinus verses des arcs décrits en des temps égaux très petits, d'après le corollaire 4 de la proposition I, c'est-à-dire comme les carrés de ces mêmes arcs divisés par les diamètres des cercles d'après le lemme VII ; et par conséquent, puisque ces arcs sont comme des arcs décrits en des temps égaux quelconques, et que les diamètres sont comme leurs rayons, les forces seront comme les carrés d'arcs quelconques décrits ensemble, divisés par les rayons des cercles. C.Q.F.D. »

Les corps décrivents leurs cercles respectifs « d'un mouvement égal ». Puisque le Corollaire envisage des vitesses diverses, sans relation aux rayons, on peut écarter sans hésitation l'idée que ces mouvements seraient égaux entre eux, de quelque manière que ce soit (vitesse linéaire ou angulaire). Chaque corps décrit son cercle d'un mouvement uniforme. En conséquence de quoi, le rayon qui joint ce corps au centre balaie des aires proportionnelles aux temps. La Proposition II permet de conclure que la force qui le détourne perpétuellement est dirigée vers le centre du cercle.

L'appel au Corollaire 4 de la Proposition I a les allures d'une faute logique. Dans la Proposition I, on suppose qu'une force centripète agisse ; on en déduit que les aires sont proportionnelles aux temps. Son second Corollaire reprend sa démonstration avant le passage à la limite, et il établit que cette opération n'affecte pas le caractère centripète des impulsions. Il n'apporte en principe rien dans la présente affaire. Son seul effet sur le lecteur est d'évoquer la possibilité de substituer un polygone au cercle.

La direction de la force étant établie, vient le tour de la grandeur, en deux étapes. Avant de prendre des arcs quelconques (*quibusvis*), Newton considère des arcs très petits (*quam minimis*), c'est-à-dire évanouissants. Le Corollaire 4 de la Proposition I, prétend-il, permet d'affirmer que les forces sont comme les sinus verses de ces arcs évanouissants « décrits en des temps égaux ».

Rappelons le contenu de ce Corollaire 4 : les forces sont comme les flèches, pour des arcs évanouissants parcourus en des temps égaux. Réglons d'abord la question technique. Pour une courbe plane quelconque, la flèche d'un arc bissecte sa corde et passe par un point donné du plan. Chaque fois qu'il s'agit d'un cercle, Newton préfère utiliser le sinus verse.

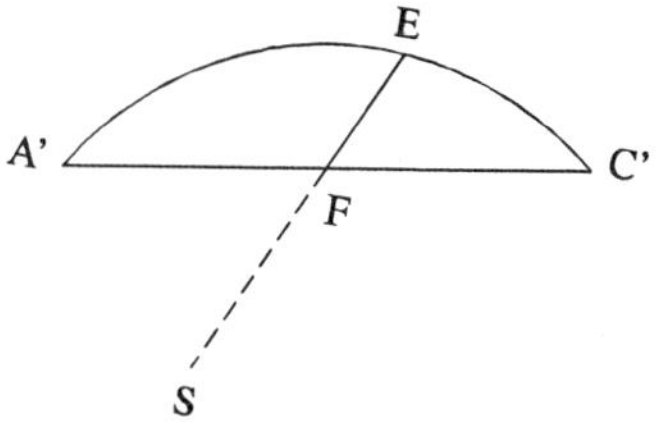

fig.142

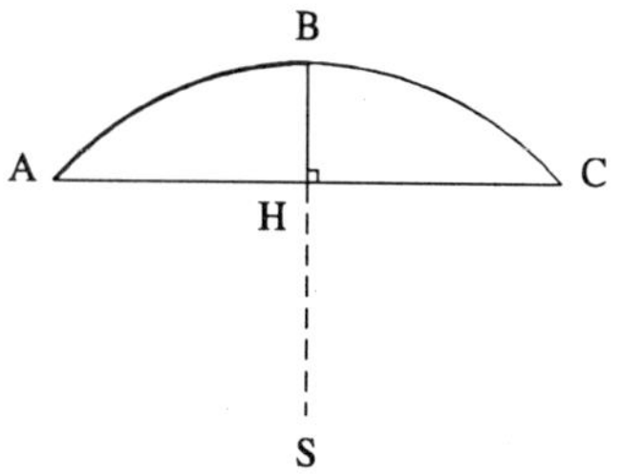

fig.143

Ce dernier est une flèche, dirigée vers le centre du cercle, mais pas celle de l'arc considéré : celle de l'arc double. La flèche de l'arc A'C' est EF, avec A'F = FC'. Le sinus verse de l'arc AB est BH ; l'identifier à une flèche demande de doubler AB en AC[1]. Lorsque deux arcs sont doublés, leur proportion reste inchangée. Voilà pourquoi la substitution de « sinus verse » à « flèche » dans la Corollaire 4 de la Proposition I est acceptable.

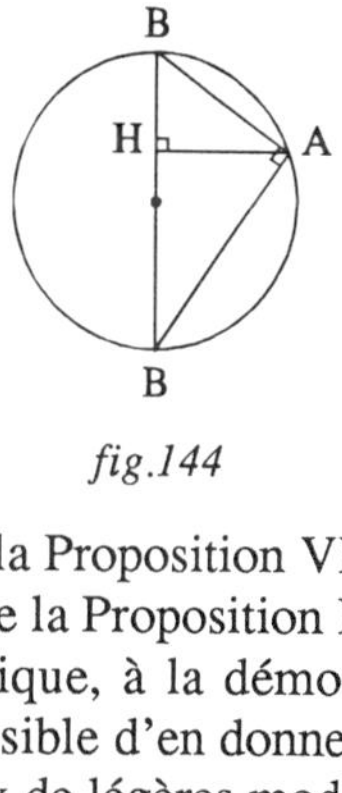

fig.144

Par ailleurs, on a, dans le triangle rectangle ABD, $AB^2 = BH.BD$ [2]. Si l'on fait tendre A vers B, le Lemme VII permet de remplacer la corde AB par l'arc AB. C'est en ce sens que le sinus verse est égal au carré de l'arc divisé par le diamètre du cercle : l'infiniment petit BH est équivalent à l'infiniment petit $\frac{AB^2}{BD}$.

Pour ce qui est du cœur de la démonstration, on se trouve devant le même vide que pour celle de la Proposition VI. L'absence de sens de « force » dans le Corollaire 4 de la Proposition I enlève toute valeur, d'un point de vue strictement logique, à la démonstration de la Proposition IV. Cependant, il est possible d'en donner deux interprétations intéressantes, toutes deux au prix de légères modifications.

Désignons par R et R' les rayons ; par F et F' les forces ; par h et h' les sinus verses des arcs de longueurs l et l', parcourus en un même

1. La traduction Motte-Cajori donne indifféremment *versed sine* pour *sagitta* et pour *sinus versus*. Que le sinus verse d'un arc de cercle ne soit pas, pour Newton, sa flèche, se vérifie par exemple à la lecture de la Proposition XXXVIII du Livre I. Il est vrai que la rédaction du Corollaire 2 du Lemme XI prête à confusion (Cf. note 2 page 160).

2. Relation utilisée par Newton pour démontrer le Lemme XI, cas 1.

temps t *quam minimo*; par L et L' les longueurs des arcs parcourus en un même temps T *quovis*. Enfin, pour interpréter le Corollaire 1 dans le prolongement, notons V et V' les vitesses linéaires.

La démonstration peut être schématisée par une chaîne de quatre égalités:

$$\frac{F}{F'} \underset{(i)}{=} \frac{h}{h'} \underset{(ii)}{=} \frac{l^2/R}{l'^2/R'} \underset{(iii)}{=} \frac{L^2/R}{L'^2/R'} \underset{(iv)}{=} \frac{V^2/R}{V'^2/R'} .$$

Une première interprétation consiste à substituer aux cercles des polygones réguliers inscrits, et à ne pas faire tendre vers l'infini le nombre de leurs côtés. Conformément au style du Corollaire 2 de la Proposition I, appelons «arcs» les côtés, de longueurs l et l'. Et, conformément à l'esprit de la méthode, entendons par «forces» les Impulsions (accélératrices) imprimées chaque fois que les corps aboutissent aux sommets des polygones.

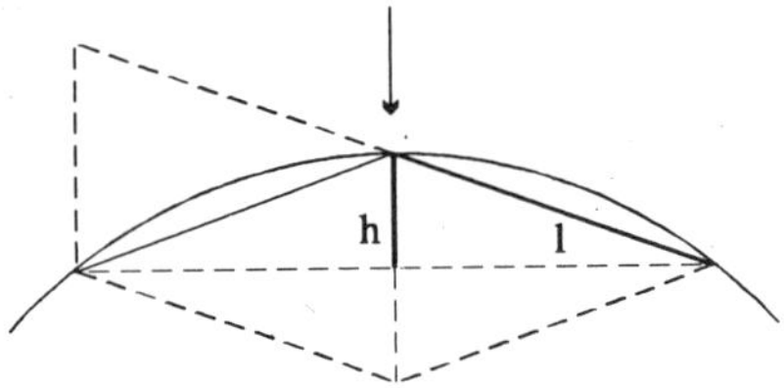

fig.145

Le sinus verse est alors la demi-diagonale du parallélogramme construit sur l'arc double; c'est la demi-chute vers le centre que produirait la seule Impulsion pendant le temps t.

On a donc 2.h = F.t et 2.h' = F'.t, ce qui justifie (i). L'égalité (ii) découle de la relation géométrique $h = \frac{l^2}{2R}$ précédement rappelée, qui est ici rigoureusement exacte. Pour un temps «quelconque» T, multiple entier de t, on a, du fait de l'uniformité des mouvements, $\frac{L}{l} = \frac{T}{t}$ et $\frac{L'}{l'} = \frac{T}{t}$. D'où $\frac{l}{l'} = \frac{L}{L'}$, ce qui justifie (iii). Enfin, puisque $V = \frac{L}{T}$ et $V' = \frac{L'}{T}$, on aboutit à $\frac{F}{F'} = \frac{V^2/R}{V'^2/R'}$, proportion valable quel que soit le nombre des côtés du polygone, ou, puisque V et V' sont données, quel que soit t. Mais cette indépendance vis-à-vis de t – qui peut, de ce fait, être aussi petit que l'on veut – n'autorise pas à passer à la limite sans précaution. On peut conclure que lim $\frac{F}{F'}$ est la constante $\frac{V^2/R}{V'^2/R'}$ (les rayons et les vitesses étant donnés). Mais on n'en peut rien conclure pour $\frac{\lim F}{\lim F'}$ qui n'existe pas. En effet, la circularité de la trajectoire permet le calcul suivant.

Puisque l'on a $F = \frac{2h}{t}$, $h = \frac{l^2}{2R}$ et $l = V.t$, la force s'exprimerait, dans un bon système d'unités, par: $F = \frac{2}{t} . \frac{l^2}{2R} = \frac{(Vt)^2}{Rt} = \frac{V^2}{R}.t$. D'où: $\lim F = \lim F' = 0$. Si Newton avait suivi cette voie, il aurait dû, arrivé à ce stade, introduire une nouvelle notion, la Force (en un point), qu'il suffisait, ici, de définir par $\frac{F}{t}$.

La deuxième interprétation consiste à maintenir la figure circulaire de la trajectoire, et à envisager, dès l'égalité (i), des arcs évanouissants. Toute la difficulté se concentre alors sur cette première proportionnalité, le reste ne demandant que des retouches de détail.

L'égalité (i) n'a de sens que si F et F' reçoivent la définition qui leur manque dans le Corollaire 4 de la Proposition I. Or il suffit, dans le cas d'un mouvement circulaire uniforme, de conserver le sens qui leur a été donné dans la première interprétation. En effet, redéfinissons-les comme forces à imprimer au début de la particule de temps t, sous forme d'impulsions « uniques mais grandes », pour que les corps se déplacent sur les polygones inscrits que définissent les arcs de longueurs l et l'.

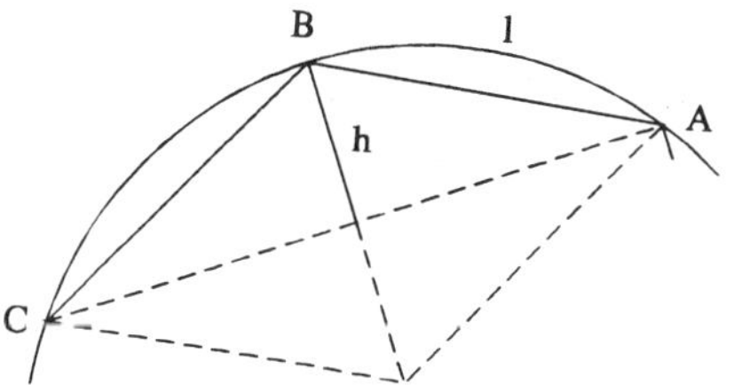

fig.146

Le résultat tiré de la première interprétation, $F = \frac{V^2}{R}.t$, donne directement celui du Corollaire: $\frac{F}{F'} = \frac{V^2/R}{V'^2/R'}$, à partir de quoi on pourrait remonter à $\frac{F}{F'} = \frac{L^2/R}{L'^2/R'}$. Mais il nous importe aussi d'examiner la démonstration telle qu'elle se présente. Partons pour cela des relations $F = \frac{h}{2t}$, $F' = \frac{h'}{2t}$, et de ce que $\frac{F}{F'}$ est une constante.

On peut écrire $\frac{F}{F'} = \frac{h}{h'}$, et donc, si l'on veut, $\frac{F}{F'} = \lim \frac{h}{h'}$. Substituons à h et h' les infiniments petits que l'on sait leur être équivalents: $\frac{F}{F'} = \lim \frac{l^2/R}{l'^2/R'} = \frac{R'}{R} . \lim \frac{l^2}{l'^2}$. Introduisons alors les arcs L et L', parcourus en un temps quelconque T. On a encore, quel que soit t, $\frac{l}{l'} = \frac{L}{L'}$, d'où $\frac{F}{F'} = \frac{R'}{R} . \lim \frac{l^2}{l'^2}$. Mais, pour T donné, L et L' le sont aussi. Par quoi l'on aboutit à $\frac{F}{F'} = \frac{R'}{R} . \frac{L^2}{L'^2} = \frac{L^2/R}{L'^2/R'}$.

Cette seconde interprétation prouve que la Proposition IV, telle que sa démonstration est rédigée, est démontrable sans introduire la notion de Force. Une fois de plus, il a suffit d'évacuer le Corollaire 4 de la Proposition I, et de faire appel à la géométrie de la trajectoire. Mais, contrairement à ce que nous avions fait pour la Proposition VI, il a été possible ici, grâce à la constance de la courbure, de conserver à « force » le sens qu'il a dans la Loi II.

Cette longue analyse nous permet de mieux aborder la notion de force centrifuge, telle qu'elle est présentée dans le Scholie même de la Proposition IV. Newton se propose d'y reprendre, par une autre voie, le calcul de la force centripète. On y peut lire:

> « Ce qui précède peut également être démontré de cette manière. Considérons un polygone, à un nombre quelconque de côtés, inscrit dans un cercle quelconque. Et si un corps, se mouvant sur les côtés du polygone, avec une vitesse donnée, est réfléchi par le cercle vers chacun des angles de ce polygone; la force, par laquelle à chaque réflexion il frappe sur le cercle, sera comme sa vitesse: de sorte que la somme des forces en un temps donné sera comme cette vitesse et le nombre des réflexions conjointement: c'est-à-dire (si le polygone est donné de figure) comme la longueur décrite en ce temps donné, augmentée ou diminuée dans la raison de cette même longueur au rayon du cercle susdit; c'est-à-dire, comme le carré de cette longueur divisé par le rayon: c'est pourquoi, si le polygone, ses côtés

diminuant à l'infini, coïncide avec le cercle, comme le carré de l'arc décrit en un temps donné, divisé par le rayon. Celle-ci est la force centrifuge, par laquelle le corps agit sur le cercle ; et lui est égale la force contraire, par laquelle le cercle repousse continuellement le corps vers le centre. »

Il s'agit donc d'une tentative de calcul fondé sur l'égalité de l'action et de la réaction. C'est la force centrifuge, action du corps sur le cercle, qui est censée donner lieu à un calcul détaillé.

Considérons donc un polygone à N côtés (ici ABCD), inscrit dans un cercle de centre O et de rayon R. Un corps c se meut de A vers B, avec une vitesse donnée. Arrivé en B, il est réfléchi vers C, et ainsi de suite. La force par laquelle il frappe le cercle en B est imprimée instantanément.

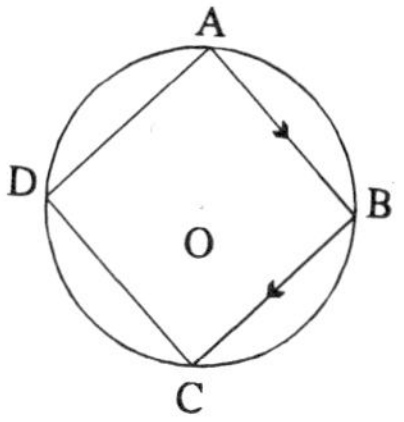

fig.147

Pour que la démonstration s'inscrive dans le cadre conceptuel des Principia, il faut considérer le cercle comme étant lui-même un corps. Seul un corps est capable de réaction ; ceci se voit dans l'énoncé de la Loi III, mais aussi dans tout le Livre I : lorsqu'un corps est attiré vers un centre, simple point mathématique, la troisième Loi ne s'applique pas. En outre, ce corps qu'est le cercle reste immobile à chaque réflexion ; il faut donc lui supposer une masse infinie. L'action du corps c ne pouvant être mesurée par le mouvement communiqué au cercle, l'est par le mouvement communiqué à c lors de chaque réflexion. C'est, en fait, la mesure de la réaction, c'est-à-dire de la force centripète, qui conduit à celle de la force centrifuge.

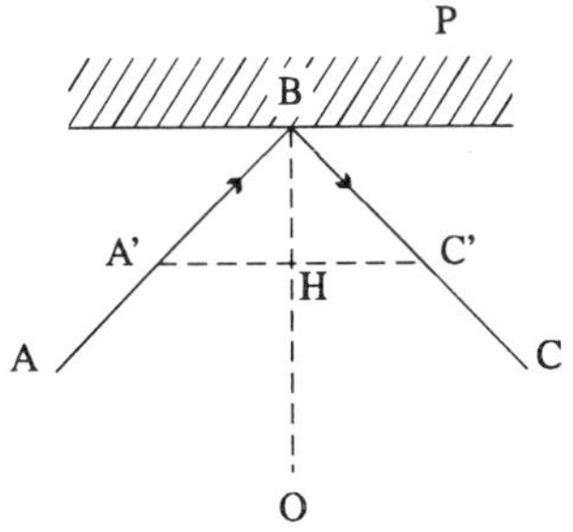

fig.148

Tout se passe comme si le corps était réfléchi en B par un corps P parfaitement dur, dont la surface, plane, est supposée perpendiculaire au rayon OB. Le changement de mouvement de c est le changement du mouvement qui se fait selon la normale OB. Avec sa vitesse V, c va de A' en B, pendant un temps donné τ. Le Corollaire III des Lois n'est d'aucun secours dans une telle situation : la conservation de la quantité algébrique du mouvement du système (c,P) ne permet pas de déterminer le changement subi par le mouvement HB, faute de se prolonger en une théorie complète du choc des corps parfaitement durs (ou parfaitement élastiques).

Il nous faut donc supposer que ce mouvement normal est changé en BH, égal et de sens contraire. Moyennant quoi le corps c, pendant le même temps τ ira en C', symétrique de A' : la vitesse est conservée.

Le changement de mouvement en B est égal à 2.c.BH, en notant c la masse du corps. La force motrice imprimée en B est donc proportionnelle, pour un corps donné, à BH. Or BH est lui-même proportionnel à A'B, le polygone étant de figure donnée ; et A'B mesure la vitesse. Voilà en quel sens « la force par laquelle à chaque réflexion (le corps) frappe le cercle, sera comme sa vitesse ».

Envisageons maintenant une durée T, pendant laquelle le corps frappe n fois le cercle. Avec sa vitesse constante V, il parcourt une longueur L sur le polygone. Chaque réflexion donnant lieu à l'impression d'une force $f = k.V$, les n réflexions produisent l'impression d'une force totale $F = k.n.V$, pendant le temps total T.

En outre, la longueur parcourue L est proportionnelle à n[1]. Indépendamment de ceci, elle l'est au rayon R. Il en résulte que L est proportionnelle à n.R, d'où l'on tire que n est proportionnel à $\frac{L}{R}$: $n = k'.\frac{L}{R}$. Comme, par ailleurs, V est proportionnelle à L (T étant donné), on aboutit à la proportionnalité de la force totale F à $\frac{L}{R}.L$, c'est-à-dire à $\frac{L^2}{R}$. Ceci étant valable pour tout polygone inscrit dans le cercle, le reste lors du passage à la limite. Et il s'agit d'une force centrifuge (ou centripète) en ce que, dans chacune des réflexions, elle est imprimée normalement.

1. En toute rigueur, la proportionnalité de L à n suppose que, pendant le temps T, le corps joigne des points qui divisent semblablement les côtés qui les portent. Mais cette contrainte deviendra superflue lors du passage à la limite.

Que cette force totale ne soit pas la Force, on le retrouve en réintroduisant la variable temps. Pour ce faire, substituer V.T à L ne suffit pas. Il convient de se rappeler que le paramètre T a été éliminé de l'écriture, parce que le temps était donné, lors de la substitution de L à V dans F = k.n.V. Il faut écrire

$$F = k.n.V = k.(k'.\frac{L}{R}).\frac{L}{R} = k.k'.\frac{(V.T)^2}{R.T} = K.\frac{V^2}{R}.T$$ [1].

On aboutit bien à une quantité qui a la dimension d'une Impulsion.

*

1. Avec K = k.k'. Les facteurs k et k' ne dépendent d'aucun des paramètres V, R, T.

ANNEXE 5

L'INERTIE DES SYSTÈMES[1]
(Le Corollaire IV des Lois)

Que le Corollaire III n'ait eu d'autre but, dans l'esprit de son auteur, que celui de fonder l'étude des réflexions, et non pas d'énoncer en toute généralité la conservation de la quantité de mouvement d'un système isolé, on en verra pour confirmation le fait qu'un tel énoncé aurait pu découler très facilement du Corollaire suivant.

> « COROLLAIRE IV. Le centre commun de gravité de deux ou de plusieurs corps, par des actions des corps entre eux, ne change pas son état de mouvement ou de repos ; et en conséquence le centre commun de gravité de corps agissant tous les uns sur les autres (en l'absence d'actions et d'empêchements extérieurs), est ou bien en repos, ou bien en mouvement rectiligne uniforme. »

Voilà un texte surprenant. La deuxième partie de cette phrase apporterait-elle, pour toute précision supplémentaire, le caractère rectiligne uniforme du mouvement ? La démonstration, quoiqu'assez délicate, prouve incontestablement qu'il ne peut s'agir de cela. On peut y distinguer plusieurs étapes, et de diverses façons. Sa division en deux paragraphes, dans le texte latin, ne correspond pas à celle de l'énoncé du Corollaire lui-même. Décomposons un peu plus.

Dans une première étape (le premier paragraphe), Newton établit que « (...) dans un système de corps, qui n'agissent pas les uns sur les autres et ne subissent aucune action depuis l'extérieur, le centre commun de gravité de tous, soit est en repos, soit se meut uniformément en ligne droite. » La démonstration relève de la géométrie et de la cinématique ; nous ne nous y arrêterons pas.

Dans une deuxième étape est traité le cas de deux corps en interaction : la conclusion est la même. La troisième étape concerne un système de plus de deux corps, où les uns agissent sur les autres – sans

1. Complément au chapitre 7, pages 100-101.

qu'il y ait nécessairement action de chacun sur tous – et elle se subdivise elle-même en deux phases : primo, l'influence des actions qui se font entre deux de ces corps, sur le centre du système complet ; secundo, et corrélativement, l'invariance de l'état de ce centre lorsque toutes les interactions sont prises en compte.

La première partie du texte du Corollaire résume l'acquis de tout ce qui précède la seconde phase de la troisième étape. Il nous reste donc à examiner les deux dernières étapes en détail.

> « En outre, dans un système de deux corps agissant l'un sur l'autre, puisque les distances des centres de chacun au centre commun de gravité sont réciproquement comme les corps ; les mouvements relatifs de ces mêmes corps, soit pour s'approcher de ce centre, soit pour s'en éloigner, seront égaux entre eux. Ce centre, par conséquent, par les changements égaux des mouvements en sens contraires, et pour cette raison par les actions des corps entre eux, n'est ni poussé ni retardé, et il ne subit pas de changement dans son état quant au mouvement ou au repos. »

Cette argumentation est des plus délicates à interpréter. Commençons donc par le cas le plus simple, celui où deux corps A et B[1] viennent à la rencontre l'un de l'autre, leur centre de masse commun G étant au repos, en 0, avant le choc (supposé direct). Désignons par V_X la vitesse du corps X avant le choc, et par V'_X sa vitesse après[2]. La démonstration donnée par Newton peut alors être suivie pas à pas.

De $A.\overline{GA} = -B.\overline{GB}$, définition de G, on tire que $A.V_A = -B.V_B$. Les « mouvements relatifs pour s'approcher du centre » sont, dans ce cas, des quantités de mouvement classiques, produits des masses par les vitesses absolues ($\overline{GX} = \overline{OX}$). De l'égalité de l'action et de la réaction on tire que les changements de ces mouvements sont égaux et de sens contraires : $A.(V'_A - V_A) = B.(V_B - V'_B)$.

D'où se conclut que $A.V_A = -B.V_B$. De sorte que, à quelqu'instant que l'on se place après la rencontre, on a $A.\overline{OA} = -B.\overline{OB}$; ce qui prouve que G coïncide toujours avec O : l'interaction des corps n'a pas modifié son état de repos.

Envisageons maintenant le cas où A et B se rencontrent après s'être déplacés sur deux droites coplanaires distinctes (fig.149). Avant la rencontre, A, B et G sont en mouvement inertiel : la droite AB se déplace parallèlement à elle-même, et d'un mouvement uniforme. Reprenons la lecture de la démonstration. De la définition de G, on tire

1. Ces lettrres désigneront aussi leurs masses.
2. Vitesses algébriques, pour regrouper les différents cas.

cette fois que $A.U_A = - B.U_B$, où U_X est la vitesse relative du corps X dans ce repère inertiel qu'est la droite AB, G servant d'origine. Ce sont les valeurs absolues des deux membres de cette égalité, qui sont

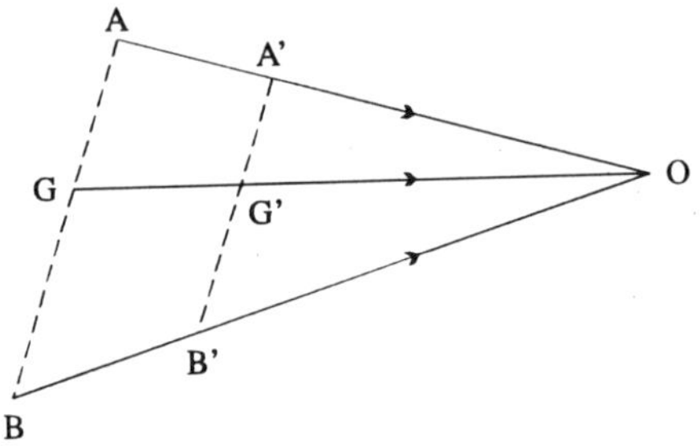

fig.149

désignées dans le texte par « les mouvements relatifs d'approche du centre »[1]. Produits d'une masse et d'une vitesse relative, pourquoi, en effet, ne pas les nommer ainsi ? La difficulté de l'interprétation porte sur le début de la seconde phrase. Les mouvements qui subissent des changements égaux, en vertu de la Loi III, sont-ils bien ces mouvements relatifs ? Tout comme dans l'étude du Corollaire I, il ne saurait en être question, puisque rien ne permet, pour l'instant, d'appliquer cette Loi à un mouvement relatif. La démonstration n'en est pas invalidée pour autant si, tenant compte de ce qui a été vu jusqu'ici de la décomposition des mouvements, nous donnons à « mouvement relatif de A vers G » un autre sens que celui de mouvement dans le repère AB.

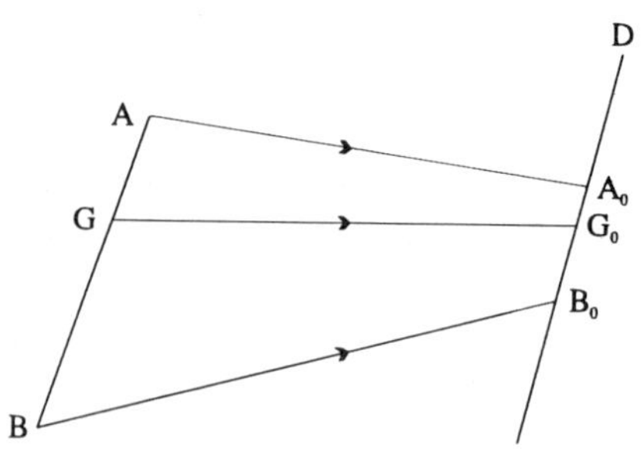

fig.150

1. Cette expression ne peut recouvrir le produit de la masse de A par sa vitesse prise relativement à B ; puisque ces vitesses relatives sont égales, de tels mouvements relatifs ne le seraient pas (pour A différent de B).

Il suffit pour cela d'introduire les points fixes A_0 B_0 et G_0, qui sont les positions respectives des centres de A et de B, et celle de G, à l'instant du choc. Distincts, ils définissent une droite, parallèle à AB. Confondus (cas de corps réduits à des points, s'il se peut), ils le sont avec O. Soit D la parallèle à AB qui passe par A_0 B_0 et G_0. Ces trois points étant, par définition, des points absolument immobiles, et la direction de AB étant constante, D est une droite fixe dans l'espace absolu.

Alors, si au lieu de décomposer le mouvement de A vers A_0 en un mouvement relatif (sur AB) et un mouvement d'entraînement (celui de AB), on le décompose en un mouvement AA' parallèle à GG_0, et un mouvement $A'A_0$, ce dernier, quoique virtuel, est un mouvement absolu. Si le mouvement de B vers B_0 est décomposé de même en BB' et $B'B_0$, B' étant sur D, on peut appliquer la Loi II à $A'A_0$ et $B'B_0$, à l'instar de Newton dans son Corollaire III.

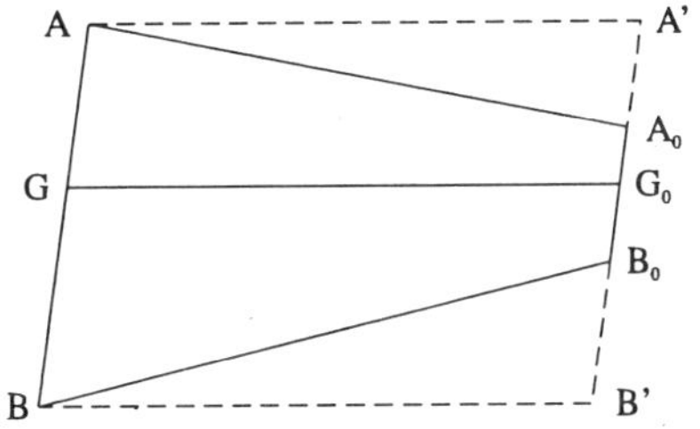

fig.151

Les corps A et B se déplaçant virtuellement sur D y ont G_0 pour centre de gravité. Ce dernier étant fixe, l'application de la Loi III fait moins problème : les corps sont « de même puissance », c'est-à-dire qu'ils ont des vitesses, absolues cette fois, inversement proportionnelles à leurs masses[1].

Il resterait à démontrer que G continuera de se mouvoir 1° dans le même plan, 2° sur la même droite, 3° avec la même vitesse. Le mutisme de Newton sur ces détails, même s'ils ne font pas difficulté, oblige à se demander s'il ne s'en tient pas, effectivement, aux mouvements relatifs AG et BG. Quoi qu'il en soit, nous estimons avoir montré qu'il disposait de moyens suffisants pour arriver à ses fins sans créer un problème supplémentaire d'interprétation de sa troisième Loi.

1. Voir le Scholie des Lois.

Les deux cas que nous venons d'examiner n'épuisent pas toutes les possibilités. A et B peuvent se rencontrer sans que AA_0 et BB_0 soient coplanaires ; ils peuvent ne pas être sphériques ; ils pourraient aussi ne pas se rencontrer, les actions étant censées se faire à distance. Il ne nous paraît pas indispensable de tout analyser. Notre propos était de montrer que les termes employés par Newton permettent d'envisager, avec quelque probabilité, qu'il a appliqué un de ses trois Axiomes à des mouvements qui se font dans un référentiel en mouvement.

Finissons-en avec le Corollaire IV, en transcrivant la suite de la démonstration. Newton considère un système de n corps (n ≥3), qu'il décompose en deux sous-systèmes : un couple quelconque, dont les éléments A et B interagissent entre eux ; et tous les autres corps (C, D, E...). Le premier a pour centre de masse G, le second a pour centre H ; enfin, soit I celui du système tout entier. Par leur seule interaction réciproque, A et B ne modifient pas l'état de G. Ils n'ont aucune influence non plus sur celui de H, puisqu'on ne prend pas en compte, pour le moment, leurs éventuelles interactions avec C, D, E, etc. De sorte que I conserve lui aussi son état de repos ou de mouvement inertiel. Ce raisonnement étant valable pour n'importe lequel des couples pris dans le système, aucune de ces interactions binaires n'affecte l'état de I. Voilà ce que nous semble dire la première partie de l'énoncé du Corollaire, ce que nous avons marqué dans la traduction par deux articles indéfinis : « (...) par des actions de corps entre eux (...) »

La suite découle de ce que « Dans un tel système, toutes les actions des corps entre eux, ou bien se font entre deux corps (*bina corpora*), ou bien sont composées d'actions qui se font entre deux. D'où se conclut la seconde partie de l'énoncé, qui décrit une conséquence extrême : le cas ou des corps agissent tous les uns sur les autres.

*

ANNEXE 6

UN CAS D'ESPACE RELATIF EN ROTATION[1]
(La Section IX du Livre I)

Pour les planètes, tout comme pour les satellites de Jupiter ou de Saturne, la relation des périodes de révolution aux distances du centre conduit à une force en d^{-2}. La démarche ne peut être réitérée pour la Lune, satellite unique. Aussi est-il fait appel à une théorie, élaborée dans la neuvième Section du Livre I : « Le mouvements des corps sur des orbes mobiles ; et le mouvement des apsides ».

Ces orbites ne disposent en fait que d'un degré de liberté : elles tournent dans un plan, autour d'un point de ce plan. Nous nous proposons d'examiner en détail les bases de la méthode, contenues dans les Propositions XLIII et XLIV. La première est le Problème XXX :

> « PROPOSITION XLIII. Faire qu'un corps puisse se mouvoir sur une trajectoire quelconque qui tourne autour du centre de force, de la même manière qu'un autre corps sur la même trajectoire au repos. »

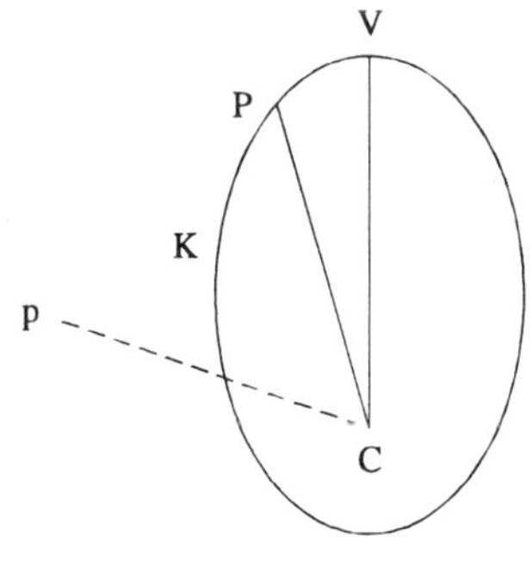

fig.152

1. Cf. chapitre 9, pages 130-131.

Les données sont donc constituées de deux orbites identiques, l'une en repos, l'autre en rotation. Le centre de cette rotation est aussi le centre des forces. Quant aux deux corps, il n'est pas indispensable de les supposer identiques, pourvu que l'on n'étudie que les quantités accélératrices des forces centripètes. Il est seulement demandé à ces corps de se mouvoir de la même manière. Ce qui veut dire que le mouvement relatif de l'un, par rapport à un repère défini par l'orbite mobile, doit avoir les mêmes caractéristiques que le mouvement absolu de l'autre. Examinons la solution de Newton (fig.152).

> « Sur l'orbe VPK de position donnée, que le corps P tourne, en procédant de V vers K. Soit tiré du centre C, continuellement, Cp, qui soit égal à CP, en faisant l'angle VCp proportionnel à l'angle VCP ; et l'aire que la ligne Cp décrit, sera à l'aire VCP, que la ligne CP décrit en même temps, comme la vitesse de la ligne décrivante Cp à la vitesse de la ligne décrivante CP ; c'est-à-dire, comme l'angle VCp à l'angle VCP, et donc dans une raison donnée, et par conséquent proportionnelle au temps. »

La situation présente une certaine généralité. Les orbites sont tenues à quelque dissymétrie : elles doivent posséder une apside. Sont données : l'orbite fixe (VPK), le centre des forces C, ainsi que le mouvement de P sur (VPK).

Le point p est défini par l'égalité des distances Cp et CP, et par la condition de proportionnalité des angles, que nous écrirons $VCp = \lambda . VCP$.

Il en résulte que la vitesse angulaire absolue de Cp est à celle de CP dans cette « raison donnée » λ. Enfin est explicité ce que ni l'énoncé ni le début de la démonstration n'avaient assez mis en évidence : le rayon CP décrit des aires proportionnelles aux temps. Le corps P est donc bien soumis à une force, inconnue, dirigée vers C.

La proportionnalité des vitesses angulaires absolues, jointe à l'égalité des distances au centre, produit la proportionnalité aux temps des aires décrites par Cp dans l'espace absolu. La suite le précise et en tire les conséquences :

> « Ainsi, puisque l'aire décrite par la ligne Cp dans un plan immobile est proportionnelle au temps, il est manifeste qu'un corps, étant agi par une force de juste quantité, peut tourner avec le point p sur cette ligne courbe que le même point p décrit dans un plan immobile, pour la raison qui va être exposée. »

La proportionnalité aux temps, des aires absolues décrites par Cp, indique que, si un corps accompagne p, il est soumis à une force de centre C, tout comme le corps P. L'objectif est d'établir une relation entre ces deux forces. La fin de la phrase donnée ci-dessus ne trouve sa clarté que dans un changement de perspective. Lorsqu'il est dit qu'« un corps (...) peut tourner avec le point p sur cette ligne courbe que le même point p décrit dans un plan immobile », la ligne courbe alors désignée est une orbite mobile qui n'a pas encore été définie.

Quant au « même point p », c'en est... un autre : P[1]. Ce genre de confusion est voulu. Il signifie que le point P, qui accompagne le corps du même nom, a pour fonction d'être la réplique de p dans un plan fixe, tandis que p, le vrai, décrit la courbe en question dans un plan en rotation autour de C. Plus précisément, le mouvement absolu de P doit avoir les mêmes caractéristiques cinématiques que le mouvement relatif de p. Cependant, la fin de la résolution est conduite dans le style du début : de l'absolu vers le relatif.

> « Faire l'angle VCu égal à l'angle PCp, et la ligne Cu égale à CV, et la figure uCp égale à la figure VCP, et le corps étant toujours en p, se mouvra sur le périmètre de la ligne tournante uCp, et décrira son arc up dans le même temps que l'autre corps P peut décrire l'arc

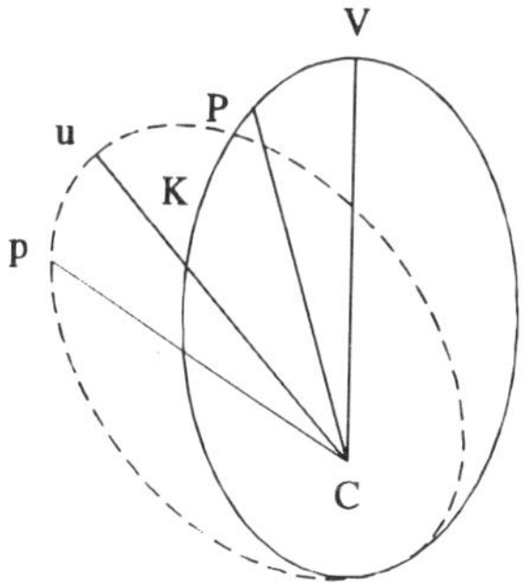

Fig.153

> semblable et égal VP dans la figure fixe VPK. On cherche donc, par le corollaire 5 de la proposition VI, la force centripète par laquelle on peut faire tourner le corps sur cette ligne courbe que le point p décrit dans un plan immobile, et le problème sera résolu. C.Q.F.F. »

La condition VCu = PCp détermine la demi-droite Cu, qui suffit à définir le repère mobile où sera pris le mouvement relatif de p. Le point u se déduit de V par la rotation de centre C et d'angle VCu = PCp

1. Voir la Proposition LVIII du Livre I.

= VCp – VCP = (λ - 1).VCP[1]. Si la vitesse angulaire de CP n'est pas constante, le repère mobile n'est pas en rotation uniforme.

En outre, uCp = VCp – VCu = λ.VCP – (λ – 1).VCP = VCP. Compte tenu de Cp = CP, la position de p dans le repère mobile est, à chaque instant, celle de P dans le repère absolu défini par CV. Le point p décrit donc bien une orbite mobile identique à l'orbite fixe de P, et avec la même équation horaire. Le mouvement de P est donc celui qu'aurait p dans le référentiel defini par Cu, si celui-ci était fixe, ou plutôt : si l'on pouvait le tenir pour fixe.

Il suffit donc de déterminer la loi de force qui permet au corps P d'avoir, dans l'espace absolu, le mouvement qu'a le corps p dans l'espace en rotation, ce que permet le Corollaire 5 de la Proposition VI du Livre I. Le problème est résolu, dans la mesure où la donnée de la force – à laquelle il faudrait adjoindre des conditions initiales – détermine le mouvement de P ; d'où se déduit, par les règles géométriques précédemment énoncées, le mouvement d'entraînement de p. Ce dernier dépend, en fin de compte, de deux paramètres indépendants : l'angle VCP et le coefficient λ de proportionnalité.

La constance de ce coefficient, on l'a vu, fait que le mouvement absolu du corps p se produit sous l'action d'une force dirigée vers C. Le Théorème XIV, qui suit, établit la relation de cette force à celle qui maintient P sur son orbite.

> « PROPOSITION XLIV. La différence des forces par lesquelles peuvent être mûs également, un corps sur une orbite en repos, et l'autre corps sur la même en rotation, est inversement dans la raison triplée de leur commune altitude. »

L'altitude est la distance au centre ; c'est la même pour p et pour P, par construction. Le problème pourrait aussi s'énoncer de la façon suivante : on cherche la force qui fait décrire l'orbite en rotation, en fonction de celle qui ferait décrire au même corps, la même orbite, selon la même loi horaire, mais dans un repère absolument immobile.

L'analyse de la Proposition XLIII a montré que Newton ne relie l'existence d'une force dirigée vers C, qu'aux mouvements absolus des deux corps. Les aires, qui sont reconnues proportionnelles aux temps, sont en effet celles que Cp et CP décrivent dans un plan fixe. C'est moins pour vérifier l'exactitude du résultat annoncé, que nous allons détailler la démonstration de la Proposition XLIV, que pour nous assurer que cette attitude est conservée tout au long ; et aussi pour voir

1. Calculs valables pour des angles orientés.

si la différence des forces, proportionnelle à d^{-3}, reçoit une interprétation dynamique.

« Aux parties VP,PK de l'orbe en repos, que soient similaires et égales les parties up,pk de l'orbe révolvant ; et que la distance des points P,K soit supposée d'une extrême petitesse. Qu'on abaisse une perpendiculaire kr du point k sur la ligne pC, et qu'on la prolonge jusqu'à m, de sorte que mr soit à kr comme l'angle VCp à l'angle

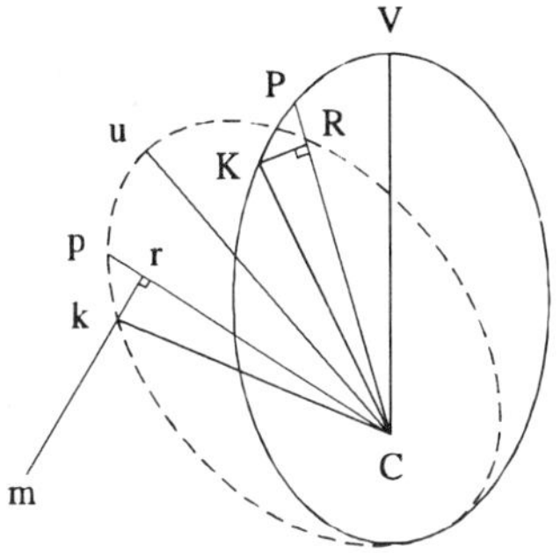

fig.154

VCP. Puisque les altitudes PC et pC, KC et kC, des corps, sont toujours égales, il est manifeste que les incréments ou décréments des lignes PC et pC sont toujours égaux, et c'est pourquoi si chacun des mouvements des corps se tenant en P et p sont distingués en deux (par le corollaire II des lois), desquels les uns étant dirigés vers le centre, ou selon les lignes PC, pC, et les autres transverses aux précédents, ayant une direction perpendiculaire aux lignes PC et pC ; les mouvements vers le centre seront égaux, et le mouvement transverse du corps p sera au mouvement transverse du corps P comme le mouvement angulaire de la ligne pC au mouvement angulaire de la ligne PC : c'est-à-dire, comme l'angle VCp à l'angle VCP. »

On a $\frac{mr}{kr} = \frac{VCp}{VCP} = \lambda$. Les décréments (en cas de rapprochement des corps de C) ou les incréments (en cas d'éloignement), sont les segments PR et pr obtenus par projections orthogonales. Leur égalité résulte de celle des triangles CPK et Cpk.

D'autre part, si l'angle PCp était constant, les composantes orthogonales des mouvements absolus de P et de p seraient égales. Pendant le temps τ que met le corps P pour aller de P en K, le corps p irait de p en

k. Mais la vitesse angulaire de Cp étant à celle de CP dans le rapport λ (par construction), les composantes orthogonales des deux mouvements, pendant τ, sont aussi dans ce rapport. Ce que la suite de la démonstration va préciser, par l'usage de m.

> « Donc, au même moment où le corps P, par ses deux mouvements, vient au point K, le corps p, par un égal mouvement vers le centre, sera également mû depuis p vers C ; et donc, à l'achèvement de ce temps, on le trouvera quelque part sur la ligne mkr, qui [passant] par le point k est perpendiculaire à la ligne pC ; et par son mouvement transverse il acquerra une distance de la ligne pC, qui sera à la distance que l'autre corps P acquiert de la ligne PC comme le mouvement transverse du corps p au mouvement transverse de l'autre corps P. C'est pourquoi, puisque kr est égal à la distance que le corps P acquiert depuis la ligne PC, et que mr est à kr comme l'angle VCp à l'angle VCP, c'est-à-dire comme le mouvement transverse du corps p au mouvement transverse du corps P, il est manifeste que le corps p, à l'expiration de ce temps, se trouvera au lieu m. »

Ces lourdes phrases ne disent rien de bien compliqué. Il convient seulement de noter la relation, inexplicitée, des vitesses angulaires aux mouvements transverses, c'est-à-dire aux composantes orthogonales

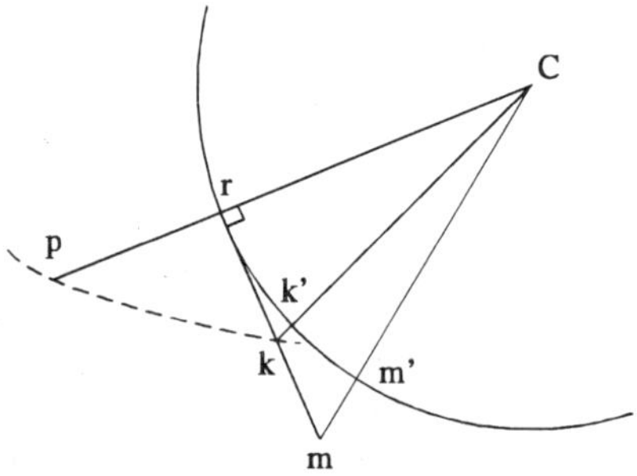

fig.155

des mouvements. Si l'on trace le cercle de centre C, qui passe par R et r, les droites Cr, Ck et Cm y interceptent des arcs rk' et rm' qui sont dans le même rapport que leurs angles au centre. Ce rapport est λ, dans la mesure où il est égal au rapport $\frac{rm}{rk}$ des tangentes de ces arcs. Or il a été précisé que PK est d'une « extrême petitesse », autrement dit que les longueurs pk, pr, etc., sont des quantités évanouissantes. Le Lemme VII du Livre I permet, dans ces conditions, de substituer les tangentes aux arcs. La valeur λ du rapport de rm à rk est, en fait, une valeur limite, si l'on définit m comme position du corps p au bout du temps τ.

Le point m n'est qu'une étape dans la résolution du problème. En effet :

> « Ces choses seront ainsi, quand les corps p et P sont également mûs selon les lignes pC et PC, et pour cela ils sont poussés par des forces égales selon ces lignes. Mais prenons un angle pCn [qui soit] à l'angle pCk comme l'angle VCp à l'angle VCP, et que nC soit égal à kC, et le corps p, à l'expiration du temps, se retrouvera en réalité en n ; et il est donc poussé par une plus grande force que le corps P, si l'angle nCp est plus grand que l'angle kCp, c'est-à-dire si l'orbe npk se meut ou bien en conséquence, ou bien en antécédence avec une vitesse supérieure au double de celle avec laquelle la ligne CP est portée en conséquence ; et avec une moindre force si l'orbe se meut plus lentement en antécédence. »

Les rôles des points k, m et n peuvent être ainsi précisés. Si l'orbite upk était fixe, la force qui fait que le corps P va de P en K pendant le temps τ, ferait que p irait de p en k pendant ce même temps. Si l'on tient compte de la vitesse angulaire qu'a, en fait, l'orbite upk, le corps p doit aller plus loin, c'est-à-dire en m. Il n'est donc plus sur l'orbite mobile à laquelle on veut l'astreindre. Aussi lui faut-il aller en un autre point, n,

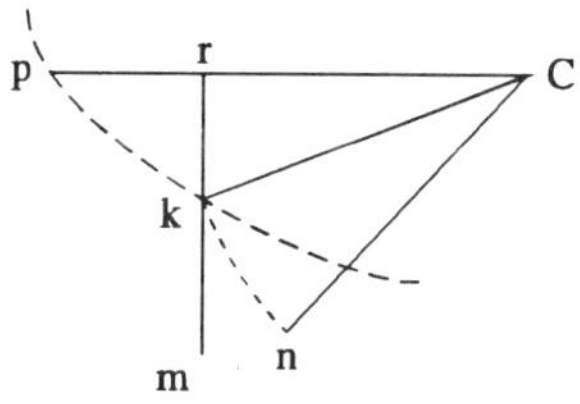

fig.156

défini à la fois par la condition angulaire pCn – λ. pCk, et par Cn = Ck. Ce troisième point n'est autre que celui où va, pendant τ, le point de l'orbite mobile qui, au début de la durée considérée, coïncide avec k dans l'espace absolu. On pourrait dire, plus brièvement, que l'effet d'entraînement amène k en n.

C'est finalement le rôle de m qui se présente avec le moins de clareté. Or il est de première importance, puisque mn va mesurer la différence entre les forces qui agissent sur les deux corps. S'il en est ainsi, c'est que m est le lieu, dit Newton, où le corps p irait sous l'effet d'une force égale à celle qui agit sur P. Ajoutons : et en tenant compte de l'effet de rotation du référentiel.

Pour que ceci soit le plus manifeste possible, il est peut-être opportun de reprendre l'analyse du mouvement de p, selon une méthode plus habituelle à Newton, c'est-à-dire en faisant intervenir la première Loi du mouvement.

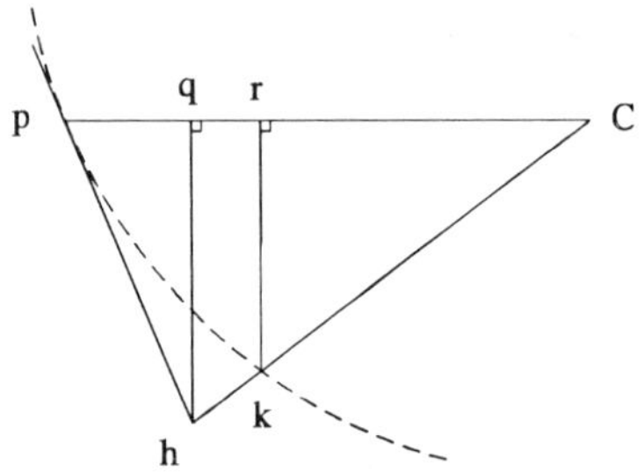

fig.157

Supposons l'orbite upk fixe. Décomposons le mouvement du corps p, non pas selon pr, qui est radial, et rk, qui est orthogonal au rayon, mais selon la tangente et le rayon. Soit h le point où la tangente en p rencontre Ck, et soit q le projeté orthogonal de h sur le rayon Cp. Par la seule force d'inertie, le corps irait en h. La déviation hk mesure l'effet de la force centripète, et elle est ultimement dans la raison d'égalité avec qr. C'est donc qr, plutôt que pr, qui mesure cet effet.

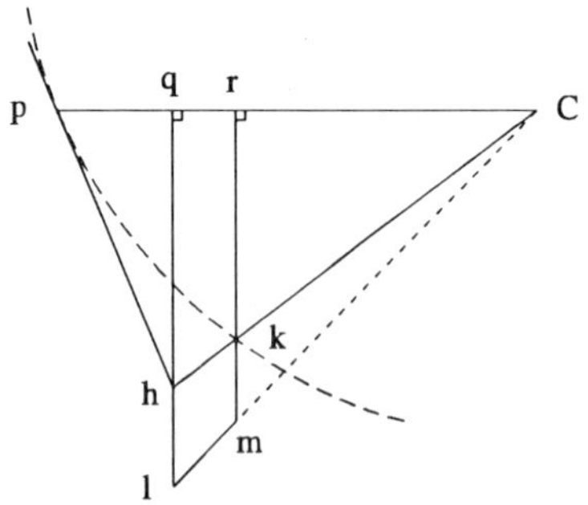

fig.158

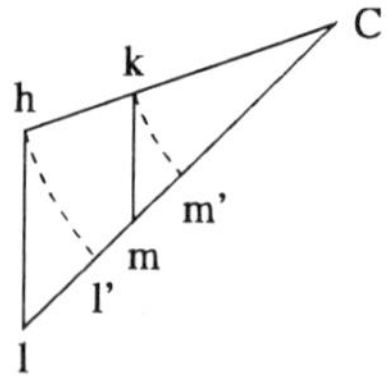

fig.159

Tenons compte, maintenant, du mouvement d'entraînement de p. Le point du référentiel qui coïncide avec k dans l'espace absolu se déplace sur un cercle de centre C. Tout comme k (pour parler brièvement) va en m', h va en l'. La substitution de m à m' nous conduit à remplacer le point l', où h va effectivement, par le point l de qh, défini par $\frac{ql}{qh} = \frac{rm}{rk} = \lambda$. A cette approximation près, l apparaît comme étant le point où irait le corps p, par la combinaison de son mouvement tangentiel et de l'entraînement, donc sans l'action de la force. Cette dernière, égale à la force qui mène le corps P en K, engendre le mouvement lm. De sorte que m se présente bien comme le point ou irait le corps p, pendant le temps τ, sous l'effet d'une force F égale à celle qui agit sur P, et compte tenu de l'entraînement par le référentiel en rotation. Nous pouvons reprendre maintenant le troisième extrait de la démonstration[1].

Puisque le corps p doit aller, non pas en m, mais en n, situé sur l'orbite upk, il est soumis à une force f différente de F. Il faut d'abord examiner laquelle surpasse l'autre (fig.160). Si l'orbite mobile se meut en conséquence c'est-à-dire dans le même sens que CP, on a pCn > pCk; m est alors plus éloigné de C que ne l'est n. Il en est de même lorsque n se trouve en deçà de s, symétrique de k par rapport à Cp. Ce qui indique bien un mouvement en antécédence, ou rétrograde, de l'orbite, avec une vitesse angulaire au moins double de la vitesse angulaire relative de Cp (elle-même égale à la vitesse absolue de CP). Enfin, si l'orbite rétrograde avec une vitesse moindre que ce double, m se trouve entre k et s, et Cn est supérieur à Cm.

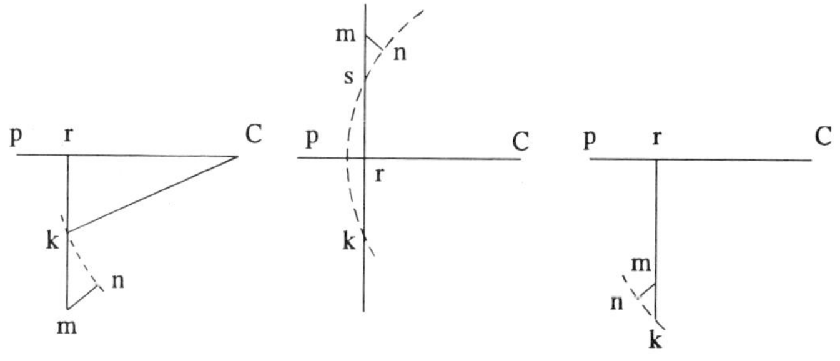

fig.160

1. Cf. page 187.

Vient enfin l'estimation de la différence des forces.

« Et la différence des forces est comme l'intervalle mn des lieux, à travers lequel ce corps p doit être transporté par sa propre action, en cet espace de temps donné. Supposons qu'un cercle soit décrit autour du centre C, de rayon Cn ou Ck, coupant les lignes mr,mn prolongées en s et t, et le rectangle mn.mt sera égal au rectangle mk.ms, et par conséquent mn sera égal à $\frac{mk.ms}{mt}$. Mais puisque les

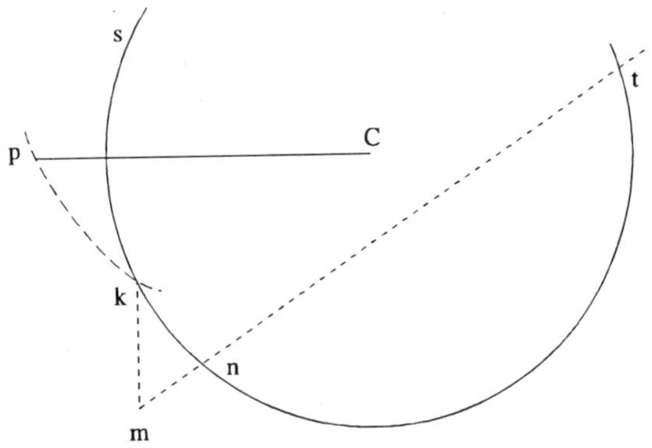

fig.161

triangles pCk,pCn, en un temps donné, sont donnés en grandeur, kr et mr, et leur différence mk, et leur somme ms, sont inversement comme l'altitude pC. En outre, mt est directement comme $\frac{1}{2}$.nt, c'est-à-dire comme l'altitude pC. Ce sont là les premières raisons des lignes naissantes ; et de là $\frac{mk.ms}{mt}$, c'est-à-dire la petite ligne naissante mn, et la différence des forces qui lui est proportionnelle, sont inversement comme le cube de l'altitude pC. C.Q.F.D. »

La puissance de m par rapport au cercle s'exprime indifférement par mk.ms ou mn.mt. D'autre part, l'aire du triangle pCk est la moitié de pC.kr. La proportionnalité des aires aux temps fait que, τ étant donné, l'aire l'est aussi. Si donc p se déplace, kr est comme $\frac{1}{Cp}$. Il en est de même pour mr, égal à λ.kr. D'où l'on peut déduire que mk.ms est proportionnel à $\frac{1}{Cp^2}$. En outre $\frac{1}{2}$.mt est, ultimement, l'altitude pC, car, à la limite, m, n, C et t sont alignés. On établit, sur ces considérations, que F – f (ou f – F) est proportionnelle à $\frac{1}{Cp^3}$.

Un examen parfaitement rigoureux de cette démonstration exigerait un retour sur les diverses approximations auxquelles il a été procédé, tant de la part de l'auteur que de la nôtre. Ce qui précède, toutefois, suffit à nous assurer de ceci : les forces centripètes F et f sont, de bout en bout, reliées directement à des mouvements absolus. Il n'est aucunement question d'une force qui produirait le mouvement relatif de p. Lorsqu'est évoqué le déplacement de p à k, qui est ce mouvement relatif, la seule force considérée est celle qui amène le corps P en K. On pourrait dire, en assimilant ces forces à des accélérations vectorielles, que l'utilisation du corps P – corps fictif lorsque p sera, par exemple, la Lune – constitue le moyen de relier le mouvement relatif du corps p à son accélération relative, sous des espèces absolues. Le mouvement absolu de P a pour fonction de représenter le mouvement relatif de p. Par son caractère absolu, il peut être relié à une force ; laquelle est donc une représentation dynamique, en quelque sorte, de ce qui est pour nous l'accélération relative de p.

On reconnaît la méthode mise en œuvre dans la Proposition III du Livre I[1], consistant à immobiliser T de telle sorte que la force qui fait tourner L autour de T, selon la loi des aires, se présente comme accélération vectorielle absolue. Nous appellons ce genre de démarche « quasi-changement de repère ».

Tout ce commentaire doit cependant être corrigé sur un point. Les longueurs pr, rk, rm, mn, sont des quantités évanouissantes. Pas plus que notre qr, mn ne peut donc être une accélération. Les quantités accélératrices, F et f, sont bien conformes à la Définition VII : elles sont proportionnelles à des vitesses engendrées, en un temps donné, à savoir : τ. A la limite mn est nulle, alors que des Forces ne le seraient pas ; dans tout ce que nous avons dit précédemment des accélérations vectorielles, il faut les interpréter (quant à leurs modules) comme « accélérations », si l'on veut rester au plus près du texte. Mais il va de soi que le commentaire vaudrait aussi pour des Accélérations. La Proposition XLIV dit, en fait, que la différence des Impulsions accélératrices varie, lorsque p et P se meuvent, comme l'inverse du cube de leur commune altitude.

Cette Proposition donne lieu à six Corollaires, que nous n'examinerons pas. Les deux premiers interviennent dans la résolution du

1. Cf. M.Blay et G.Barthélemy, *op.cit.*

Problème XXI : « On cherche les mouvements des apsides sur des orbites très approchantes de cercles »[1]. Nous n'en retiendrons que cette conséquence.

> « Corollaire 1. De là si la force centripète est comme une puissance de l'altitude, cette puissance peut être trouvée par le mouvement des apsides ; et inversement. C'est-à-dire, si le mouvement angulaire total, avec lequel le corps retourne au même apside, est au mouvement angulaire d'une révolution, ou 360 degrés, comme n'importe quel nombre m à un autre nombre n, et que l'altitude soit appelée A ; la force sera comme la puissance $A^{\frac{nn}{mm}-3}$ dont l'exposant est $\frac{nn}{mm} - 3$ (...). ».

Ce Corollaire s'achève sur un exemple numérique. Il est supposé que l'apside d'un corps en révolution progresse de 3 degrés par révolution. La formule précédente permet d'établir que la force centripète est « inversement comme $A^{\frac{4}{243}}$ très prochainement ». On peut en déduire que « la force centripète décroît dans une raison quelque peu plus grande que la raison carrée ; mais approchant $59\frac{3}{4}$ fois plus du carré que du cube ».

Et voilà pourquoi, si l'on néglige la petite action (*vis tantilla*) du Soleil sur la Lune, « la force restante par laquelle la lune est retenue sur son orbe sera réciproquement comme D^2 »[2], où D est la distance de la Lune au centre de la Terre.

*

1. Proposition XLV du Livre I.
2. Démonstration de la Proposition IV du Livre III.

ANNEXE 7

MASSE ET FORCE ABSOLUE[1]
(La Proposition LXIX du Livre I)

La Proposition que voici est la dernière de la Section XI du Livre I[2]. Elle est sans rapport avec le reste de cette Section, déductivement parlant. Newton la cite en justification dans la Proposition V du Livre III.

> « PROPOSITION LXIX. Dans un système de plusieurs corps A, B, C, D, etc., si un corps quelconque A attire tous les autres B, C, D, etc., par des forces accélératrices qui sont réciproquement comme les carrés des distances à celui qui attire ; et si un autre corps B attire de même les autres A, C, D, etc., par des forces qui sont réciproquement comme les carrés des distances à celui qui attire : les forces absolues des corps attirants A, B, seront l'une à l'autre comme sont les corps A, B eux-mêmes, dont elles sont les forces ».

Il convient de noter que cette proposition est tout aussi valable, comme le signale le second Corollaire, pour une autre loi de force qu'en d^{-2}. Il importe seulement que la loi soit la même pour toutes les attractions qui se font dans le système. La démonstration de la Proposition commence ainsi :

> « En effet, les attractions accélératrices de tous les corps B, C, D vers A, les distances étant les mêmes, sont égales les unes aux autres par hypothèses ; et semblablement les attractions accélératrices de tous les corps vers B, les distances étant les mêmes, sont égales entre elles. »

Désignons par XY la distance des (centres des) corps X et Y, et par $f_X(Y)$ l'« attraction accélératrice » – c'est-à-dire la quantité accélératrice

1. Cf. chapitre 8, pages 111-112.
2. Cf. annexe 1.

trice de la force centripète – de Y vers X. Ce début de démonstration se transcrit ainsi : quel que soit U tel que AU = AB, $f_A(U) = f_A(B)$; et de même, on a, quel que soit V tel que BV = BA, $f_B(V) = f_B(A)$. Tout ceci résulte en effet de ce que les forces accélératrices ne sont fonctions que des distances.

> « Or la force attractive absolue du corps A est à la force attractive absolue du corps B, comme l'attraction accélératrice de tous les corps vers A à l'attraction accélératrice de tous les corps vers B, les distances étant les mêmes ; et ainsi (*ita*) est l'attraction accélératrice du corps B vers A, à l'attraction accélératrice du corps A vers B. »

Notons F(X) la « force attractive absolue » d'un corps X quelconque. Ce deuxième extrait se traduit par : or (*autem*), quels que soient les corps U et V tels que AU = AB et BV = BA, on a $\frac{F(A)}{F(B)} = \frac{f_A(U)}{f_B(V)} = \ldots = \frac{f_A(B)}{f_B(A)}$. Supposer AU = AB et BV = BA, ce n'est que se remettre dans les conditions envisagée précédemment, et légitimer par là que nos points de suspension aboutissent au résultat qu'il faut. Voyons tout de suite à quoi mène ce résultat.

> « Mais l'attraction accélératrice du corps B vers A est à l'attraction accélératrice du corps A vers B, comme la masse du corps A à la masse du corps B ; parce que les forces motrices, qui (par les définitions II, VII et VIII) sont comme les forces accélératrices et, conjointement, les corps attirés, sont ici (par la troisième loi du mouvement) égales l'une à l'autre. »

Ce que nous écrirons $\frac{f_A(B)}{f_B(A)} = \frac{A}{B}$. Il ne reste plus qu'à rapprocher les points d'aboutissement des deux derniers passages, pour conclure

$$\frac{F(A)}{F(B)} = \frac{A}{B}.$$

Si la logique des dernières déductions est impeccable, on peut être surpris, de prime abord, par l'obscurité de celle qui mène à $\frac{f_A(B)}{f_B(A)} = \frac{F(A)}{F(B)}$. Une première raison est qu'on ne sait rien de précis de la force absolue. Une autre a trait à une particularité de la rhétorique newtonienne, qui est l'absence de toute locution restrictive du genre « n'être fonction que de ». Ainsi la force d'inertie est-elle dite proportionnelle à la masse; or, pour autant qu'on sache, elle n'est proportionnelle qu'à la masse. De même le changement du mouvement est « proportionnel à la force motrice imprimée », et il ne l'est qu'à elle. De tels exemples abondent dans les Principia.

Ici, Newton suppose des forces accélératrices qu'« elles sont réciproquement comme les carrés des distances (...) ». Comment préciser qu'elles ne sont fonction que des distances ? En disant qu'elles ne dépendent des corps attirés sous aucun autre rapport. Ce qui donne : tous les corps situés à la même distance de A ont vers lui la même attraction accélératrice.

De sorte que ce qu'il faut pointer dans $\frac{f_A(U)}{f_B(U)} = ... = \frac{f_A(B)}{f_B(A)}$, c'est que B et A, en tant que corps attirés, n'interviennent, pour le moment, que par leur distance aux corps attirants (A et B en l'occurrence). En faisant porter l'accent, dans la lecture, sur cet aspect des choses, on est plus à même d'expliquer la mystérieuse relation $\frac{F(A)}{F(B)} = \frac{f_A(U)}{f_B(V)}$ énoncée comme valable pour tout U et tout V tels que AU = BV. Il suffit d'y comprendre ceci : pour une distance donnée, chaque corps attirant induit une force accélératrice proportionnelle à sa force absolue.

Voilà la précision qu'aurait dû contenir la Définition VI. Ou au moins, puisque celle-ci précède celle de la force accélératrice, voilà ce qui aurait dû être posé dans le commentaire de la Définition VIII, là où Newton fait le point sur les trois quantités de la force centripète :

> « On peut nommer ces quantités des forces, pour les abréger, forces motrices, accélératrices et absolues ; et pour ce qui est de les distinguer, on peut les rapporter aux centres des corps attirés (*petentia*), aux lieux des corps, et au centre des forces : la force motrice au corps, assurément, en tant qu'effort du tout vers le centre, composé des efforts de toutes les parties ; et la force accélératrice au lieu du corps, étant pour ainsi dire une certaine efficace, diffusée depuis le centre à travers chacun des lieux du pourtour, et dont l'effet est de mouvoir les corps qui s'y trouvent ; quant à la force absolue [on la réfère] au centre, comme doté (*prœditum*) de quelque cause, sans laquelle les forces motrices ne sont pas propagées à travers les régions du pourtour ; soit que cette cause soit quelque corps central (...), soit quelqu'autre cause qui n'apparaît pas. »

Deux points doivent d'abord retenir l'attention, pour ce qui concerne notre affaire : la force accélératrice est présentée comme une « efficace » ; les forces motrices sont « propagées à travers les régions du pourtour ». Ce vocabulaire est déjà employé dans la Définition VI. Rappelons-la : « La quantité absolue de la force centripète est sa mesure, plus ou moins grande en proportion de l'efficace de la cause qui la propage depuis le centre à travers les régions du pourtour ». Dans cette Définition, l'efficace est celle de la cause qui propage la force centripète. Dans le texte précédent, c'est la quantité accélératrice de cette force qui est une efficace « diffusée depuis le centre à travers chacun des lieux du pourtour ». Et dans ce même texte, la cause propage les forces motrices « à travers les régions du pourtour ».

Malgré ces variations, une certaine unité conceptuelle se laisse appréhender. Dans le phénomène de l'action d'une force centripète sur un corps, trois éléments entrent en jeu : le corps en question, le lieu (soit: la distance du corps au centre, dans le cas usuel d'une symétrie sphérique), et le centre en tant qu'il se présente comme source, sinon cause, de la force. Chacun des trois peut varier, les deux autres étant fixés. Chaque fois, le phénomène subit une modification, que Newton souhaite quantifier.

Pour un corps donné, situé à une distance donnée du centre, l'effet de la force peut dépendre du centre. C'est clair par l'exemple de l'aimant qui, plus ou moins gros, attire plus ou moins fortement. C'est alors la quantité absolue qui mesure la part qu'apporte l'élément central. La Définition VI la dit « plus ou moins grande en proportion de l'efficace de la cause qui la propage ». Cette proportion, seulement marquée par un « pro », est-elle une pure proportionnalité ? L'usage newtonien, dans un tel cas, est plutôt de dire « proportionnelle à », ou bien « en raison directe de ». Il n'y a donc ici que suggestion d'une proportionnalité, à quelque chose de vague, d'ailleurs.

D'autre part, pour un centre donné, donc pour une force absolue donnée, on peut jouer sur le corps, c'est-à-dire sur sa masse, ou sur le lieu, c'est-à-dire la distance. D'où ces deux autres mesures de la force que sont la quantité motrice et la quantité accélératrice. Leurs définitions sont plus claires, et il est non moins clair qu'elles désignent des idées voisines. Newton insiste sur l'espèce d'homogénéité qu'entretiennent ces deux quantités : « Car la somme des actions de la force accélératrice sur chaque particule du corps est la force motrice du tout ».

De ce fait, on peut estimer que certaines des variations de langage relevées plus haut sont de peu de portée. Reste qu'il a été question de deux « efficaces » : celle qu'a la cause qui propage la force, et qui pourrait être proportionnelle à la force absolue ; et celle qu'est la force accélératrice, mesure de l'effet de la force, pour un corps donné, en fonction de la distance. Comme il est assez naturel de les croire liées l'une à l'autre, et par une relation simple, il ne parait pas déraisonnable d'affirmer une proportionnalité entre la force absolue et la force accélératrice, pour une distance donnée.

Ainsi peut-on accepter comme vraisemblable le principe introduit par la démonstration de la Proposition LXIX, selon lequel, si $AU = BV$, $\frac{F(A)}{F(B)} = \frac{f_A(U)}{f_B(V)}$.

*

ANNEXE 8

L'APLATISSEMENT DE LA TERRE[1]
(La Proposition XIX du Livre III)

La Proposition XIX du troisième Livre expose un calcul de l'aplatissement de la Terre. En voici la méthode. La Terre est assimilée à un ellipsoïde de révolution[2], de densité uniforme. Un canal plein d'eau, de section constante, est censé aller d'un pôle à l'équateur en passant par le centre. Les deux branches sont rectilignes, la branche équatoriale étant plus longue que la branche polaire. La rotation diurne de cet ellipsoïde induit une force centrifuge qui allège la colonne d'eau équatoriale.

Newton prend comme principe – sans le justifier – que le rapport des longueurs des branches est tel que les poids des deux colonnes se fassent équilibre. Sa démarche consiste à partir de l'hypothèse que la différence des axes de l'ellipsoïde est le centième de l'axe polaire. Il en est déduit la proportion de l'accélération centrifuge à l'accélération de la gravité pour laquelle serait alors assuré l'équilibre des colonnes d'eau. Or cette proportion est différente de celle qui correspond aux données expérimentales. Newton procède à une règle de trois pour corriger l'hypothèse fautive : au lieu de 1%, l'écart relatif des axes est 0,44%.

La difficulté technique réside dans le calcul des poids des colonnes d'eau, c'est-à-dire dans leur comparaison. Il faut, pour l'obtenir, trouver la proportion des gravités au pôle et à l'équateur, ainsi que la proportion de l'accélération centrifuge à l'équateur à l'accélération de la gravité en ce même lieu. Le second de ces calculs demande une bonne mesure du rayon terrestre ; le premier demande, en l'absence d'un véritable calcul intégral, de bons théorèmes sur l'attraction pro-

---

1. Cf. chapitre 8. La présente étude a été menée en 1985, à l'instigation de P.Costabel.

2. Le choix de cette forme n'est pas justifiée.

voquée par un corps de forme ellipsoïdale. Voyons de plus près comment Newton s'y prend.

A partir des mesures de Picart et de Cassini, on calcule le rayon R de la Terre, dans l'hypothèse ou celle-ci est une sphère S. Il s'en déduit l'accélération centrifuge en un point A de l'équateur, estimée par l'espace qu'elle ferait parcourir à un corps en une seconde: f(A) = 7,54064 lignes[1]. Un peu de trigonométrie fait connaître ce que vaut à Paris sa composante radiale: f(P) = 3,267 lignes. Ce dernier résultat permet de connaître l'accélération de la gravité en tout point de la sphère terrestre S. On sait en effet de combien un corps tombe, à Paris, en une seconde: $2173\frac{7}{9}$ lignes dans l'air, soit 2174 lignes si l'on fait abstraction de la poussée d'Archimède. Cette chute, si la force centrifuge n'intervenait pas, serait donc de 2174 + 3,267 = 2177,267 lignes. Ainsi dispose-t-on d'une mesure de l'accélération de la gravité à Paris, et, du même coup, en tout point de S. La quantité de référence pour la suite est le rapport α de f(A) à S(A), accélération de la gravité à l'équateur[2]: $\alpha = \frac{1}{289}$.

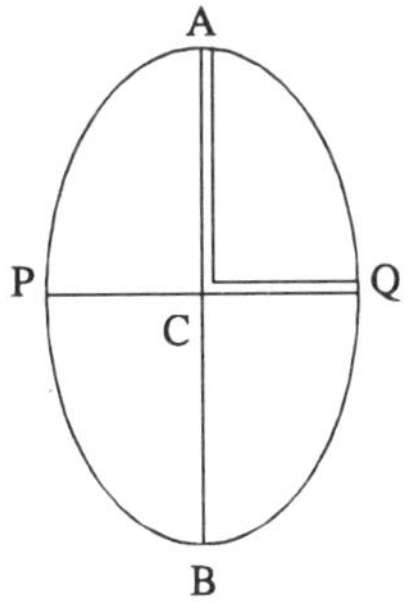

fig.162

La Terre sera désormais assimilée à un ellipsoïde de révolution ainsi engendré. L'ellipse APBQ est telle que $\frac{CA + CQ}{2} = R$, et

1. f(X) désignera la composante radiale (ou verticale) de l'accélération centrifuge en un lieu X.

2. Nous emploierons le symbolisme F(X), où F est le nom d'une figure (sphère ou ellipsoide), pour désigner l'accélération due à l'attraction, au lieu X, par le corps F.

$\varepsilon = \frac{CA - CQ}{CQ} = \frac{1}{100}$. Cette ellipse engendre l'ellipsoïde terrestre E en tournant autour de PQ.

Il s'agit de disposer du rapport $\frac{E(Q)}{E(A)}$ de la gravité polaire à la gravité équatoriale, grâce à quoi seront comparables les poids des colonnes d'eau CA et CQ. La difficulté de ce calcul tient à ce que Newton ne dispose pas d'un théorème général approprié. Il a seulement établi, dans le Livre I, une « formule » qui lui donne le rapport $\frac{E(Q)}{s(Q)}$ de l'attraction en Q par E à l'attraction, au même point Q, par la sphère s de centre C et de rayon CQ[1].

Tout ce que cette formule donne en A, c'est le rapport $\frac{e(A)}{S(A)}$ de l'attraction en A par un certain ellipsoïde e à l'attraction en A par la sphère S de centre C et de rayon CA. Mais e n'est pas l'ellipsoïde terrestre E: c'est celui qu'engendre la même ellipse APBQ par une rotation autour de AB. Il se trouve que deux affinités orthogonales, de même rapport $\frac{101}{102}$, transforment, l'une E en S, l'autre e en E. Newton estime que les gravités en un même point A vers ces trois figures suivent la même proportion: $\frac{S(A)}{E(A)} = \frac{E(A)}{e(A)}$ (= 1,01). Il en tire $\frac{S(A)}{E(A)}$ [2]. Enfin un théorème lui donne $\frac{s(Q)}{S(A)}$ [3]. Ainsi peut-il calculer le rapport cherché: $\frac{E(Q)}{E(A)} = \frac{E(Q)}{s(Q)} \times \frac{s(Q)}{S(A)} \times \frac{S(A)}{E(A)}$.

Numériquement il vient $\frac{E(Q)}{E(A)} = \frac{126}{125} \times \frac{100}{101} \times \frac{126}{125,5} = \frac{501}{500}$.

Le précédent rapport donne celui des gravités en deux points A' et Q' pris respectivement sur CA et CQ à des distances vérifiant $\frac{CA'}{CQ'} = \frac{CA}{CQ}$. En effet, à l'intérieur de l'ellipsoïde E, l'attraction est proportionnelle à la distance[4]. Ainsi peut-on comparer les poids des colonnes. Chacune des deux branches est divisée en rondelles. Celles-ci

---

1. Corollaire 2 de la Proposition XCI du Livre I.

2. Newton obtient la valeur de $\frac{S(A)}{E(A)}$ par un calcul d'approximation qu'il n'indique pas.

3. Proposition LXXII du Livre I.

4. Corollaire 3 de la Proposition XCI du Livre I. Huygens en revanche, dans son « Discours sur la Cause de la Pesanteur », prend la gravité constante à l'intérieur (Cf. *Œuvres*, t.XX, p.468).

sont prises proportionnelles aux branches entières. Deux rondelles homologues ont des hauteurs, donc des volumes, et donc des masses, qui sont dans le rapport $\frac{101}{100}$. Le rapport de leurs poids, produit de celui des masses par celui des accélérations gravitationnelles, est $\frac{101}{100} \times \frac{500}{501} = \frac{505}{501}$. Et le rapport est le même pour les poids des colonnes entières puisqu'il y a autant de rondelles dans l'une que dans l'autre.

Par conséquent l'équilibre aurait lieu, lors de la rotation diurne, si la force centrifuge allégeait la colonne équatoriale CA, de sorte que son poids fût réduit de 505 à 501. Autrement dit, l'équilibre implique que le rapport de la force centrifuge qui s'exerce sur une rondelle de CA, à son poids, soit $\frac{4}{505}$. Mais l'accélération centrifuge, comme celle de la gravité, est proportionnelle à la distance au centre. Aussi ce qui précède revient-il à dire que le rapport de l'accélération centrifuge en A à l'accélération de la gravité en A, $\frac{f(A)}{E(A)}$, doit valoir $\frac{4}{505}$ $(= 8.10^{-3})$.

Or il vaut $\frac{1}{289}$ $(=3{,}5.10^{-3})$[1]. Newton corrige donc son hypothèse d'aplatissement par $\frac{\varepsilon'}{\varepsilon} = \frac{\frac{1}{289}}{\frac{4}{505}}$; d'où il sort $\varepsilon' = \frac{1}{229} = 0{,}436\%$, soit encore $\frac{CA}{CQ} = \frac{230}{229}$.

*

1. Il convient de noter que cette valeur de α a été établie dans l'hypothèse d'une Terre sphérique *(S)*. Il y a donc là une approximation supplémentaire.

BIBLIOGRAPHIE

I. Les PRINCIPIA.

1°) Edition de référence :

— *Isaac Newton's Philosophiæ Naturalis Principia Mathematica*, The Third Edition (1726) with variant readings, Assembled and Edited by Alexandre Koyré and I.Bernard Cohen with the assistance of Anne Whitman, Cambridge University Press, 1972 (2 volumes).

2°) Autres éditions courantes des *Principia* :

— *Sir Isaac Newton's Mathematical Principles of Natural Philosophy and his System of the World,* Translated into English by Andrew Motte in 1729, The translations revised and supplied with an historical and explanatory appendix by Florian Cajori, University of California Press, 1972 (2 volumes).

— Isaac NEWTON, *Principes Mathématiques de la Philosophie Naturelle,* Traduction de la Marquise du Chastellet augmentée des commentaires de Clairaut, Blanchard, 1966 (2 volumes).

II. Ouvrages généraux.

1°) L'importance de la littérature newtonienne peut être appréciée en feuilletant :

Newton and Newtoniana, 1672-1975, A Bibliography, Peter and Ruth Wallis, Dawson, 1977, qui propose un recensement des ouvrages de Newton, et sur Newton, classés par sujets.

2°) Pour en savoir plus sur les savants et leurs apports, consulter le *Dictionary of Scientific Biography*, Ch. C.Gillispie editor in chief, Charles Scrivener's sons, New-York, 1970-1980.

3°) Sur l'histoire de la mécanique :

BLOCH Léon, *La Philosophie de Newton*, Alcan, 1908.

DUGAS René, *Histoire de la Mécanique*, Editions du Griffon, Neuchâtel, 1950.

— *La Mécanique au XVIIe Siècle*, Editions du Griffon, Neuchâtel, 1954.

JAMMER Max, *Concepts of Space, The History of Theories of Space in Physics*, Harvard University Press, 1954.

— *Concepts of Force, A Study in the Formation of Dynamics*, Harvard University Press, 1957.

— *Concepts of Mass, in Classical and Modern Physics*, Harvard University Press, 1961.

JOUGUET E., *Lectures de mécanique*, Paris, 1924.

KOYRÉ Alexandre, *Du Monde clos à l'Univers infini*, Presses Universitaires de France, 1963.

— *Etudes galiléennes*, Hermann, 1966.

— *Etudes newtoniennes*, Gallimard, 1968.

— *La Révolution astronomique*, Hermann, 1974.

MACH Ernst, *La Mécanique*, Exposé historique et critique de son développement, traduit par E.Bertrand, Hermann, 1904.

TATON René, *Histoire générale des Sciences*, PUF, 1958.

TONNELAT Marie-Antoinette, « La relativité avant Einstein », *Organon*, n°2, 1965.

— *Histoire du principe de relativité*, Flammarion 1972.

III. La liste qui suit comporte, pour l'essentiel, des titres de livres et d'articles qui traitent de la mécanique rationnelle des Principia.

AITON, « The Concept of Force », *History of Sciences*, vol.10, 1971.

ARIOTTI P.E., « Aspects of the Conception and Development of the Pendulum in the 17th Century », *Archives for the History of Exact Sciences*, 6.1, 1969.

BARRÉ de SAINT-VENANT Adémar, *Principes de Mécanique fondés sur la Cinématique*, à Paris, chez Bachelier, 1851.

BARTHÉLEMY Georges, « De la force accélératrice dans les Principia », *Revue d'Histoire des Sciences*, XL, 1987.

BIARNAIS Marie-Françoise, *Les Principia de Newton, Genèse et stucture des chapitres fondamentaux avec traduction nouvelle*, Cahiers d'Histoire et de Philosophie des Sciences, N°2, 1982. (Réédition chez Ch.Bourgois, 1986).

BLAY Michel, « Le traitement newtonien du mouvement des projectiles dans les milieux résistants », *Revue d'Histoire des Sciences*, 1987.

— *La naissance de la mécanique analytique*, PUF, 1992.

— et BARTHÉLEMY Georges, « Changements de repères chez Newton : le problème des deux corps dans les Principia », *Archives Internationales d'Histoire des Sciences*, 1984.

BOAS Marie, « The Establishment of Mecanical Philosophy », *Osiris*, vol.10, 1952.

— and HALL Ruppert, « Newton's "Mechanical Principles" », *Journal of the History of Ideas*, vol.20, n°2, 1959.

BURSTYN Harold L., « The Deflecting Force of the Earth's Rotation, from Galileo to Newton », *Annals of Science*, vol 21, 1965.

CARDWELL D.S.L., « Some Factors in the Early Development of the Concepts of Power, Work and Energy », *The British Journal for the History of Science*, vol 3, 1967.

COHEN I.Bernard, « Pemberton's Translation of Newton's Principia, with Notes on Motte's Translation », *Isis*, vol.54, 1963.

— « "Quantum in se est" : Newton's Concept of Inertia in Relation to Descartes and Lucretius », *Notes and Records of the Royal Society*, XIX.2, 1964.

— « Hypothesis in Newton's Philosophy », *Physis*, vol.8, 1966.

— « Dynamics : The Key to the "New Science" of the Seventeenth Century », *Actæ Historia Rerum Naturalium nec non Technicarum*, 1967.

— « Newton's Use of "Force" or Cajori versus Newton », *Isis*, 1967.

— « Newton's Second Law and the Concept of Force in the Principia », *The Annus Mirabilis of Sir Isaac Newton, 1666-1966*, Robert Palter ed[or], The M.I.T. Press, 1971.

— *Introduction to Newton's Principia*, Harvard University Press, 1978 (2ème édition).

COSTABEL Pierre, « Varignon, Lamy et le parallélogramme des forces », *Archives Internationales d'Histoire des Sciences*, vol.19, 1966.

— « En relisant les « Principes Mathématiques de la Philosophie Naturelle », *Revue de Métaphysique et de Morale*, 1968.

— « La gyrophilie de Newton », *Archives Internationales d'Histoire des Sciences*, 1969.

— « Notes fugitives sur l'absolu et le relatif chez Leibniz et Newton », *Archives Internationales d'Histoire des Sciences*, vol.24, 1974.

— « Isochronisme et accélération, 1638-1687 », *Archives Internationales d'Histoire des Sciences*, vol.28, 1978.

DE GANDT François, *Force et géométrie (La théorie newtonienne de la force centripète présentée dans son contexte)*, thèse soutenue à l'Université Paris I en 1987.

— « Le traitement géométrique des forces centrales dans les Principia de Newton », *Appliquer les mathématiques ?* , CNRS, 1984.

— « Temps physique et temps mathématique chez Newton », *Mythes et représentations du temps*, édité par D. Tiffeneau, CNRS, 1985.

— « Le style mathématique des Principia de Newton », *Revue d'Histoire des Sciences,* 1986.

— « Le problème inverse (Prop. 39-41 des Principia) », *Revue d'Histoire des Sciences,* 1987.

DIJKSTERHUIS E.J., *The Mecanization of the World Picture,* Oxford, at the Clarendon Press, 1961.

DOLBY R.C.A., « A Note on Dijksterhuis' Criticism of Newton's Axiomatization of Mechanics », *Isis*, 1966.

ELLIS Brian D.,« Newton's Concept of Motive Force », *Journal of History of Ideas*, 1962.

— « The Origin and Nature of Newton's Laws of Motion », *Beyond the Edge of Certainty : Essays in Contemporary Science and Philosophy*, G.Goldony ed[or], Prentice Hall, Englewood Cliffs, New Jersey, 1965.

GREENHILL George, «Definitions and Laws of Motion in the Principia », *Nature*, vol.CXI, 1923.

GUERLAC Henry, « Some Areas for Further Newtonian Studies », *History of Sciences*, vol.17, 1979.

HALL A.Ruppert and BOAS Marie, « Newton's Theory of Matter », *Isis*, vol.5l, n°164, 1960.

HALL A.Ruppert, « Mechanics and the Royal Society, 1668-1670 », *The British Journal for the History of Science,* 1966.

— « Newton in France : a New View », *History of Sciences*, 1975.

HANKINS Thomas L., « The Reception of Newton's Second Law of Motion in the Eighteenth Century », *Archives Internationales d'Histoire des Sciences,* 1967.

HEIMANN P.M. and MAC GUIRE J.E., « Newtonian Forces and Lockean Powers : Concepts of Matter in Eighteenth Century Thought », *Historical Studies in Physical Sciences,* vol.3, 1971.

HERIVEL John William, « Newton's Discovery of the Law of the Centrifugal Force », *Isis*, vol.51, 1960.

— « Premières recherches de Newton en dynamique », *Revue d'Histoire des Sciences,* 1962.

— « Newton on Rotating Bodies », *Isis*, vol.53, 1962.

— « The Growth of Newton's Concept of Force », *Actes du Xe Congrès International d'Histoire des Sciences,* Hermann, 1964, vol.II.

— *The Background to Newton's Principia, A Study of Newton's Dynamical Researches in the Years 1664-1684,* Oxford, at the Clarendon Press, 1965.

— « Newton's Achievement in Dynamics », *The Annus Mirabilis of Sir Isaac Newton, 1666-1966,* Robert Palter ed[or], the M.I.T. Press, 1971.

HOME Roderick W., « The Third Law in Newton's Mechanics », *The British Journal for the History of Science*, vol.4, 1968.

HUGUES Martin, « Absolute Rotation », *The British Journal for the Philosophy of Science*, vol.32, 1981

KARGOW Robert Hugh, *Atomism in England, from Harriot to Newton*, Clarendon press, Oxford, 1966.

KNUDSEN Ole, « A Note on Newton's Concept of Force », *Centaurus*, n°9, 1963-64.

— « Newton's Earliest Formulations of the Laws of Motion », *Actes du XIe Congrès International d'Histoire des Sciences*, Ossolineum, 1968, vol.III.

LACEY Hugh M., « The Scientific Intelligibility of Absolute Space : A Study of Newtonian Argument », *The British Journal for the Philosophy of Science*, vol.21, 1970.

LAYMON Ronald, « Newton's bucket experiment », *Journal of the History of Philosophy*, vol.16, 1978.

LOSEE John Price, « Newton's Views of Mechanics », *Actes du XIIe Congrès International d'Histoire des Sciences*, Blanchard, 1971, vol.V.

MAC DONALD John F., « Properties and Causes : an Approach of the Problem of Hypothesis in the Scientific Methodology of Sir Isaac Newton », *Annals of Science*, vol.28, 1972.

MAC GUIRE J.E., « Transmutation and Immutability : Newton's Doctrine of Physical Qualities », *Ambix*, vol.XIV, 1967.

— « Body and void and Newton's De Mundi Systemate : Some New Sources », *Archives for History of Exact Sciences*, 3.3, 1968.

— « Existence, actuality and Necessity : Newton on Space and Time », *Annals of Science*, vol.35, 1978.

— « Newton on Place, Time and God : an Unpublished Source », *The British Journal for the History of Science*, vol.ll, 1978.

MAMIANI Maurizio, *Isaac Newton filosofo della natura : le lezioni giovanili di ottica e la genesi del metodo newtoniano*, La Nuova Italia Editrice, Firenze, 1976.

MARCOLONGO Roberto, *Il Problema dei tre corpi da Newton (1686) ai nostri giorni*, Hoepli, Milano, 1919.

NICHOLAS John M., « Newton's Extremal Second Law », *Centaurus*, vol.22, 1979.

PATY Michel, « Matière, espace et temps selon Newton », *Scientia*, 1972.

PERL Margula R., « Newton's Justification of the Laws of Motion », *Journal of the History of Ideas*, 1966.

— « Physics and Metaphysics in Newton, Leibniz and Clarke », *Journal of the History of Ideas,* vol.30, 1969.

POWER J.E., « Henry More and Isaac Newton on Absolute Space », *Journal of the History of Ideas,* vol.31, 1970.

RUSSEL John L., « Action and Reaction before Newton », *The British Journal for the History of Science,* vol.9, 1976.

RUSSO Francois, « Les Etudes Newtoniennes d'Alexandre Koyré », *Archives de Philosophie,* t.37, cahier 1, 1974.

SNOW A.J., « The Role of Mathematics and Hypothesis in Newton's Physics », *Scientia,* vol.42, 1927.

SPEISER David, *Newton's Principia,* Genève, CERN, 1980.

STRONG E.W., « Newton's Mathematical Way », *Journal for the History of Ideas,* vol.12, 1951.

TRUESDELL C., « A Program toward Rediscovering the Rational Mechanics of the Age of Reason », *Archives for History of Exact Sciences,* 1.1, 1960.

WESTFALL Richard S., « The Foundations of Newton's Philosophy of Nature », *The British Journal for the History of Science,*1962.

— *Force in Newton's Physics : The Science of Dynamics in the Seventeenth Century,* Mac Donald, London (et American Elsevier, New-York), 1971.

— « Circular Motion in Seventeenth Century Mechanics », *Isis,* vol.63, 1972.

— « Newton's Marvellous Years of Discovery and their aftermath : myth versus manuscript », *Isis,* vol.71, 1980.

— « Newton and Absolute Space », *Archives Internationales d'Histoire des Sciences,* 1964.

WHEWELL W., « On the Nature of the Truth of the Laws of Motion », *Transactions of the Cambridge Philosophical Society,* 1835.

WHITESIDE D.T., « Newtonian Dynamics », *History of Sciences,* vol.5, 1966.

— *Never at rest, A biography of Sir Isaac Newton,* Cambridge University Press, 1980.

— (Ed[or]), *The Mathematical Papers of Isaac Newton,* Cambridge University Press, 1967 : le volume VI contient les premiers essais de mécanique, amorces des Principia.

WHITROW G.J., « The Laws of Motion », *The British Journal for the History of Science,* 1971.

*

TABLE DES MATIÈRES

L'HISTOIRE DES SCIENCES

TEXTES

BACHELARD (G) – *Étude sur l'évolution d'un problème de physique. La propagation thermique dans les solides*. Préface de A. Lichnerowicz.

BERNARD (Claude) – *Leçons sur les phénomènes de la vie communs aux animaux et aux végétaux*. Préface de G. Canguilhem.

CARNOT (Sadi) – *Réflexions sur la puissance motrice du feu*. Édition critique par R. Fox.

CHUQUET (N) – *La géométrie*. Première géométrie algébrique en langue française (1484). Introduction, texte et notes par Hervé L'Huillier.

FLORIMOND DE BEAUNE – *La doctrine de l'Angle Solide construit sous trois angles plans*. Texte inédit publié avec commentaire et transposition par P. Costabel et B. Barbiche.

GALILEE – *Nouvelles pensées*. Traduction par Marin Mersenne. Édition critique avec introduction et notes par P. Costabel et M.P. Lerner. 2 volumes.

DE GANDT (F) – *Critique de la mécanique newtonienne chez Hegel* en introduction à : Hegel, *« Les orbites des planètes »*.

HOBBES (T) – *Critique du « De Mundo » de Thomas White*. Édition critique par J. Jacquot et H. Jones.

KEPLER (J) – *L'étrenne ou la neige sexangulaire*. Traduction critique par R. Halleux.

– *Les fondements de l'optique moderne : Paralipomènes à Vitellion (1604)*. Traduction et notes par Catherine Chevalley. Préface de R. Taton et P. Costabel.

LEIBNIZ – *Marginalia in Newtoni Principia Mathematica (1687)*. Édition critique en langue allemande par E.A. Fellmann. Traduction française par J.-F. Courtine.

– *35 lettres de Leibniz au R. P. Des Bosses*, in Frémont, *L'Etre et la relation*.

LINNE (C) – *L'équilibre de la nature*. Traduction par B. Jasmin, introduction et notes par C. Limoges.

POINSOT (L) – *La théorie générale de l'équilibre et du mouvement des systèmes*. Édition critique et commentaires par P. Bailhache.

ETUDES

BALAN (B) – *L'ordre et le temps. L'Anatomie comparée et l'histoire des vivants au XIXème siècle.*

BEAUNE (J.C.) – *La technologie introuvable. Recherche sur la définition et l'unité de la technologie à partir de quelques modèles du XVIIIème et XIXème siècles.*

BLAY (M) – *La conceptualisation newtonienne des phénomènes de la couleur*. Préface de M. Clavelin.

CANGUILHEM (G) – *La connaissance de la vie.*

– *La formation du concept de réflexe aux XVIIème et XVIIIème siècles.*

– *Idéologie et rationalité dans l'histoire des sciences de la vie.*

CHAPPERT (A) – *Étienne-Louis Malus (1775-1812) et la théorie corpusculaire de la lumière. Tentative d'explication dynamique de la réflexion et de la réfraction.*

CONRY (Y) – *L'introduction du Darwinisme en France au XIXème siècle.*

DE DARWIN AU DARWINISME. *Science et idéologie.* Congrès international pour le centenaire de la mort de Darwin, édité par Y. Conry.

DUGAC (P) – *Richard Dedekind et les fondements des mathématiques,* avec de nombreux textes inédits.

DUHEM (P) – *La théorie physique. Son objet. Sa structure.* Avant-propos, index et bibliographie de P. Brouzeng.

GILLISPIE (C.C.) et YOUSCHKEVITCH (A.P.) – *Lazare Carnot savant et sa contribution à la théorie de l'infini mathématique.* Avec trois mémoires inédits de Carnot.

HUYGENS ET LA FRANCE – Table ronde du CNRS, Paris 27-29 mai 1979. Avant-propos de René Taton.

JAOUICHE (K) – *La théorie des parallèles en pays d'Islam. Contribution à la préhistoire des géométries non euclidiennes.*

KEEL (O) – *La généalogie de l'histopathologie. Une révision déchirante. Philippe Pinel, lecteur discret de J.C. Smyth (1741-1821)* Avant-propos de G. Canguilhem.

KOYRE (A) – *Chute des corps et mouvement de la terre de Kepler à Newton. Histoire et documents d'un problème.*

LAMARCK ET SON TEMPS, LAMARCK ET NOTRE TEMPS – Colloque international dans le cadre du Centre d'Études et de Recherches interdisciplinaires de Chantilly.

LENOBLE (R) – *Mersenne ou la naissance du mécanisme.*

MARIOTTE SAVANT ET PHILOSOPHE (1684). Analyse d'une renommée. Préface de P. Costabel.

NACCACHE (B) – *Marx critique de Darwin.*

RAMUNNI (G) – *Les conceptions quantiques de 1911 à 1927*. Préface de Pierre Costabel.

REDONDI (P) – *L'accueil des idées de Sadi Carnot et la technologie française de 1820 à 1860.*

SADOUN-GOUPIL (M) – *Le chimiste Claude-Louis Berthollet (1748-1822). Sa vie. Son œuvre.*

SEBESTIK (J) – *Mathématique et théorie de la science chez B. Bolzano.* SP

SERIS (J.-P.) – *Machine et communication. Du théâtre des machines à la mécanique industrielle.*

SZABO (A) – *Les débuts des mathématiques grecques*. Traduction par M. Federspiel.

SZABO (A) et MAULA (E) – *Les débuts de l'astronomie, de la géographie et de la trigonométrie chez les Grecs*. Traduction par Michel Federspiel.

TATON (R) – *Rœmer et la vitesse de la lumière*. Table ronde du Centre National de la Recherche Scientifique.

TEYSSEIRE (D) – *Pédiatrie des Lumières. Maladies et soins des enfants dans l'« Encyclopédie » et le « Dictionnaire de Trévoux ».*

ULMANN (J) – *De la gymnastique aux sports modernes. Histoire des doctrines de l'éducation physique*. 3ème édition revue, corrigée et augmentée d'un essai : *Que faut-il entendre par éducation physique ?*

WOHNLICH-DESPAIGNE (I) – *Les historiens français de la médecine au XIXème siècle et leur bibliographie*. Préface de P. Chaunu.

YOUSCHKEVITCH (A.-P.) – *Les mathématiques arabes. VIII-XVèmes siècles*. Traduction de M. Cazenave et K. Jaouiche. Préface de R. Taton.

Imprimerie de la Manutention à Mayenne — avril 1992 — N° 140-92